地形と歴史で読み解く

鉄道と街道の深い関係

Railroads and Historic Highways

東京 TOKYO 周辺

内田宗治

Muneharu Uchida

実業之日本社

はじめに

　ＪＲ中央線は、なぜ新宿から東京へとまっすぐに向かわずに、Ｓ字を横倒しにしたように曲がりくねって線路が敷かれ、途中にトンネルまであるのか。またその一方で、新宿から西の中央線はなぜ一直線に立川方面へと伸びているのか。

　渋谷を出た京王井の頭線や東急東横線（平成二十五年渋谷付近の地下化前）はトンネルに入るのに、なぜＪＲ山手線の渋谷付近にはトンネルがないのか。また東京メトロ銀座線渋谷駅ホームは、地下鉄なのになぜ山手線渋谷駅ホームより高い所にあるのか。

　本文で詳しく触れるが、これらは皆、地形の影響を受けているためである。東京の地形は、大ざっぱにいえば、山手線の内側及び京浜東北線から西側は、ミニ山岳地帯といっていいほど、凸凹に富んだ地形となっている。一方、その東側、いわゆる東京下町一帯は、ほとんどフラットな低地が広がっている。そうした地形のため、東京での線路が敷かれるルートが、きわめて変化に富んだものになっている。

　本書の第一の特徴は、明治の鉄道開業時から遡って、東京の鉄道路線が地形とどう関わりながら発達してきたかを、凸凹地図を参照しながら見ていくことである。その際、地図には、江戸時代の街道も記載した。単に等高線や色の違いで標高を表わした平面の地図ではなく、デジタル処理により立体的に見える地図（凸凹地図）にすると、なぜ鉄道路線がこのルートで敷かれているのか、納得できる場合が多い。

本書の第二の特徴は、東京の鉄道の歴史を、江戸時代の街道や近代の道路との関係で見ていく視点である。これまで東京の鉄道を語る際、時代（元号）ごと、戦前と戦後、または蒸気機関車時代から電車時代へ、など、鉄道と時代背景（または鉄道のみ）で語られることがほとんどだった。

渋谷駅。写真中央がJR山手線・埼京線ホーム。左下に見える細長い屋根が地下鉄銀座線ホーム。線路をくぐる道(宮益坂～道玄坂)は江戸時代の大山街道でもある

中山道蕨宿。京浜東北線蕨駅からは約一キロ離れ、落ち着いた町並みが続く

本書では鉄道と街道との関わり方の相異から、東京の鉄道を第一世代から第三世代へと分けている（第三章六節参照）。

ここでは簡単にふれておくと、第一世代は「都心と地方を結ぶことを重要視し、街道沿いにこだわらない」世代で、おおむね現在のＪＲ路線（私鉄として開業した路線が多い）が誕生する。

第二世代は、「街道沿いに開業の路線」世代で、私鉄路線の一部などがこれにあたる。たとえば新宿から八王子に向かう鉄道では、第一世代がＪＲ中央線、第二世代が京王線である。

そして第三世代は、「郊外電車の時代」で、地形も街道もあたかも無視するようにして、都心と郊外を結ぶ。新宿からの例では、小田急線がこの例にあたる。

もちろん例外もあるのだが、本書の章立ても上記によっている。またこれはあくまで東京の例で、関西などではまた状況が異なる。名古屋周辺や関西も含めての論考も興味深いが、ここでは別の機会に譲りたい。

本書の第三の特徴は、住宅地の開発など、鉄道と街道（環七通りなど近代に新しくできた道路も含む）が担ってきた社会的役割にも触れた点である。

なお本書は、必ずしも冒頭からではなく、読者の方の最も関心の高い時代や路線から読んでいただいてもいいように、節ごとに完結する形で記述している。そのため路線や駅の開業の年号などに関して、複数回記載した部分があることをご容赦いただければと思う。

各ＪＲ路線や私鉄にはそれぞれ特徴があり、個別のファンも多い。上記の視点を加えると、東京の路線に乗ってみる楽しさ、下車して散策する興味、各路線への愛情がまた深まってくるのではないかと思う。

中央線日野駅。甲州街道とは新宿で別れてから初めてここで出会う

CONTENTS

はじめに……1
主要地図ビジュアルさくいん……8
全地図リスト……11

第1章 鉄道開業〜明治時代後半

私鉄による幹線（現JR）建設の時代

鉄道忌避伝説が生じた街道との関係

① 明治五年 日本初の鉄道開業
新橋駅を出た汽車の線路が、海の中に敷かれた理由とは？……14

② 馬車鉄道（新橋―浅草）の誕生
初代新橋駅付近には、数百頭の馬の厩舎も……25

③ 東京の鉄道、新規開業空白の十年間
横浜から西になかなか延びていかない理由とは……33

コラム 高輪ゲートウェイ駅付近 海上の線路築堤を偲ばせるガード……35

④ 幹線鉄道が東西南北に一路線ずつ延びる
街道とは離れたルートで川越と青梅への路線が初期に開通……38

⑤ 東海道・中山道・日光街道
鉄道は宿場町に立ち寄らず、効率いいルートを行く……42

⑥ 甲州街道と中央線の微妙な関係
中央線が一直線に敷かれたのは地形上必然だった!?……45

⑦ 川越鉄道と青梅鉄道
後の大手私鉄に先駆けて、なぜこの両路線が開業したのか……49

⑧ 甲武鉄道市街線（中央線）その1　歌舞伎町付近を通る「北線案」から四ツ谷経由に変更……53
⑨ 甲武鉄道市街線（中央線）その2　開通できたのは、徳川幕府の地形改造のおかげだった!?……58
⑩ 幹線のターミナルは船着き場　新橋・飯田町・秋葉原・錦糸町・とうきょうスカイツリーの各駅……67
⑪ 山手線――海線区間と山線区間　六つの峠を越えるミニ山岳鉄道……74

第2章　明治時代後半～関東大震災

街道にぴったり沿っての鉄道敷設

現・大手私鉄、第一世代の本格的登場

① 京浜電気鉄道と京王電気軌道　東海道と甲州街道の集落へ、やっと鉄道がやってきた時代……104
コラム　甲州裏街道と呼ばれた青梅街道……110
② 玉川電気鉄道（東急玉川線）　山岳信仰の大山街道に敷かれた多摩川の砂利目当ての路面電車……111
③ 新河岸川、川越街道と東武東上線　全盛を極めた舟運からの世代交代「道の駅」的存在の湧水地の宿場……114
④ 京成電気軌道と佐倉街道　広大な軍隊の施設と戦後の大規模団地……122
⑤ 「絹の道」と横浜線　外貨獲得に貢献した街道と、沿線の軍事施設……126

⑥ 大正十二年関東大震災
東京下町一帯が焼け野原に。鉄道も重大な被害が多発……132

⑦ 震災からの帝都復興
放射線と環状線の道路網、環七・環八も計画……139

⑧ 赤煉瓦駅舎・万世橋駅の凋落
モダニズム輝く聖橋　震災復興の光と影……147

第3章　昭和初期前後～現代

環状道路、首都高と私鉄新線・未成線

郊外電車の誕生から現代まで

① 「郊外電車」の時代が到来
江戸時代の街道沿いの私鉄からの大転換……154

② 田園都市（現・東急電鉄）
田園調布・洗足・大岡山の高級住宅地開発と大学誘致……156

③ 箱根土地（現・西武鉄道）
目白文化村、大泉・小平学園都市　堤康次郎による東急とは対照的な開発……162

④ 広大な雑木林が国立学園都市に
東京商科大学と手を組んでの町づくり……167

⑤ 各私鉄沿線の住宅地開発
桜新町・上北沢・成城学園・玉川学園・常盤台・千住緑町・生麦……170

⑥ 小田急電鉄、昭和生まれの第三世代
尾根筋を通る甲州街道沿いの京王線　丘も谷も突っ切り郊外へ向かう小田急線……177

⑦ 西武多摩川線などの砂利鉄道
コンクリート都市・東京を誕生させた震災復興の陰の立役者……182

⑧ 未成線――東京山手急行電鉄
一部は着工されていた第二の山手循環線……188

コラム　東京山手急行、架空乗車記……195

⑨ 京浜電気鉄道の未成線
山手線の内側に沿って、御殿山・白金を経て青山へ……200

⑩ 旧西武鉄道と多摩川急行電鉄の未成線
新宿・渋谷から西に向かう郊外鉄道……204

⑪ 首都高速道路の建設
オリンピック開催前から決まっていた東京の大改造……209

⑫ 通称オリンピック道路
オリンピックと関係ない環七通り建設進捗の理由……214

⑬ 都電の廃止
昭和三十年代までは四〇系統の路線網……218

⑭ 多摩田園都市VS多摩ニュータウン
対照的な国内屈指のニュータウンと鉄道・高速道路構想……224

⑮ 海水面より低い所を行く鉄道
標高マイナス二メートル以下の亀戸水神駅　京成本線荒川橋梁、洪水防備の弱点箇所……231

おわりに……238

主要参考文献……239

主要地図ビジュアルさくいん

◆ 甲武鉄道市街線ルートと神田川の変遷　60

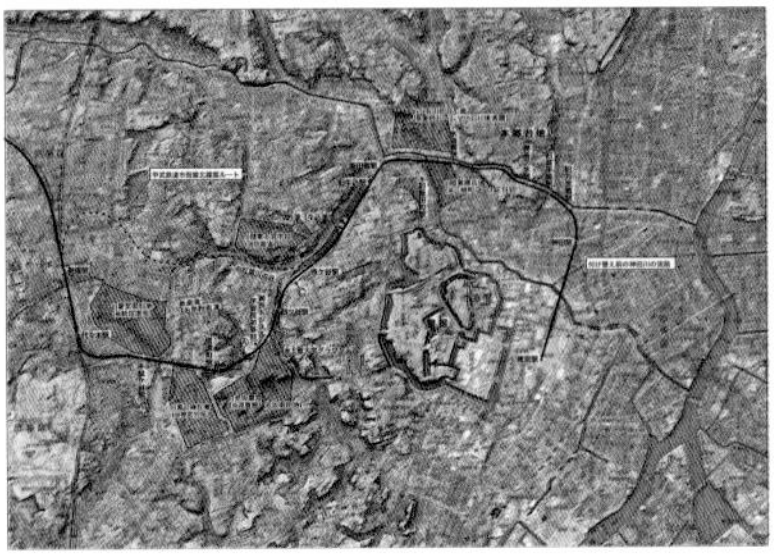

◆ 東京の水運・河岸と鉄道　明治37年頃　68

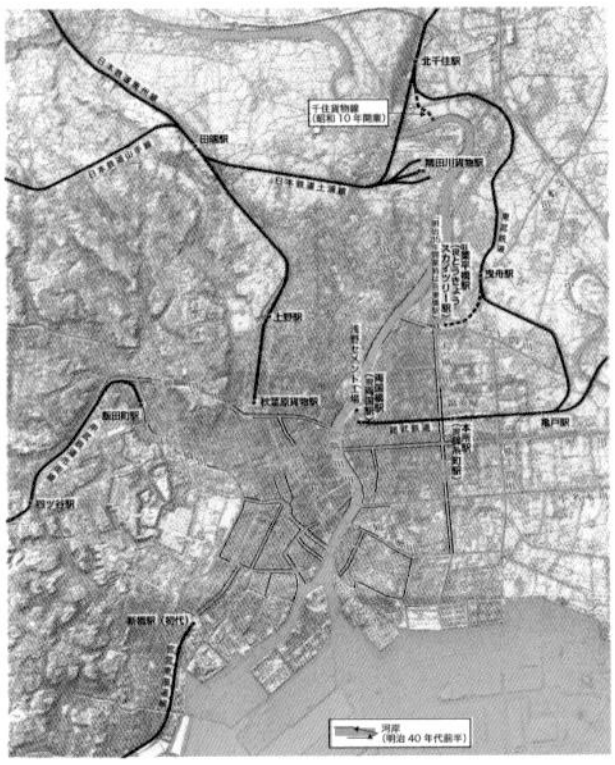

◆ 東京駅～新橋駅　大正５年頃　78

◆ 新橋・高輪・品川　明治 10 年代　19

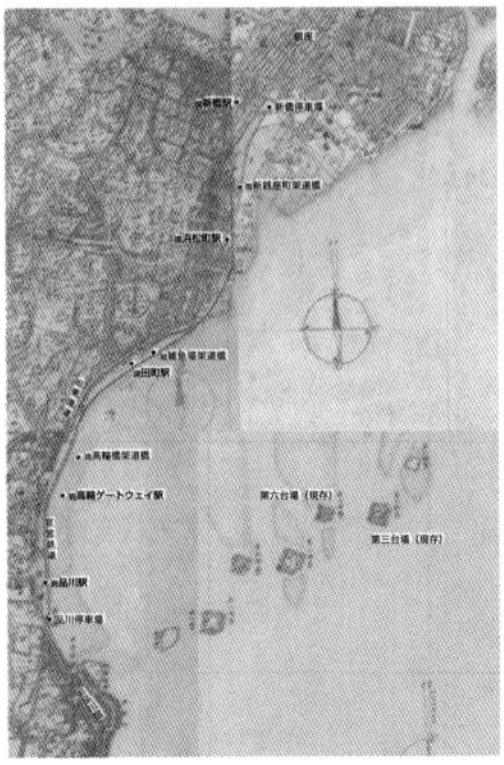

◆ 馬車鉄道路線　明治10年代　26

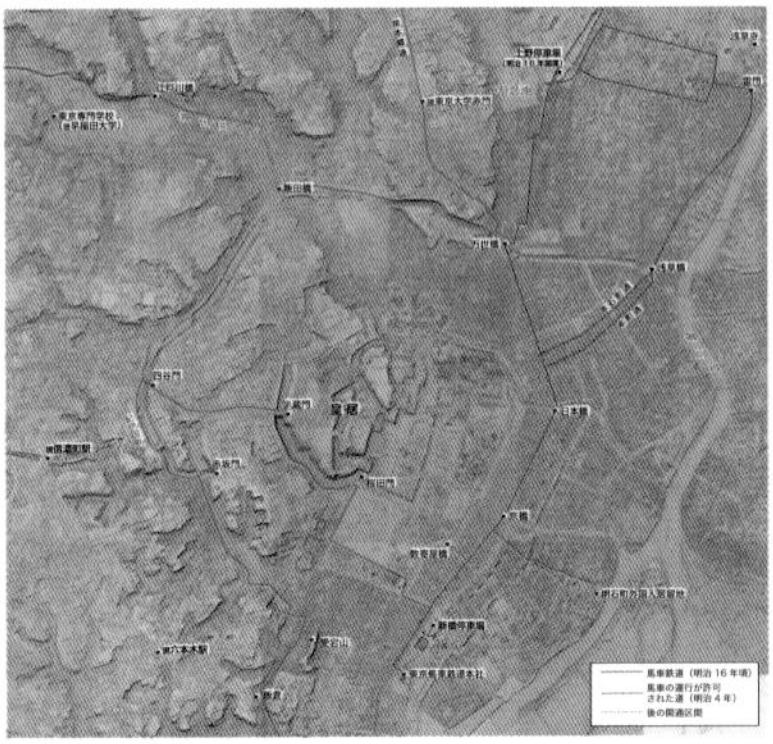

◆ 江戸時代の街道と明治 28 年の鉄道　40

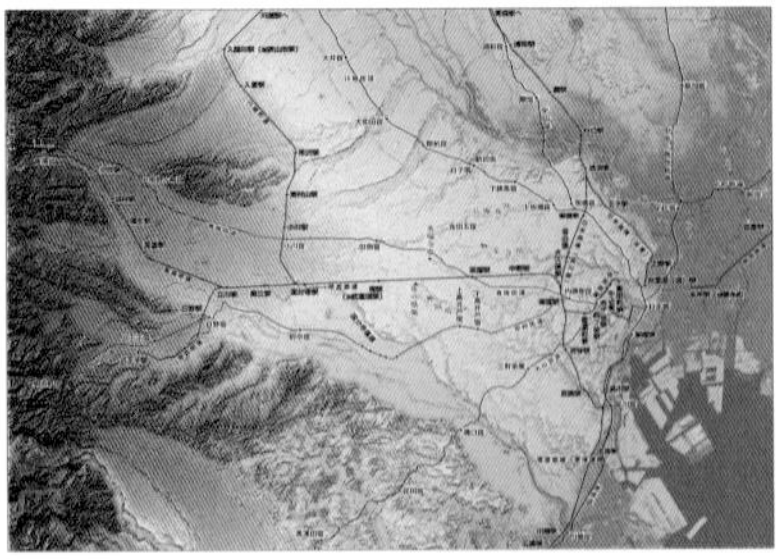

◆ 習志野付近の佐倉街道と京成本線　124

◆ 五反田駅～目黒駅～恵比寿駅 大正5年頃　85

◆ 絹の道　鑓水峠周辺と横浜線　127

◆ 街道と大正５年の鉄道路線　102

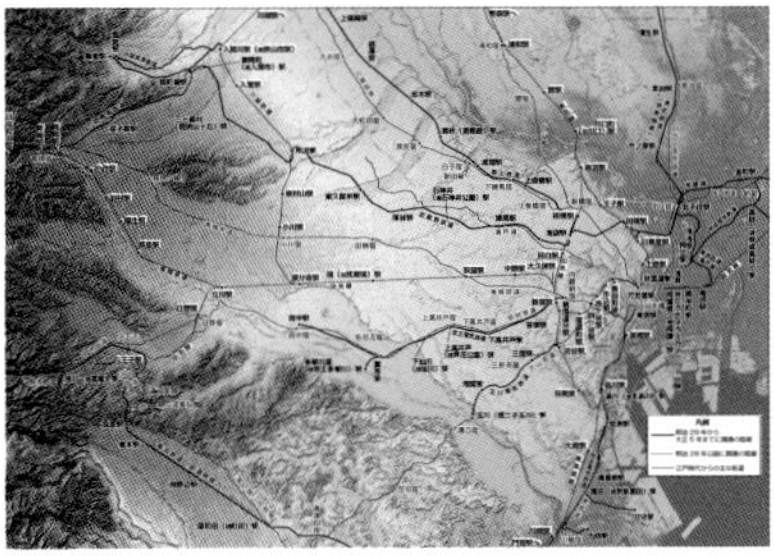

◆ 関東大震災での東京の火災エリア　134

◆ 新河岸川と川越への鉄道路線　116

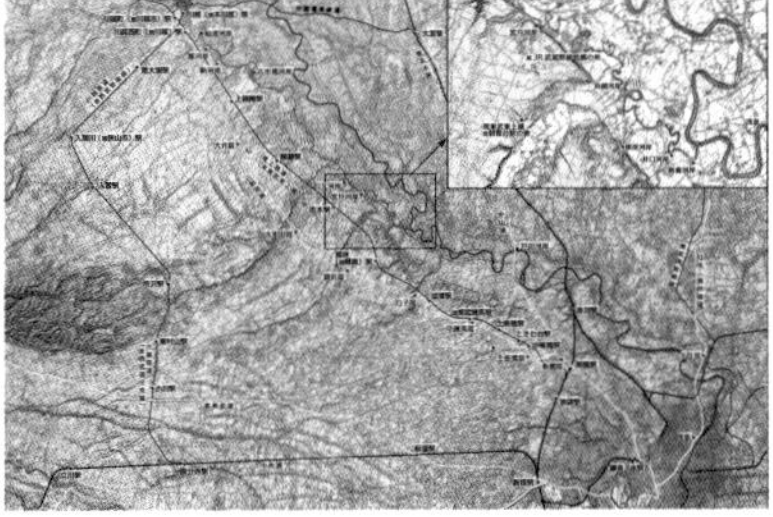

◆ 東京山手急行電鉄　計画路線図　190

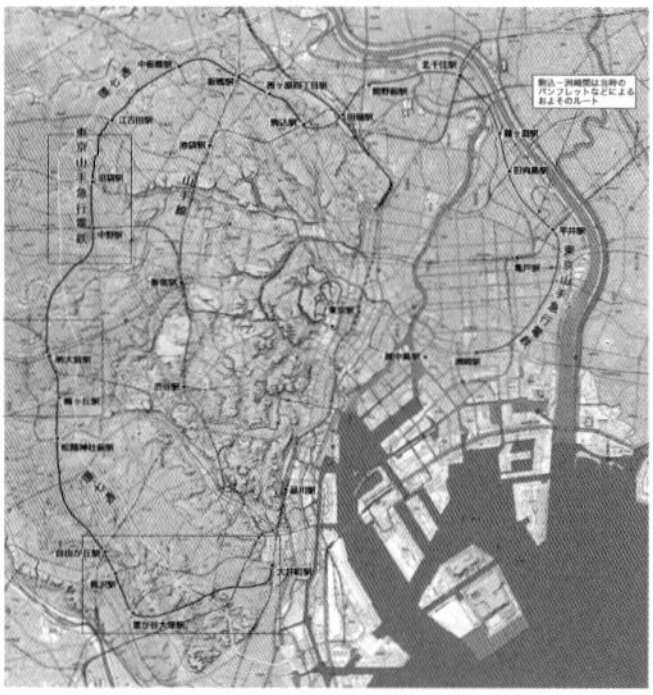

◆ 復興局公認
東京都市計画図　昭和４年　140

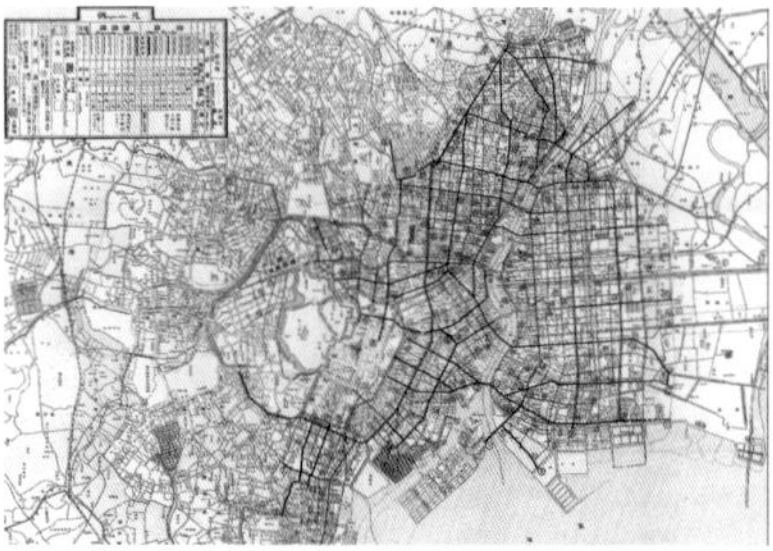

◆ 京浜電気鉄道青山線（未成線）　201

◆ 東急（前身会社）による
田園調布と洗足の分譲地　158

◆ 主に川と運河の上に建設された
首都高速道路　210

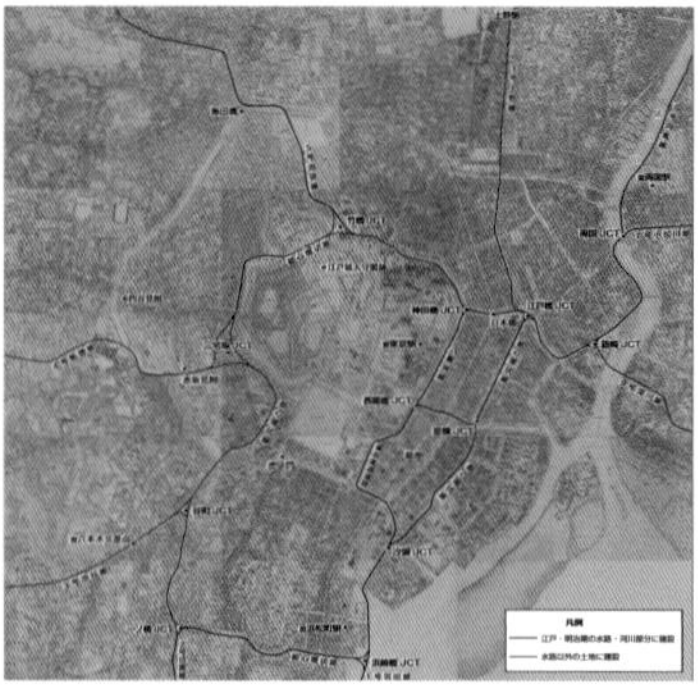

◆ 多摩川の砂利運搬路線　184

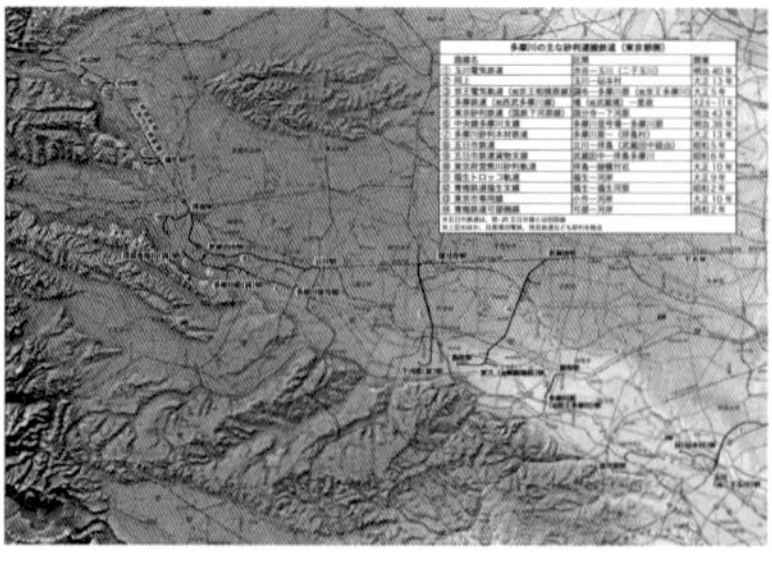

全地図リスト

19	MAP◆新橋・高輪・品川　明治10年代
21	MAP◆新橋駅（初代）付近　明治10年代
26	MAP◆馬車鉄道路線　明治10年代
37	MAP◆高輪ゲートウェイ駅付近
40	MAP◆江戸時代の街道と明治28年の鉄道
55	MAP◆甲武鉄道市街線の当初の計画ルート
60	MAP◆甲武鉄道市街線ルートと神田川の変遷
64	MAP◆御茶ノ水付近の谷区間の中央線延伸
68	MAP◆東京の水運・河岸と鉄道　明治37年頃
78	MAP◆東京駅～新橋駅　大正5年頃
80	MAP◆明治10年代の現・東京駅付近
83	MAP◆品川駅～目黒駅　大正5年頃
85	MAP◆五反田駅～目黒駅～恵比寿駅　大正5年頃
90	MAP◆渋谷駅付近　大正5年頃
93	MAP◆新宿駅付近　大正5年頃
97	MAP◆池袋駅付近ルート案の変遷
100	MAP◆上野駅付近　大正5年頃
102	MAP◆街道と大正5年の鉄道路線
113	MAP◆玉川電鉄（渋谷駅～三軒茶屋駅）
116	MAP◆新河岸川と川越への鉄道路線
123	MAP◆京成船橋駅～京成津田沼駅～京成佐倉駅
124	MAP◆習志野付近の佐倉街道と京成本線
127	MAP◆絹の道　鑓水峠周辺と横浜線
134	MAP◆関東大震災での東京の火災エリア
140	MAP◆復興局公認　東京都市計画図　昭和4年
146	MAP◆復興局編　大東京都市計画道路網図　大正15年
149	MAP◆御茶ノ水・万世橋の復興
158	MAP◆東急（前身会社）による田園調布と洗足の分譲地
165	MAP◆小平学園と国立大学町の開発
171	MAP◆私鉄沿線の住宅地開発（戦前）
179	MAP◆小田急・京王線新宿付近
184	MAP◆多摩川の砂利運搬路線
190	MAP◆東京山手急行電鉄　計画路線図
196	MAP◆大井町駅～自由が丘駅付近（東京山手急行電鉄）
197	MAP◆梅ヶ丘駅～明大前駅付近（東京山手急行電鉄）
199	MAP◆中野駅～江古田の森公園付近（東京山手急行電鉄）
201	MAP◆京浜電気鉄道青山線（未成線）
206	MAP◆（旧）西武鉄道と多摩川急行、東八道路
210	MAP◆主に川と運河の上に建設された首都高速道路
216	MAP◆東京の環状道路（1号～8号）
221	MAP◆全盛期の都電路線（昭和37年10月）
226	MAP◆戦後の大規模ニュータウンと私鉄
233	MAP◆0メートル地帯と鉄道

◆ 東京の環状道路（1号～8号）　216

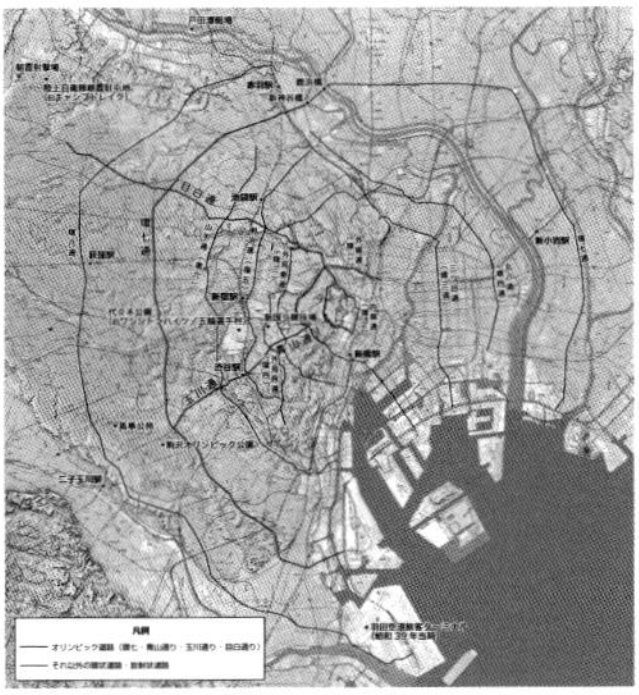

◆ 全盛期の都電路線（昭和37年10月）　221

◆ 戦後の大規模ニュータウンと私鉄　226

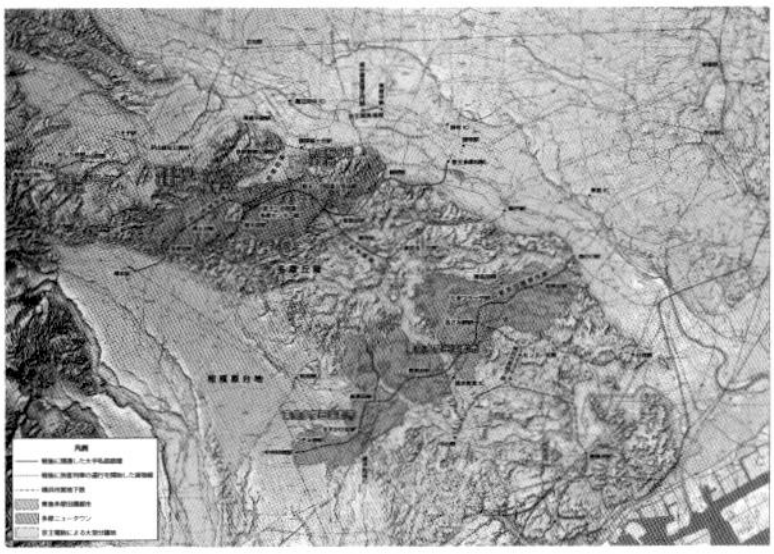

本書に掲載した地図について

・本書に掲載した地図や断面図は、特記以外はＤＡＮ杉本氏が作成したフリーウエアの『カシミール３Ｄ』と「スーパー地形」、国土地理院の「地理院地図」、１万分の１地形図を利用して制作しました。そのまま使用したものもありますし、画像処理ソフトで加工したり、川筋などを加筆したりしたものもあります。立体表現のある地図は、地図により高さを２～８倍に強調しています。https://www.kashmir3d.com/

・「大正５年頃」とある地図は、すべて大正５年修正・６年12月15日発行の１万分の１地形図です。必要に応じて現代の地形と重ね合わせました。古い地図に現在の地形をあてはめたため、土地の形状、特に川の流れる位置や海岸線の立体表現が当時とは大きく異なる部分があります。

・本書掲載エリア以外の都心部の上記大正６年地図（現在の地形データで立体化）に関心がある方は、『明治大正凸凹地図 東京散歩』内田宗治（実業之日本社刊）をご参照ください。

・「今昔マップ…」とある地図は、すべて時系列地形図閲覧サイト「今昔マップon the web」（© 谷　謙二）の地図画像を使用し、カシミール３Ｄで立体化や着色などの加工をしたものです。https://ktgis.net/kjmapw/

「東京市」の範囲

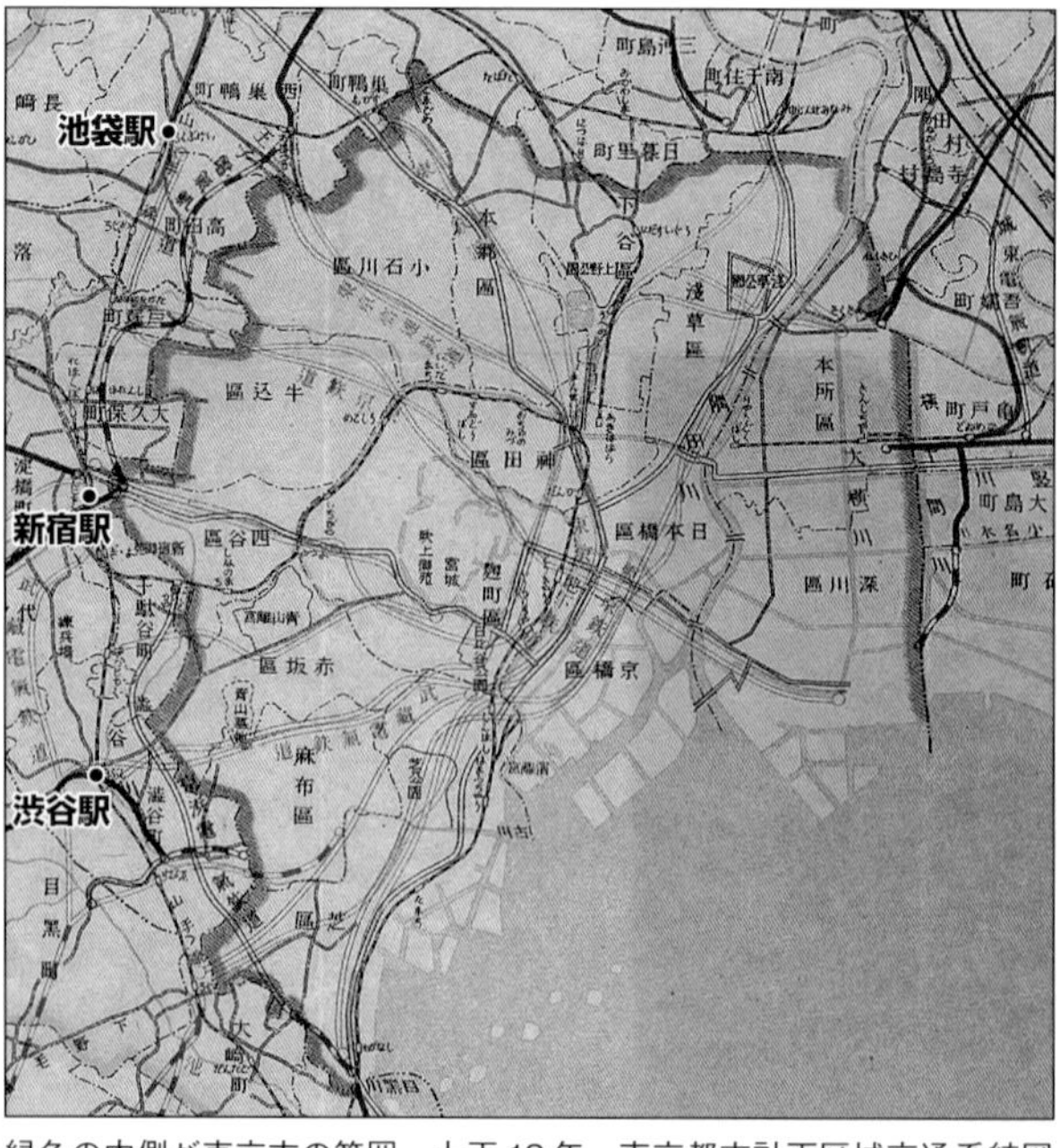

緑色の内側が東京市の範囲　大正12年　東京都市計画区域交通系統図（部分／市政専門図書館蔵）

東京府下に15区が成立したのは1878年（明治11年）。その範囲を多少変更し、1889年（明治22年）に「東京市」が成立する。1932年（昭和7年）には周辺市町村を再編して20区を新設し、東京市は35区となる。1943年（昭和18年）には東京府・東京市が廃止され、東京都となった。戦後の1947年（昭和22年）には35区が再編されて22区となり、同年のうちに板橋区から練馬区を分離して現在の23区となった。

第1章

鉄道開業〜明治時代後半

私鉄による幹線（現JR）建設の時代

鉄道忌避伝説が生じた街道との関係

1 明治五年　日本初の鉄道開業

新橋駅を出た汽車の線路が、海の中に敷かれた理由とは？

令和二年三月に開業した山手・京浜東北線高輪ゲートウェイ駅。同駅のホームや線路が広がる地は、明治初年、すべて海の中だった。

近くの浜辺から東京湾を見渡すと、沖合には、ものものしい積み石に囲まれた小さな人工島が点々と連なっているのが見えた。砲台を備えた台場で、襲来する異国の戦艦に対して十字砲火を浴びせられるように第一台場〜第七台場までが造られている（第七台場は未完成）。

品川台場と呼ばれるこれらの台場は、嘉永六（一八五三）年六月、ペリー司令長官率いる四隻の黒船（米国艦隊）の来航を契機として築造されたものである。翌年一月、再びペリー艦隊が来航した時には、一部の台場が完成していた。品川沖まで来たペリー艦隊はこの砲台群を見て、横浜まで引き返すこととなる。その二カ月後に日米和親条約が結ばれている。

黒船ショックから二〇年近く経った明治五（一八七二）年、新橋―横浜間に日本で初めての鉄道が開業した。新橋駅（初代）を出て、現在の田町駅付近から品川駅付近までは、当時の海岸線の数十メートル沖合に築堤を建造してそこに線路を敷いた。

➡ 品川駅（明治前期）。ホームは海に面している

じつは、台場と鉄道建設とは重要な縁がある。鉄道建設のための海上築堤の土木技術は、台場建設などで江戸時代に用いられていたものだった。台場は、波に洗われる基礎部分を、内海側（陸地側）は規則正しく石をずらして積む布積み、外海側を谷積み（乱積み）と呼ばれる技法で建造されている。鉄道の海上築堤も、これらにより培われた技法が使われた。

線路を海上に通すしかないとなった時、それをなし得る技術力が日本にあったのである。当時アジア・アフリカ諸国で建設された鉄道は皆、西洋列強国による植民地政策の一環だった。鉄道経営は列強国によって行われた。だが日本はお雇い外国人の力を借りたものの、鉄道経営は自分たちで行った。それには、すでに日本にこうした技術力があったことが大きかった。

高輪ゲートウェイ駅周辺は、幕末には軍事的緊張感をはらんだ場所であり、明治初年頃では、物見高い江戸っ子が海の中を走る陸《おか》蒸気を見物にやってきた場所だった。

海岸線は、現在の第一京浜（国道15号）の所に延びていた。一帯が本格的に埋め立てられていくのは、それから四〇年近く後の大正初期以降である。

「田町からこの駅（品川）までの間に見ゆる烟《えん》波《ぱ》浩《こう》渺《びょう》たる湾内に

⬆ 高輪ゲートウエイ駅付近から田町方面を望む（令和二年開業時の頃）。明治時代の海岸線は写真左端付近で、写真中央の道路や線路は当時すべて海だった

⬆「高輪鉄道之図」月岡芳年・年延（明治4年）。左ページ写真付近を逆方向から描いている

浮かべる六基の旧砲台や、去来する白帆や小汽船や、雲か烟《けむり》かの様に見ゆる房総の山々などの眺めもまた捨て難《がた》き風景である」（『汽車の窓から』）。

大正七年発行の谷口梨花による著作からの引用だが、開業から五十年がたったこの時代でも、広々とした東京湾の光景が車窓に広がり、帆を上げた小さな船などが行き交い、近くには台場という要塞島、遠くには房総の山々といった眺めが堪能できた。当時「日本全国乗ってみたい列車の車窓ベスト10」といったものがあれば、それにランクインしたであろう眺めが、都心部で味わえたのである。

令和元年十一月、まだ工事中だった高輪ゲートウェイ駅付近の山手・京浜東北線線路が、一〇〇メートルほど海側に平行移動する形で付け替えられ

⬆ 開業前年、品川駅北側の海上築堤（高輪築堤）の様子。"THE　FAR EAST"(1871)より。横浜開港資料館蔵

➡前ページ写真、品川駅北側の現在。国道一五号線高輪二丁目交差点付近

た。明治五年の鉄道開業時、この付近の線路は、ちょうど付け替えられる前の山手・京浜東北線線路のあたりを通っていた（平成三十一年四月の工事で初めて見つかって以来、線路築堤（高輪築堤）の石垣が断続的に見つかっている）。したがって高輪ゲートウェイ駅より海側、たとえば現在東海道新幹線が通る地点など、明治初年では、沖合三〇〇メートルといった場所だったことになる。

なぜわざわざ海上に線路を敷いたのだろうか。理由は二つ挙げられる。第一には、江戸時代以来のメイン街道である東海道がこの付近では海沿いを通り、それに沿って人家が密集していたためである。背後には丘が迫っている。そのため陸地での線路用地の確保が難しかった。

人家を避けて海岸線ぎりぎりに線路を通すのも困難だったろう。海辺には、後述するように魚を水揚げする漁船の船溜まりが点在していた。そこに線路を敷くと、漁船の係留に支障をきたす。築堤を海の中に設けて線路を敷けば、それらは解決する。元からの海岸線と築堤との間に細長い運河ができるので、運河から東京湾へと船が

⬆現在も東京湾に浮かぶ第六台場。レインボーブリッジから品川駅方向を望む

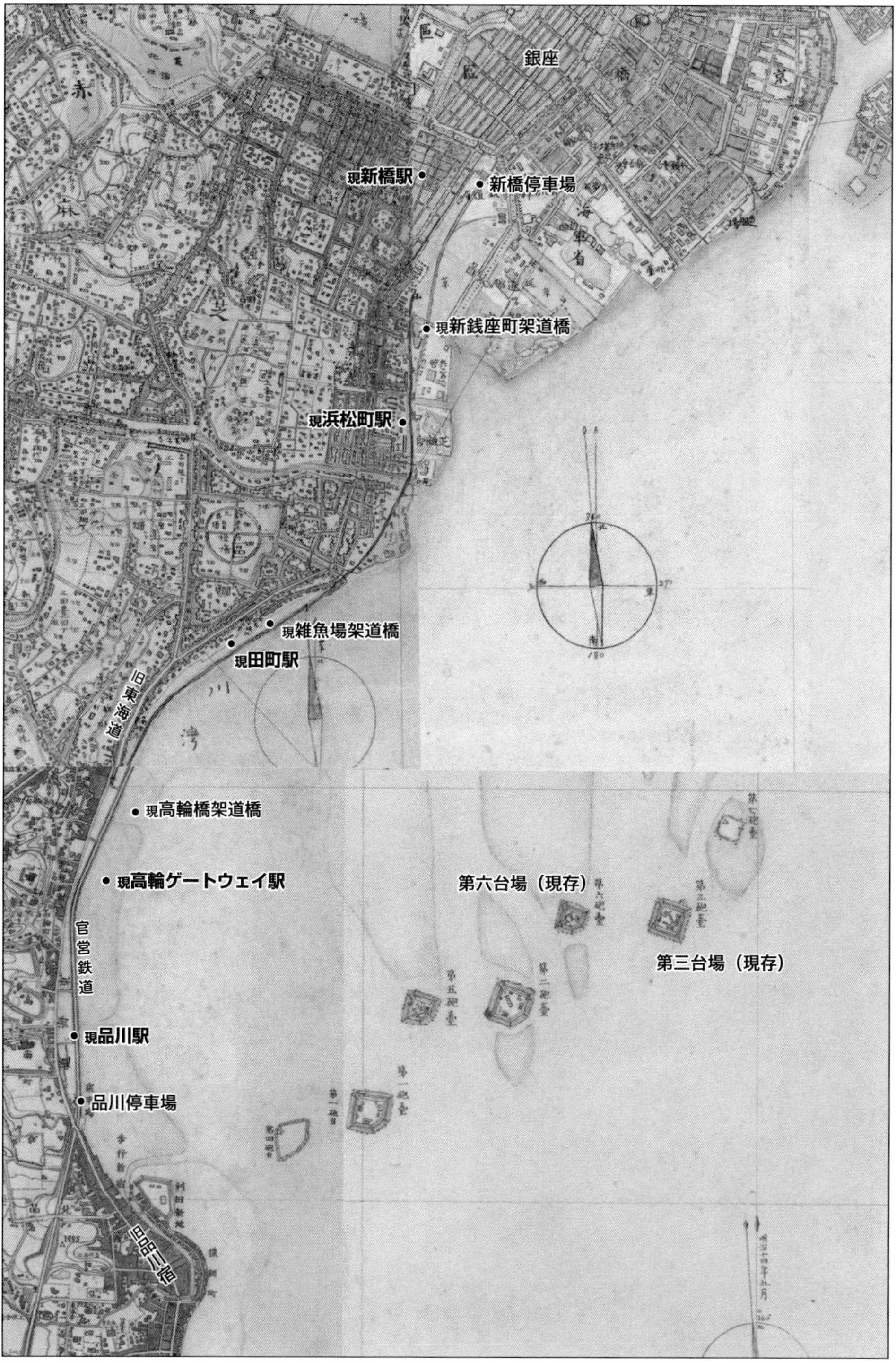

MAP◆新橋・高輪・品川　明治10年代（関東平野迅速測図）

出入りできるように、築堤を途中途切らせそこに橋をかけて、下を船が通行できるようにした箇所がある。

第二には、陸海軍を統括する兵部省《ひょうぶしょう》が鉄道建設に反対したためだった。国家としての急務は国防上軍艦を建造することであり、鉄道建設は後回しでいいという主張である。鉄道施設を建設されてしまうと、東京を守る海軍基地をこの一帯に設けにくくなることも反対理由として挙げられた。

鉄道建設を推進しようとする大隈重信（佐賀藩出身）、伊藤博文（長州藩出身）などいわゆる開明派に対して、守旧派が反対するという構図ができあがっていた。反対の中心メンバーは、西郷隆盛や第二代総理大臣となる黒田清隆（いずれも薩摩藩出身）などだった。兵部省は、浜離宮や高輪周辺などで海岸沿いに所有している用地の引き渡しを拒み、高輪の旧薩州家下屋敷（現・品川駅高輪口駅前周辺）付近では測量の妨害などもした。それで海上に線路を設けるしかないことになってしまった。海上の築堤は長さ約二・七キロ、複線が敷設できる幅で建造し、そこに線路を敷いた（当初は単線を敷設）。

初代新橋駅開業
絶妙の場所にあった旧大名屋敷の広い敷地

明治時代、東京―横浜間に鉄道を敷設する際、東京側の起点駅として選ばれたのが、なぜ新橋の地だったのだろうか。

当時の町の姿と地形に注目して見ていくと、じつは、新橋の地が明らかに最適であり、こ

➡開業時の駅舎の地に再現された旧新橋停車場の駅舎

➡旧新橋停車場に再現された〇哩（ゼロマイル）標識

こしかなかったとさえ思えてくる。

当初の新橋駅（初代）は、現在のＪＲ新橋駅の東側、ゆりかもめ汐留《しおどめ》駅の北側にあった。現在では高層ビルに囲まれた中、開業時の駅舎を再現した「旧新橋停車場」が建てられていて、その裏手には数メートルのレールと共に〇《ゼロ》哩（マイル）標が、当時と同じ位置に復元されている。

同駅は大正三（一九一四）年に貨物専用駅となり、その際汐留へと駅名を改称した。昭和六十一（一九八六）年に廃止となっている。

江戸時代末期、新橋駅（初代）の地は、播磨《はりま》龍野《たつの》藩《はん》脇坂家上屋敷と仙台藩伊達家上屋敷という二つの広大な屋敷だった。そのすぐ南側にも会津藩松平家中屋敷が広がっていた（下の地図で浜離宮から運河を隔てて線路や東京馬車鉄道会社の建物がある一帯）。この三つの屋敷で南北（正確には南南西から北北東）七〇〇メートル、東西三〇〇メートルもある。こんなに広い敷地が旧武家屋敷としてまとまってあるのは、このほか江戸の町の中心部（ここでは外濠と隅田川に囲まれたエリアとする）では、現在の皇居の地を除けば、現在の国会議事堂付近の彦根藩井伊家上屋

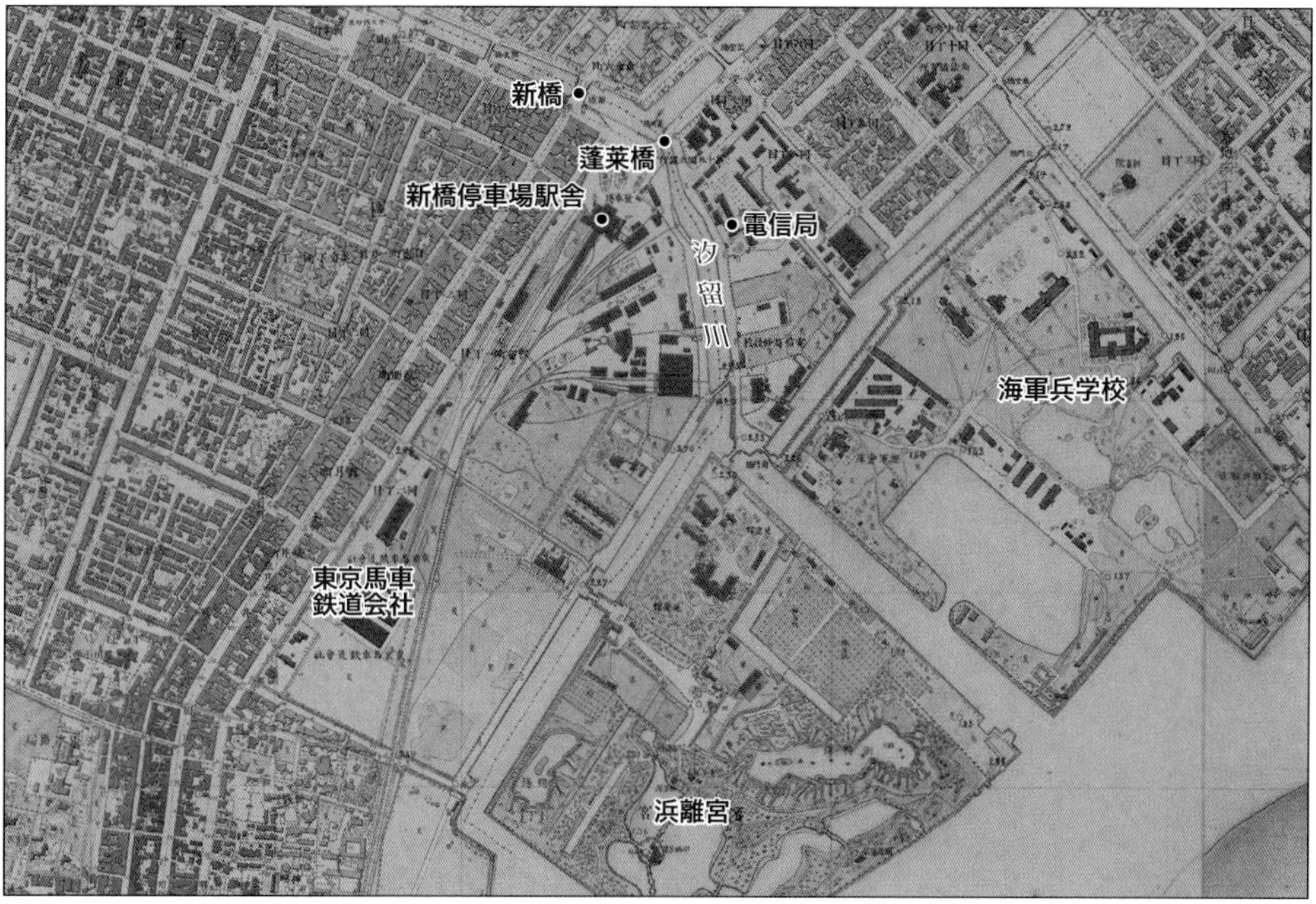

MAP◆新橋駅（初代）付近　明治 10 年代（五千分一東京図測量原図）

敷付近及び、海辺の浜御殿（現・浜離宮）くらいしかない。それら以外は、大なり小なりの武士や町人の家が建て込んでいる。

また、新橋（初代）から町の中心部側へ線路を延ばそうとしても、そこは銀座や京橋といった当時の繁華街である。南から進んできた線路がそうした家屋密集地にぶつかるすぐ手前の地に、うってつけの敷地があったわけである。

もう一つの広い敷地である井伊家上屋敷付近の場合、平坦な新橋とは異なって、武蔵野台地を上る形になり地形上著しく不利である。

後に新橋から東京駅方面へ線路を延ばす際は、浜松町駅の東京寄りから銀座を避けてやや西側に向かい、外濠沿いに高架で進むルートを取った。地盤の悪い難工事となったが、これもここしかないといったルート選定といえる。

ただし新橋駅（初代）の地をターミナルとするのに、反対の声も上がっていた。築地の外国人居留地に近く、不平士族が外国人と不測の事態を起こすことを懸念したためである。だが太政官はこうした反対意見を採択せず、官設鉄道の駅とルートを決定していった。

「新橋」という駅名の由緒正しさ

旧暦明治五年五月七日（新暦では一八七二年六月十二日、旧暦から新

⬆ 新橋駅構内に停車中の旅客列車（明治十年頃）。『NIPPON鉄道の夜明け』（鉄道博物館）より

暦の切り替えは明治六年）、品川—横浜間二三・八キロが仮開業し、日本で最初の旅客列車が走った。最初の鉄道開通が新橋—横浜間とよくいわれるが、実際は仮開業だが品川からである。

明治五年七月、明治天皇が横浜から品川まで乗車している。明治天皇は西国の巡航からの帰り道、天候悪化のため品川港に着岸できず横浜港に入港し、仮開業中の鉄道に急遽乗車することとなった。新橋—品川間が開通し、天皇臨席のもと正式の開業式が行われたのが同年九月十二日（一八七二年十月十四日）である。鉄道開通五〇周年にあたる大正十一年、鉄道省が西暦の十月十四日を「鉄道記念日」と定め、平成六年から「鉄道の日」として受け継がれている。

新橋—横浜（現・桜木町）間は途中品川、川崎、鶴見、神奈川（昭和三年廃止）、横浜の駅が設けられ、列車は所要五三分で走破した。開業式の翌日から一日九往復が運転され、十一月四日からの一週間の乗客数は二万六〇〇〇人を超え、乗車率は八六パーセントに上った。（『日本鉄道史 幕末・明治篇』より）

新橋—横浜間の運賃は、上等一円一二銭五厘、中等七五銭、下等三七銭五厘だった。下等の運賃が当時の白米一〇キログラムの値段よりやや高い程度にあたるので、新橋—横浜を往復すれば今の値段なら約一万円といったところである。現在なら東京駅から東海道新幹線で熱海か三島まで往復するのが所要時間も値段も同等近くとなる。決して安い金額ではないが、物珍しさからいえばそれだけの価値はあっただろう。

新橋駅（初代）駅舎前の広場の先には、蓬莱《ほうらい》橋という名の橋が架かっている。だが駅名は

⬅初代新橋駅駅舎とプラットホーム（明治五年）。中央車止めが〇哩地点。『同右』より

蓬莱橋ではなく新橋である。新橋は蓬莱橋より一〇〇メートルほど西に向かった地にある。蓬莱橋を渡った先は現在昭和通りが延びる部分だが、新橋は、押しも押されもせぬ江戸時代の東海道に架かる橋であり、それを渡ると現在の銀座四丁目交差点を通り抜け日本橋へと至る。駅名が、少し離れているものの新橋となったのは当然のことだった。

品川駅の駅名の由来は、旧東海道の宿場町である品川宿から取ったものだが、駅は品川宿本陣まで一キロほど離れている（19ページ地図参照）。北千住駅（日光街道）、板橋駅（中山道）、新宿駅（甲州街道）が宿場の比較的近くに立地しているのとは異なっている。

よく話題にのぼる話として、「京急北品川駅はＪＲ品川駅の南にあるのになぜ北品川？」というのがある。江戸時代以来の東海道品川宿の北に立地するので北品川駅であり、北品川は江戸時代からある同地の地名である。

もし鉄道開業当時、品川ではなく現地の地名である高輪駅と名付けていたら、北品川駅との関係も混乱したものにならなかった。物議をかもした高輪ゲートウェイ駅の名も、別なものに落ち着いたかもしれない。

⬆ 新橋駅（写真中央奥）と逢来橋。横浜開港資料館蔵

②　馬車鉄道（新橋—浅草）の誕生

初代新橋駅付近には、数百頭の馬の厩舎も

新橋駅（初代）から当時の東京の中心部にあたる日本橋方面へ鉄道が延ばせない状況で、そこに登場したのが馬車鉄道だった。

明治維新以前からの江戸・東京の交通手段を振り返っておこう。江戸時代の移動としては基本的に徒歩である。駕籠《かご》と馬もあったが、駕籠は身分が高い者専用であり、庶民が乗れるようなものではなかった。

欧米で普及していた馬車は、江戸幕府によって禁じられていた。軍事上の理由及び道路を傷めやすいためだったとされる。荷物運搬の場合も馬に荷車を牽かせるのは禁止され、荷物を背中に乗せる荷付け馬としてしか許可されていなかった。牛車は古代より貴族の乗用車として京都で発達していたが、江戸時代には廃《すた》れていた。いわゆる乗馬も、それが許可されているのは武士に限られていた。

明治維新後、日本人により発明されたのが人力車だった。文明開化時代の寵児といわれ、国内では爆発的に普及した。明治三年頃、筑前福岡藩士だった和泉要助が、馬車や大八車を

←二人乗りの人力車

MAP ◆馬車鉄道路線　明治 10 年代（五千分一東京図測量原図）

ヒントに考案したとされる（諸説あり）。鉄輪を使用することで駕籠より圧倒的に早く楽に動かせた。駕籠は二人以上で担《かつ》ぐの対し、車夫は一人で牽くことができる（二人用もある）のも普及に拍車をかけた。明治時代半ばがその最盛期となり、現代のタクシーより身近なものだった。以後市内電車の普及などで衰退していく。

・明治二十五年東京府の人力車数
一人乗り２万８６４７台　二人乗り１万２１７６台
・平成三十年東京都のタクシー台数
法人タクシー３万８８１３台　個人タクシー１万２８７４台
（『東京百年史』、全国ハイヤー・タクシー連合会資料より）

明治二十五年の東京府人口が約一五七万人（多摩地域は当時神奈川県）といったことを勘

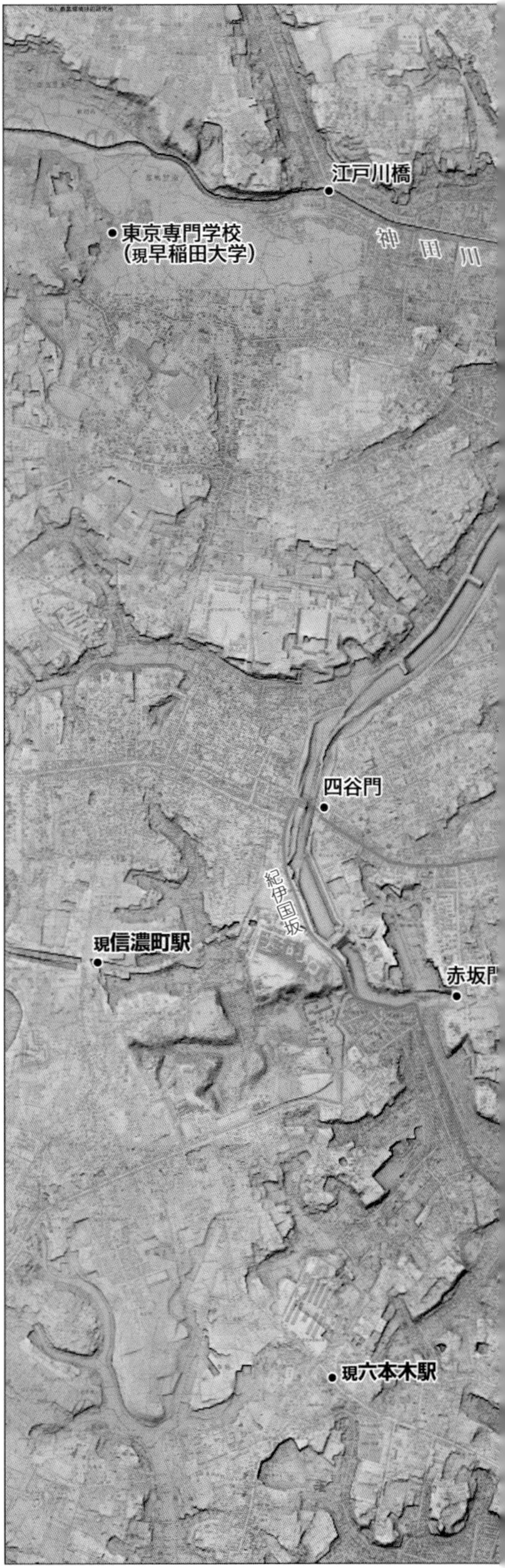

➡ 右地図では、馬車鉄道が敷かれた地域が、すべて平地だったことが分かる。なお、「馬車の運行が許可された道」の馬車とは、レールの敷かれた馬車鉄道とは異なるので注意したい。

案すると、人力車の数がいかに多かったかが実感できる。

　東京での馬車は、明治初年頃から東京―横浜間、その後新橋―浅草間などに道路を走る乗合い馬車として登場した。さらに中山道を高崎へ、日光街道を宇都宮などへの馬車も登場する。後に馬車鉄道が登場する頃まで、馬車は紳士淑女が利用するものとみなされていて、馬車会社側も車両をきれいに保ち、馬丁の衣服も不潔にならぬように注意していた。

　こうしたなか、庶民も利用しやすい乗りものとして馬車鉄道が登場する。それまでの馬車との違いは、道路の上に敷かれた鉄のレールの上を車輪が走行する点である。当時鉄は文明開化の象徴ともいえた。鉄レールは通常の道路に比べて摩擦が圧倒的に少ないので、馬車鉄道はスピード、牽引できる重量、馬の疲労度などで、それまでの馬車よりも有利だった。乗り心地も、砂利道路の上をガタガタと行く馬車よりも数段よかった。

　明治十三年、第三十三国立銀行支配人の種田誠一らは東京馬車鉄道株式会社を設立した。開業にあたって難題となったのは、予定する馬車三〇両、馬一八〇頭を収容する車庫及び厩舎を擁する本社用地の選定だった。鉄道馬車を敷設するような往来の多い町中に、これだけの広さの土地はそうそうあるわけではない。

　神田花岡町の火除地《ひよけち》（現・秋葉原駅東口付近）や上野の寛永寺下（現・上野駅付近）の土地利用を願い出たが、許可されなかった。方針を変えて空き地ではなくすでに鉄道局の土地

➡乗合い馬車が通る九段坂。明治二十六年頃。国立国会図書館蔵『東京景色写真版』より

⬇ 新橋駅舎と鉄道馬車。『日本鉄道紀要』より

となっている新橋駅（初代）隣接の土地に狙いを定めた。

種田ら発起人は井上勝鉄道局長官に直接談判したところ、この面談が大成功となる。大正時代に汐留貨物駅となった頃にはたくさんの線路が並ぶ場所だが、当時はまだスペースが空いていて一万八〇〇〇坪もの土地が貸与された。借地代も非常に安くしてもらえて、「実に当会社無量の幸福」と、後に馬車鉄道首脳が語っている。

鉄道局の土地の貸与を井上勝が許可したのは、新橋から先、市の中心部に向けての鉄道延伸が不可能に近い状況の中、鉄道の補完として馬車鉄道の重要性を認めていたためと、『東京馬車鉄道』の著者白石弘之は推察している。

最盛期は、馬車三〇〇両、馬二〇〇〇頭に

東京馬車鉄道は、明治十五年六月、新橋（東京馬車鉄道汐留本社）─日本橋間を開業、停留所は汐留本社、新橋、日本橋のみで、途中に停留所を設けることはせず、乗る時は線路ぎわで手を挙げればよく、降りる時も車掌に言えば下車できた。

さらに同年中に日本橋─万世橋─上野─浅草─日本橋間の循環路線を開業させている。新橋駅を出る鉄道馬車は、上野行きと浅草行きの二通りで、日本橋までは同じ線路を走り、その先で左右に分れた。馬喰町では馬の取り替えも行っていた。

乗り間違い防止のため、浅草行きが青ランプ、上野行きが赤ランプを掲げていた。馬車は二頭の馬で牽き、疾走するのではなく時速一〇キロ程度の小走りで進んでいた。

上記の馬車路線は、下町低地にあたる平地を走っていることにも注目しておきたい。たとえばもし、新橋と四谷を馬車鉄道が結んだとしたら、途中急な坂を上らなければならなくなる。両地点間では標高差が約三〇メートルもある。馬は盛んにムチ打たれながら青息吐息で上ることになっただろうし、下り坂では御者のブレーキ操作が重要となったはずだ。

開業当初、馬車三一両で営業にあたり、そのすべてが英国製だった。当初の目論みでは、英国から数両だけ輸入してそれを参考に日本で模造して量産するつもりだったが、車輪などの製作ができず、結局すべて輸入となってしまった。二等車のうち一両は「夏用車」と謳っていて、屋根が付いているオープンカー形式のものだった。

新橋─日本橋─万世橋─上野は、現在の中央通りであり、後の都電では、数ある系統の中

➡乗合い馬車の停車場。明治二十六年頃。国立国会図書館蔵『東京景色写真版』より

⬇銀座煉瓦街（現・中央通り）を行く鉄道馬車。横浜開港資料館蔵

で栄える第1系統を冠せられたルートである。浅草は当時東京一の繁華街として賑わい、市内の至る所から人がやってくる。東京馬車鉄道が繁昌するのも当然で、最盛期には車両数は一〇〇両を超えた。新橋から銀座を経て万世橋までがとくに乗客が多かったという。ピーク時間帯では一時間に約七〇両、すなわち一分間に一両以上の間隔で発車していった。運賃は新橋―日本橋間が一等三銭、二等二銭、所要時間約一四分、新橋―上野間が一等九銭、二等六銭、所要約四〇分で、運賃は現代の感覚でいえば、タクシー料金と同じ程度だった。

　明治三十年には品川馬車鉄道が品川八ツ山下―新橋間に開業した（その数年前から同区間にレールを使わ

⬅神田小柳町の鉄道馬車停車場。明治二十六年頃。国立国会図書館蔵『東京景色写真版』より

⬇「東京名所鉄道馬車往復上野公園山下之図」。『東武鉄道百年史』より

ない乗合い馬車として開業)。二年後に品川馬車鉄道は東京馬車鉄道に事業譲渡し、それにより東京馬車鉄道は明治三十五年には馬車三〇〇両、馬二〇〇〇頭を保有するまでに成長する。この年の乗客数は一日平均で一一万五六三五人に達した。

馬車鉄道は、明治維新前まで武士の特権的乗りものだった馬と、文明開化の賜の鉄車輪の車両という、庶民にとっては新しい時代を感じさせるものだった。その一方で、馬の糞と尿も巷に溢れることとなった。とくに雨や風の日は悲惨な光景が現出した。

筆者の経験では、平成の初め頃中国東北地方に何度か出かけたのだが、そこでは馬が荷車を牽いている姿をよく見かけた。馬はお尻にズタ袋を付けられていて、時折馬糞をボコボコと袋の中に落としていた。明治時代の鉄道馬車の馬にはズタ袋は付けられていないようなので、状況は察して余りある。馬車鉄道が路面電車にとって代わられるまで約二〇年以上続くことになる。

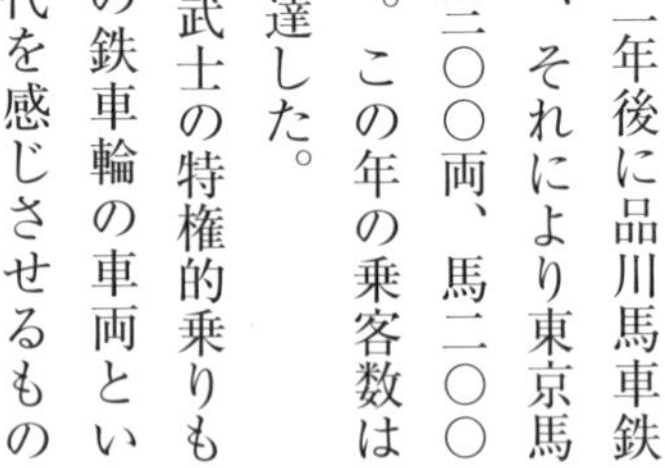

➡中国ハルビン市内にて。平成二年。よく見えないがお尻にズタ袋を付けている

３　東京の鉄道、新規開業空白の十年間

横浜から西になかなか延びていかない理由とは

明治五（一八七二）年の新橋―横浜間の鉄道開通の後、十年以上の間、関東地方での鉄道の新規開通がない。次は明治十六年七月の上野―熊谷間開業まで待つことになる。これにはちょっと意外な感じがするのではないだろうか。

新橋―横浜間が官設鉄道だったのに対し、上野―熊谷間は日本鉄道という私鉄会社によるものだった。明治三十九年に国有化され、現在のＪＲ東北線（京浜東北線の一部を含む。以下適宜使い分け）・高崎線の一部となる路線である。このほか東京では明治十八年、日本鉄道により現在のＪＲ山手線・埼京線の一部区間となる品川―渋谷―新宿―赤羽のルートが開業している。

東京でこれだけ長い間（一〇年以上）、鉄道の新規開業区間なしというのは、近年まで一五〇年近くにわたってないことだった。太平洋戦争を挟んだ時期では、昭和十九年七月の青梅線御嶽―氷川（現・奥多摩）間開業から昭和二十九年一月地下鉄丸ノ内線池袋―御茶ノ水間開業まで新規開業がないが、それでも九年半しか経っていない。じつは令和時代初期、再び一〇年以上のブランクという事態になっている。平成二十年に東京メトロ副都心線が開業

⬅旧逢坂山トンネル東口。左側が明治十三年最初に完成のもの。大正十年廃止

してからは一〇年以上東京での鉄道新規開業路線がない（地下化などは除く）。東京の鉄道の歴史において、現代は特異な時代となっているわけだ。

明治五年以降、国内で鉄道建設が滞っていたわけではない。明治七年大坂（現・大阪）—神戸間が官設鉄道として開業、大阪から京都方面へも、同十年には京都まで延伸し同十三年には逢坂山《おうさかやま》隧道（長さ六六五メートル）の難工事を克服して大津まで路線をつなげている。

北海道では官営幌内鉄道により明治十三年札幌—手宮間、同十五年幌内—札幌間が開通し、幌内の炭鉱から小樽の手宮港に向けて石炭輸送が始められた。

明治新政府は、明治二年には東京と京都（両京間）を結ぶ鉄道建設を計画し、そのルートは東海道経由としていた。新橋—横浜間もその一部をなすものだった。

ところが官設鉄道の第二代建築師長リチャード・ボイルの調査・報告書（明治九年）などにより、両京間鉄道は中山道経由とされていく。高崎を経て碓氷《うすい》峠《とうげ》を越えて軽井沢に出て、そこから旧中山道のやや北側を通り塩尻に至り木曽路を進んで名古屋へ至るルートである。東海道には欧米の海運会社も含め定期航路が開設されていたので、それと競合すること、また、東海道沿いより未開発地の多い中山道沿いの産業開発が進むことなどが理由だった。

だが、中山道ルートを実際に調査・測量をしてみると、工事がきわめて困難なことが明らかになってきた。また難所とされてきた東海道の箱根越えに関しては、御殿場経由とすれば比較的工事が容易なことが判明した。こうした経緯で横浜から西への延伸は、明治二十年の横浜—国府津間の開通まで十五年間も空いてしまった。ただしこの後は急ピッチで建設が進み、明治二十二年七月、両京間を含む新橋—神戸間、東海道本線が全通に至る。

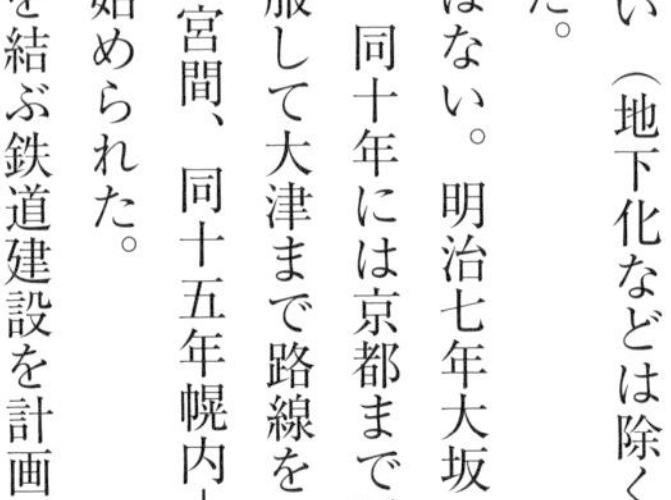

➡旧信越線横川—軽井沢間、碓氷第三橋梁（通称めがね橋）。現在はアプトの道として橋上を歩ける

Column

高輪ゲートウェイ駅付近 海上の線路築堤を偲ばせるガード

現代の高輪ゲートウェイ駅付近で、かつて海上にあった線路築堤は、昭和初期に周囲が埋め立てられ、存在が分からなくなっていた。だが、平成三十一年四月の品川駅付近の工事の際などで、築堤の一部が発掘された。土を盛り周囲を石垣で固めたもので、幅は約六・四メートル。築堤があったのは約二・七キロにわたるが、そのうち約八〇〇メートルの区間が発掘されている。そのほか、線路が渡っていた運河と推定される痕跡なら、今も一部が残っている。

その一つは、高輪ゲートウェイ駅の約三〇〇メートル田町寄りで山手、京浜東北線、東海道線、東海道新幹線をくぐる「高輪橋架道橋下区道」である。ここは令和二年四月、第二東西連絡道路建設工事のために車両通行止め（人は通行可能）となったが、それまで「提灯殺しのガード」との異名が付いたスポットだった。

ガード下となる区間の長さは約230メートル。道路標識によれば通行可能の車の高さは一・五メートル。タクシーの屋根にある社名表示灯、通称行灯（提灯）が天井にぶつかって壊れることが多発したことから、「提灯殺し」のガードと呼ばれていた。人も身長約一七〇センチ以上なら頭を天井にぶつけるので、背をかがめるな

山手・京浜東北線線路移設（令和元年11月）前の高輪橋架道橋

どして歩き続けなければならなかった。

　なぜこんな低いガードが作られたのだろうか。ガードの隣に並行して延びる水路（放水渠）に注目しよう。この水路は、いつの時代か、線路築堤の陸側の運河と、東京湾とを結ぶために作られたもので、その後海側の埋め立てが進み、水路に並行して人が通る通路が作られたと推察される。線路築堤はさほど高くないので、その下の通路は背を低くせざるをえなかった。後にそこが港区の区道となって高輪橋架道橋下区道となった。

　この貴重なスポットも、高輪ゲートウェイ駅周辺の整備に合わせて、消え去る運命にある。頭上の高さを十分にとった第二東西連絡道路は、歩道部分の完成が令和八年度、車道部分が令和十三年度の竣工が予定されている。工事期間の一時期は、歩行者通路の一部区間は、現在の水路部分を使用する。

　歩道部分の完成までは、これまでの高輪橋架道橋下区道の全部または一部を利用して迂回路での通行が予定されている。すでに工事が始まったが、しばらくは「提灯殺し」だった姿を見ることができそうだ。

　かつて水路だった場所が、線路を横切る通路となっている例は、他にも近くにある。その一つが、田町駅から二〇〇メートルほど浜松町寄りで線路をくぐる雑魚場《ざこば》架道橋下の通路（歩行者と自転車専用）だ。雑魚場の地名の語源は、江戸時代前期、付近に雑魚を中心とした市が立っていたことによ

高輪橋架道橋下の区道。令和二年四月に車両通行止めになる前の様子

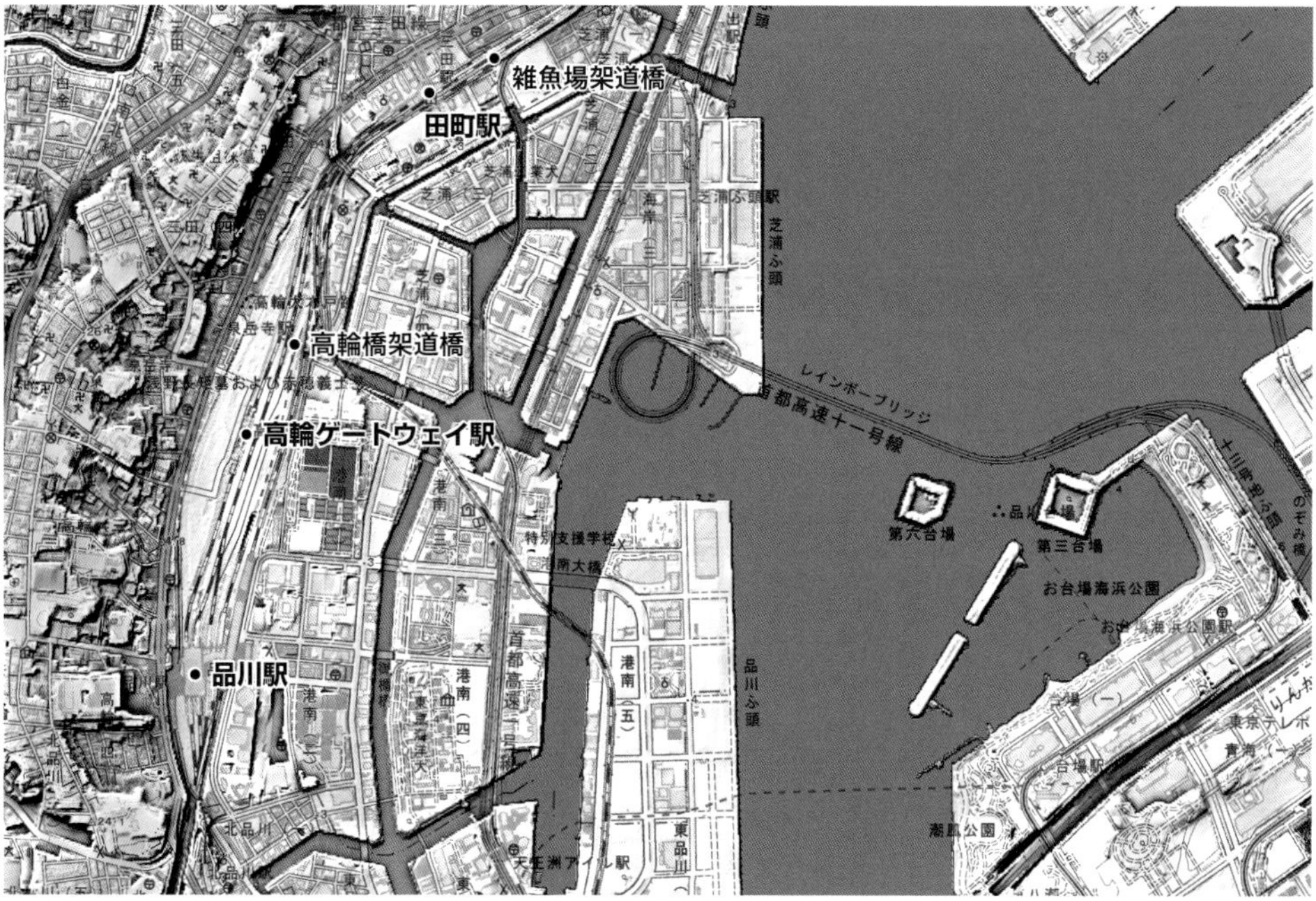

MAP ◆高輪ゲートウェイ駅付近

る。

　昭和四十三（一九六八）年に埋められるまで、雑魚場架道橋に隣接（山手線の内側）する現在の本芝公園は、船溜まりになっていた。船はそこから雑魚場架道橋をくぐって、東京湾へと往来していた。

　筆者の子どもの頃の記憶でも、山手線の車窓からは海が見えないのに、古びた小舟が数艘係留されているのが不思議に感じられ、その光景をよく覚えている。当時の水辺に位置していた御《み》穂《ほ》鹿《か》嶋《しま》神社が、今では本芝公園に面して建っている。雑魚場架道橋下の通路は周囲の地面より低い所を通っていて、かつて水路だったことを彷彿させている。

　もう一つ、浜松町―新橋間の中間付近にある新《しん》銭《せん》座《ざ》町《ちょう》架道橋も昔の水路だった場所で、重厚な煉瓦造りの橋台をよく見ると、水路を塞いだ痕跡に気づく。この地点から山手線は新橋方面へ向けて高架となっていく。新橋駅付近の煉瓦造り高架橋は、明治時代末頃建造の貴重な鉄道遺産としてよく語られる。新銭座町架道橋の橋台は、ひっそりとして忘れられたような存在だが、こちらも同時期頃の完成と思われる。

④ 幹線鉄道が東西南北に一路線ずつ延びる

街道とは離れたルートで 川越と青梅への路線が初期に開通

40ページの地図には、明治二十八（一八九五）年当時開通していた鉄道路線を記してみた。前年から始まった日清戦争が終結した年である。当時、鉄道はどことどこを結ぶのを優先させて敷かれたのか、また江戸時代の街道との関係はどうだったのかという視点で見ていきたい。地図には五街道と、その他の主な街道も記入してみた。

明治二十八年までに、前述した現在の東海道線、東北線・高崎線、山手・埼京線の一部の他に、以下の路線が開通している（年数は各区間全通の年）。

・現ＪＲ中央線　当時は私鉄甲武鉄道（新八線）　新宿—八王子　明治二十二年

・現ＪＲ中央線　当時は私鉄甲武鉄道（市街線）　新宿—飯田町（現・飯田橋駅付近）　明治二十八年

・現ＪＲ総武線　当時は私鉄総武鉄道　本所《ほんじょ》（現・錦糸町）—佐倉　明治二十七年

➡八王子駅（明治三十四年頃）。『中央鉄道記念写真帖』より

・現ＪＲ青梅線　当時は私鉄青梅鉄道　立川―青梅―日向和田《ひなたわだ》　明治二十八年
・現・西武国分寺線・新宿線　当時は私鉄川越鉄道　国分寺―東村山―川越（現・本川越）
明治二十八年

東京の中心部からは、東西南北いずれの方向にも一路線ずつ、南に東海道線、西に中央線、北に東北・高崎線（当時は私鉄の日本鉄道）、東に総武線（同総武鉄道）が延びる形となった。

一方、後の東京駅付近、市の中心部は鉄道空白地帯となっている。新橋（初代）、飯田町、上野（貨物路線のみ明治二十三年に秋葉原まで延伸）、本所（錦糸町）の各駅がターミナルとなり、中心部へ延びたいのに頭が押さえられているようにも見える。中心部は家屋密集地で鉄道敷設は容易ではなく、また東京市の政策も影響していた。前述のように、新橋（初代）―上野間は馬車鉄道で結ばれていた。

一方、上記四つのターミナルはいずれも運河や川に面していて、舟運との貨物ターミナルの役割も大きかった（67ページ参照）。

地図も参照しながらまとめると、明治時代前半までは、以下の特徴が見られる。

特徴一　鉄道は東京の中心から東西南北に、現在ＪＲとなる路線が一本ずつ敷かれた
特徴二　青梅と川越への鉄道が初期に開通した
特徴三　東京の中心部は、鉄道の空白地帯だった
特徴四　鉄道と街道とは、離れている場合が多い。駅と宿場も離れているものが多い

←青梅駅前。三階建ての駅舎は青梅鉄道時代の大正十三年竣工

←中央線としばらく並行して走る西武国分寺線国分寺駅付近

MAP◆江戸時代の街道と明治 28 年の鉄道（記載の駅は同年に設置されていた駅）

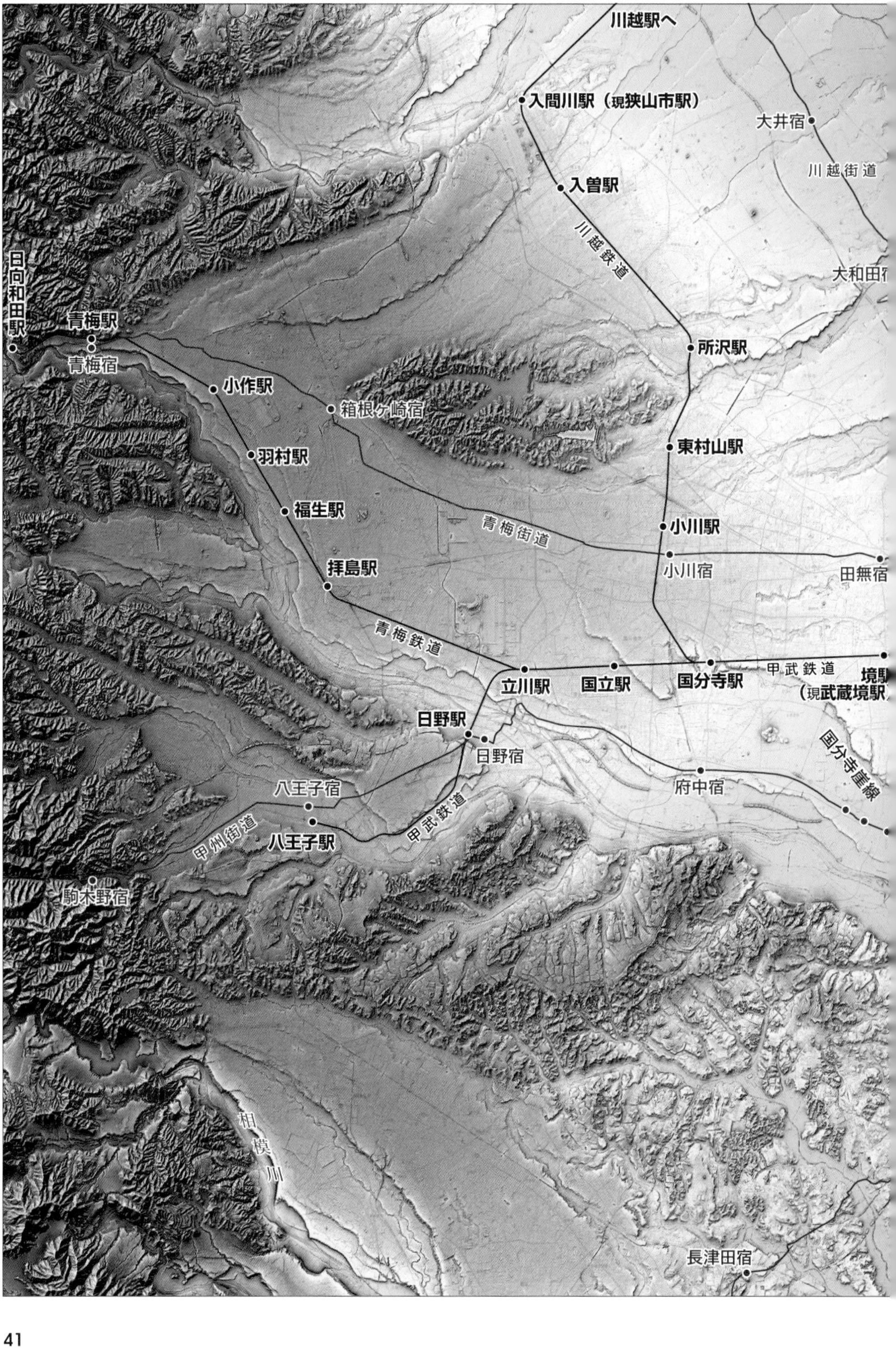
川越駅へ
入間川駅（現狭山市駅）
大井宿
川越街道
入曽駅
川越鉄道
大和田
日向和田駅
青梅駅
青梅宿
所沢駅
小作駅
箱根ヶ崎宿
東村山駅
羽村駅
福生駅
青梅街道
小川駅
小川宿
田無宿
拝島駅
青梅鉄道
立川駅
国立駅
国分寺駅
甲武鉄道
境駅
（現武蔵境駅）
日野駅
日野宿
国分寺崖線
八王子宿
府中宿
甲武鉄道
甲州街道
八王子駅
駒木野宿
相模川
長津田宿

⑤ 東海道・中山道・日光街道

鉄道は宿場町に立ち寄らず、効率いいルートを行く

鉄道路線と江戸時代の街道との関係を個別に見ていこう。

〈東海道と東海道線〉

品川駅と品川宿とが約一キロ離れてしまっているが、東海道線の線路はおおむね旧街道と並行している。次のＪＲ川崎駅は東海道川崎宿から三〇〇メートルほどの所だし、その次の神奈川宿も京浜東北線東神奈川駅のすぐ南側にある。東海道全区間では、箱根付近のように、旧街道と鉄道とがまったく別のルートを取る区間があるが、東京付近に限っていえば、東海道線は旧街道の比較的近くに敷かれている。

ただし、旧街道にぴったり寄り添って旧街道沿いの宿場や集落ごとに駅を設けているわけではなく、その役割は、明治時代後半に開通の京浜電気鉄道（現・京急）が担うことになる（１０５ページ参照）。

➡東海道線品川駅南方、八ツ山橋付近（明治前期）。横浜開港資料館蔵

〈中山道と京浜東北線・高崎線〉

中山道は、高崎付近までJR高崎線（明治十七年に高崎まで開通）にほぼ沿っているが、東京付近では場所により一〜三キロ、京浜東北線と旧街道とが離れている。中山道第一の宿の板橋宿は、現・埼京線板橋駅の西側に位置する。

板橋宿を出た後、中山道は荒川を渡る。ここには江戸時代「戸田の渡し」があった。江戸幕府は江戸防御などのためここに橋をかけることを許さず、渡し船での通行だった。その先、第二番目の蕨《わらび》宿は、京浜東北線蕨駅から約一キロ離れた西側にある。第三番目の浦和宿と第四番目の大宮宿は、浦和駅と大宮駅のすぐ近くにあるのと対照的だ。

江戸時代には、蕨宿の人口は浦和宿の二倍近くあった。旅籠《はたご》の数も浦和宿より蕨宿の方が多かった。江戸に向かう場合、荒川が大雨で増水した際、渡し船が運行できず蕨宿で逗留（川留《と》め）を余儀なくされるためである。

日本鉄道（現・東北・高崎線ほか）は、人口の多かった蕨宿方面にコースを向けることなく、その先へ効率よく進むことを重要視しているコースどりである。浦和駅は鉄道開通と同時の明治十六年の開業、大

←落ち着いたムードの旧蕨宿本陣（蕨市立歴史民俗資料館）付近

←賑やかな町中となっている旧浦和宿本陣付近

宮駅は明治十八年の開業だが、蕨駅の開業はやや遅れて明治二十六年だった。

　蕨宿近くに駅ができなかったため、宿場は近代交通網から取り残される形となった。近くに鉄道駅のできた浦和宿と大宮宿周辺は明治以降栄えていき、現在はビルが林立している。蕨宿付近は現在旧道沿いに昔の宿場町を偲ばせる光景が何カ所かで残っている。

〈奥州・日光街道と東武伊勢崎線〉

　地図で示した明治二十八年段階では、東京都（当時は東京府）と埼玉県南部にかけては、旧街道と並行する鉄道はできていない（東北本線は埼玉県北部、栗橋付近から日光街道の近くを並行する）。街道に沿った路線としては、明治三十二年、東武伊勢崎線北千住―久喜間が開業する。

　この路線開業の主目的は、当時繊維産業（養蚕、製糸、織物生産）が盛んだった群馬県東部、栃木県西部と東京とを結ぶことだった。明治時代、日本が外貨を得るための主力が繊維産業だったことが背景にある。この五年後、日本はロシアとの日露戦争を開始させるが、この時外国から軍艦を多数購入できたのは、繊維産業で得た外貨のおかげである。

　東武伊勢崎線は、第一宿の北千住駅（千住宿）、草加駅（草加宿）、越谷駅（越ヶ谷宿）、春日部駅（粕壁宿）と、奥州・日光街道宿場のすぐ近くに駅を設け、旧街道が担ってきた人々の往来と貨物の輸送を取り込んでいる。私鉄路線が旧街道沿いの集落を結んでいくのは、東海道の京急の例と同じである。

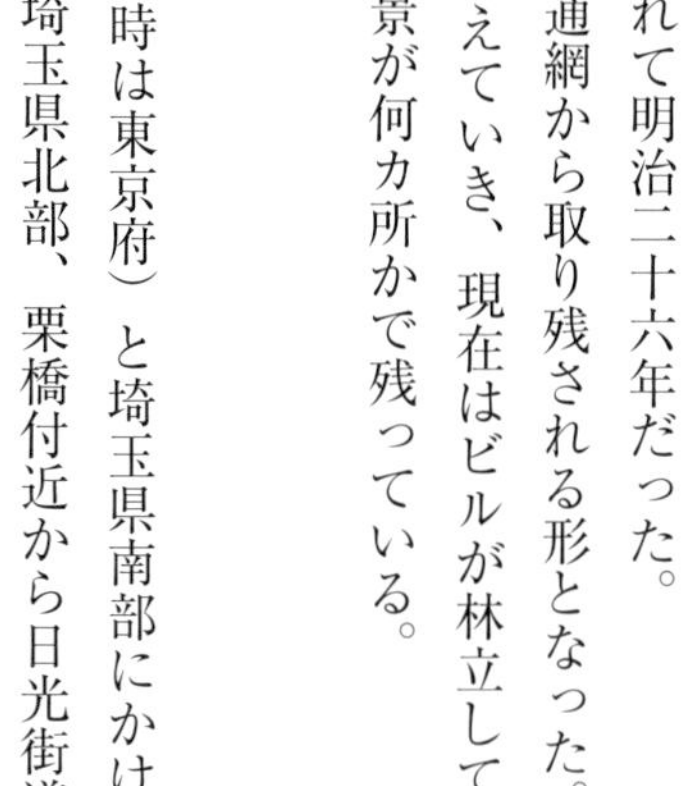
➡中山道と離れて並行して延びる京浜東北線蕨―南浦和間

６ 甲州街道と中央線の微妙な関係

中央線が一直線に敷かれたのは地形上必然だった!?

〈甲州街道と中央線〉

新宿から西の中央線の歴史に関して、よく二つのことが語られる。

・なぜ一直線に真西に伸びているのか
・なぜ甲州街道沿いに敷かれなかったのか

前者は地形との関係を確かめたくなる。後者は「鉄道が通ると宿場がさびれるといって、街道沿いの人たちが建設に反対した」「蒸気機関車から出る火の粉で火災が起きると反対した」などの「鉄道忌避伝説」の文脈で語られることが多かった。たしかに中央線新宿―立川間は、東海道、中山道の例と異なり、街道とはまったく異なる所を走っている。

中央線新宿―立川―八王子間は、私鉄の甲武鉄道として明治二十二年に開業した。開業するまでの歴史に関して振り返っておこう。

明治十六年、新宿在住の有力者などによって、新宿から羽村まで玉川上水の

⬅中央線国分寺―西国分寺間。写真中央は野川源流付近の谷

土手の敷地に馬車鉄道の敷設が東京府に請願された。玉川上水は、江戸時代前期、奥多摩への入口付近にあたる羽村から四谷大木戸まで、約四三キロにわたって作られた人工水路である。途中、現在の青梅線拝島駅付近を経て中央線三鷹駅ホーム下で線路を斜めに横切り新宿駅南口を経由する。水路なのだから一方的に下るだけで、途中に地形の凸凹もほとんどない。

だがいかんせん、このルートには大きな問題があった。玉川上水は、人々の飲み水のための水路である。馬車鉄道を敷設したのでは、乾燥した馬糞が風に飛ばされて入り込みそうだ。

もう一つはそもそもの経路・目的地の問題で、羽村という場所は水を引くのにはいいかもしれないが、小さな集落でしかない。その先の比較的大きな町である青梅まで延ばせばいいかもしれないが、まずは多摩地方で当時最も栄えていた八王子を目指すべきだ。八王子は甲州街道の宿場町としてだけでなく、生糸や絹織物の集散地でもあった。東京と八王子を鉄道で結べば、甲州街道を往来していた旅客輸送と共に、輸出のために横浜へと運ばれる生糸などの貨物輸送も担うことができる。

結局羽村への馬車鉄道案は許可されなかった。この後、新宿から青梅街道と甲州街道とにはさまれるようにして西に進む案などいくつかの案が出されたが、明治十九年に、現在の中央線新宿―八王子間のルートでの馬車鉄道に免許状が下付された（名称は甲武馬車鉄道）。同二十一年免許を馬車から蒸気機関に変更することが認可され、建設は鉄道局に委託されることになった。これが甲武鉄道で、経路の測量・調査にあたったのは、鉄道局の四等技師

⬆ 中央線三鷹駅。玉川上水（写真右のグリーンベルト）が斜めに横ぎる

➡ 両岸に樹木が連なる玉川上水と五日市街道

だった仙石貢である。仙石は後に鉄道院総裁、鉄道大臣、南満州鉄道総裁を歴任する。その仙石が、「鉄道が通るのに反対する住民が多いのに業を煮やして、武蔵野台地の地図に定規をあてて、一直線のルートを決めた」などという話も、まことしやかに伝えられてきた。

鉄道史研究の開拓者的役割を果たしてきた青木栄一氏は「街道沿いの人々が鉄道建設に反対した」などこれまで古老の話として確かな資料がないまま語られてきたものを丹念に検証した。そしてそれらのほとんどは、事実と異なる伝説に過ぎないことを著書『鉄道忌避伝説』で明らかにした。都内新宿以西の中央線に関しても、「延長約二五キロに及ぶ現在の中央線の一直線のルートがどのような経過で採択されたのかは結局わからないのである。」とし、少なくとも甲州街道筋での鉄道建設反対などの記録は（文献の解釈によっては異論もあるが）ほとんどないとしている。

中央線の一直線ルートを地形から考察すると

次に地形の凸凹が記された40ページの地図で、この一直線線路を眺めてみよう。気持ちいいほどまっすぐ延びる中央線の線路は、実は地形的に絶妙な所を通っていることに気づく。

線路のルートを決めるにあたっては、通常、以下の要素が絡んでくる。

①途中で寄りたい町を通らせる
②用地買収が難しそうな町中、有力な寺社、皇室御用地などは避ける
③山や丘、谷、崖など地形的な障害物はなるべく避ける

⬅旧甲州街道沿いにある旧府中宿高札場

④大きな川は、流れに直角に渡る
⑤急カーブ、急勾配は極力避け、なるべく直線、平坦な地を行く

中央線（甲武鉄道）が新宿を出て八王子方面へ向かうコースとして、甲州街道や青梅街道に沿うことはしないとまず大方針を決めてしまえば、当時武蔵野台地はそうした街道沿い以外では集落がほとんどないので、上記①と②の条件は考慮する必要がなくなる。

ただしコース取りいかんによっては、石神井川の谷、善福寺川の谷、井の頭池、神田川の谷、国分寺崖線といった自然地形の障害が待ち受けている。ところが、新宿を出て西へ向きを変えるのを現状のように緩やかなカーブとし、曲がり終わった所（東中野駅付近）からまっすぐ西に直線を引いたコースだけが、これら自然の障害と出会う場面が少ない。出会うのは善福寺川の谷と国分寺崖線（大田区区田園調布付近から二子玉川、成城学園、国分寺、立川市北部へと約三〇キロ続く崖線）だけである。国分寺崖線は高低差が一〇～二〇メートルある所が多いが、最西部に近い国立駅付近での高低差は七メートルほどと少なくなっている。中央線は西国分寺—国立間、国分寺崖線の高低差が少ない部分で越えている。

線路をもう少し南とした場合、井の頭池や神田川の谷、高低差の激しい区間の国分崖線にぶつかってしまう。もう少し北とした場合、妙正寺川や石神井川の谷と出会うこととなる。ちなみに江戸時代以来の青梅街道は、妙正寺川と善福寺川の谷の間をうまい具合にすり抜けている。

文献が見つからないので断言はできないが、中央線が新宿の先、みごとに一直線に西に向かうのは、地形を念頭にここしかないと即決した結果だと思えてならない。

➡国立駅東方、国分寺崖線を走る中央線

⑦ 川越鉄道と青梅鉄道

後の大手私鉄に先駆けて、なぜこの両路線が開業したのか

明治二十八年の段階では、渋谷、新宿、池袋といった山手線をターミナルとする私鉄路線がどれも開業していない。にもかかわらず国分寺から川越への川越鉄道、立川から青梅の先の日向和田への青梅鉄道が開業している。これは現代の感覚からすると何とも違和感を抱いてしまう。

後の大手私鉄が未開業なのは、東京の市街が、まだ山手線の外側へと発達していないためである。それでは川越と青梅は当時どんな存在だったのだろうか。

江戸時代、川越は川越藩松平家の城下町で、「世に小京都は数あれど、小江戸は川越ばかりなり」と謳われるほど、文化的にも経済的にも隆盛を誇っていた。また越生《おごせ》、入間、飯能、青梅といった周辺地域はもとより甲州など広範囲からの物資の集散地として賑わっていた。現在の埼玉県が成立（明治九年）して以後大正時代にかけて、川越は埼玉県エリアで最も人口の多い町だった。

江戸時代以来、川越の繁栄を支えてきたのは、新河岸《しんがし》川・隅田川を経て江戸に至る舟運、

⬅ 観光客で賑わう川越・蔵造りの町並み

及び川越街道の存在だった。その点は、大正時代に開業する東武東上線の項目（114ページ参照）で詳述することとし、ここでは、明治二十八年開業の川越鉄道について述べることとする。

川越鉄道は、甲武鉄道の新宿―八王子間が開業した翌年に設立が出願された。敷設の目的は埼玉県南西部の入間郡、比企郡一帯と東京とを結ぶためである。この地域は従来から蚕糸、織物、お茶などの生産で知られ、とくに幕末の開港後はそれらの輸出が盛んとなっていた。その品々を文明開化の象徴である鉄道で東京へ運ぼうというわけである。

ルートとして考えられる一つは、現在のJR高崎線（当時は日本鉄道）へとつなげる案である。その場合、荒川を越えなければならず、途中沼地も多いので鉄道敷設が困難なことは明らかだった。

もう一つのルートは現在のJR中央線（当時は甲武鉄道）につなげる案である。こちらは途中大きな川もなく比較的平坦で、鉄道敷設が容易そうだった。そうしたことが背景にあり、川越鉄道の発起人株主には、甲武鉄道の大株主である雨宮敬次郎、岩田作兵衛らが名を連ねている。地形的には甲武鉄道の国分寺駅から武蔵野台地のやや西寄りを南北に横断し、入間川沿いの台地を川越へと下っていく。武蔵野台地の東部と異なり、途中大きな谷もない。多摩地区の鉄道は多くが東西方向に走るのに対し、川越鉄道は南北に延びる点で、珍しい路線となった。

明治二十三年の「川越鉄道布設仮免状願」によれば、鉄道建設の費用は「尋常

⬆『青梅鉄道沿線名所図絵』（部分）、大正11年、吉田初三郎作。青梅（あをめ）の町や石灰石採掘所が描かれている

鉄道布設ノ半額ニテ足ルベシ」と予測し、川越鉄道の株主で同鉄道の建設も担当した岩田は、後にこの点について「一哩《マイル》一万七〇〇〇円という全国無比の安い鉄道を拵《こしら》えました」と述べている（老川慶喜ほか『多摩の鉄道百年』）。

また老川は同書で、川越鉄道という社名にもかかわらず、発起人株主に川越の商人が一人も加わっていないということにも注目している。川越の商人にとっては、川越鉄道の計画は、川越の物資の集散地としての地位を脅かすものであり、新河岸川舟運に対する挑戦状のようなものだった。この点で川越鉄道の開通は、この約二〇年後に開通する東上鉄道（現・東武東上線）とは大きく異なる。後述するように東上鉄道は、新河岸川舟運にたずさわる有力者が鉄道誘致を積極的に行っている。

なお、川越から高崎線方面に向かい荒川を越える鉄道は、明治三十九年、川越商人を中心に設立された川越電気鉄道が川越久保町―大宮間に開業している。多くの区間は道路を走る併用軌道だった（昭和十六年廃止）。また現在のＪＲ川越線（大宮―川越―高麗川）の開通はずいぶん後で昭和十五年である。

石灰石輸送を目的に、青梅へと鉄道が延びる

青梅鉄道が敷かれた青梅の町は、山間部への入口にあたる谷口集落であり、青梅街道の宿場町だった。青梅へ鉄道を敷こうという動きは、新宿―八王子間に免許が下りた前述の甲武馬車鉄道の時代からあった。甲武馬車鉄道は当初新宿―羽

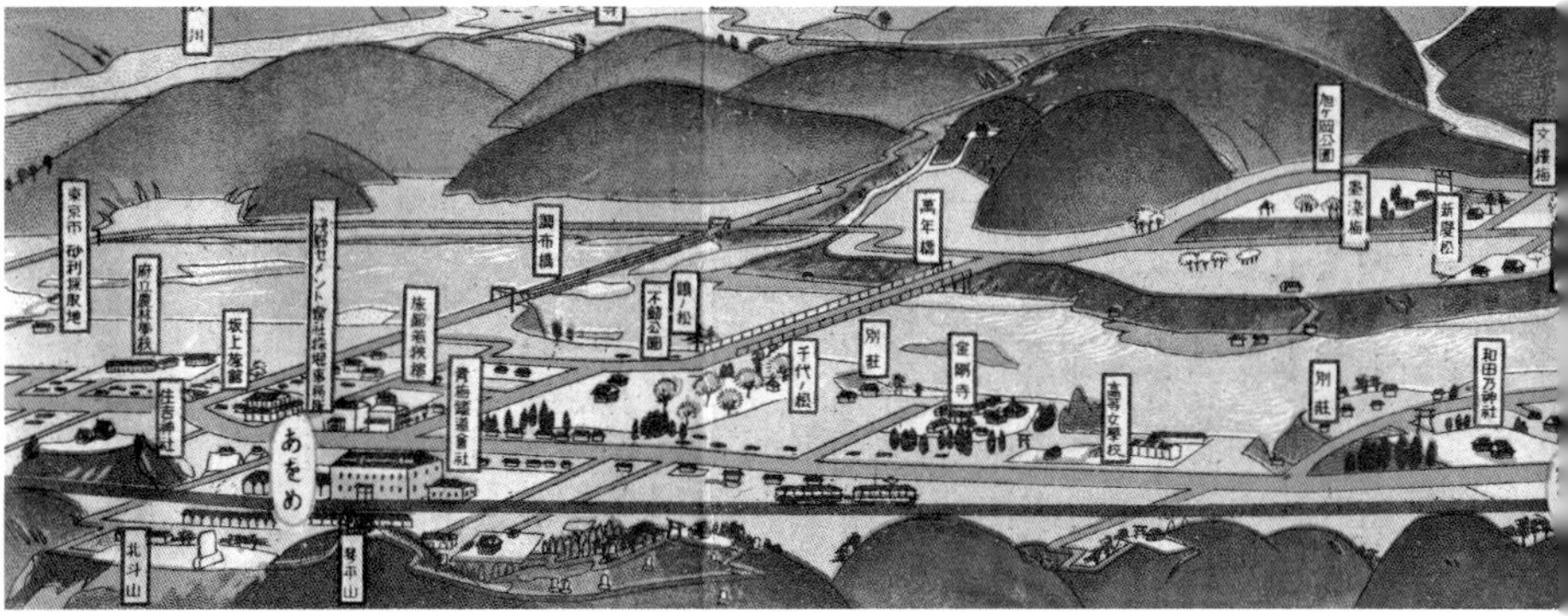

村間の敷設計画の際、さらに青梅まで延長しようとしていた。青梅地方に産出する石灰石の輸送に目をつけたためである。だが甲武馬車鉄道は、八王子への敷設を優先させ、甲武鉄道として新宿―八王子間を開通させた。

青梅鉄道の発起人には、地元の地主や素封家と共に雨宮敬次郎、安田善次郎、岩田作兵衛といった甲武鉄道の大株主も多かった。そのため青梅鉄道の工事の際、甲武鉄道は材料（砂利を除く）や工事者の無賃輸送を行い、開通後も青梅鉄道で搬出する石灰石を低運賃で引き継ぐなど、青梅鉄道に対して手厚い便宜をはかっている。

青梅鉄道は明治二十七年に立川―青梅間が開業、翌年に日向和田へと延伸する。当初の日向和田駅は現在の宮ノ平駅付近にあり、駅構内からは北西側にある石灰石採掘場へと軌道が敷かれていた。当時の青梅鉄道は石灰石の運搬だけでなく採掘事業も行っていて、「鉄道部」と共に「石灰石採掘部」が置かれている。

石灰石の採掘量は明治三十七年の日露戦争以後急上昇する。以後大正末期まで青梅鉄道の貨物輸送収入は旅客輸送収入を上回る。採掘した石灰石は、青梅鉄道で立川駅へ運ばれた後、甲武鉄道で飯田町駅に輸送され、船で深川の浅野セメント工場に運ばれた。

大正九年に二俣尾まで延伸するが、二俣尾にも採掘場があった。昭和四年に御嶽、昭和十九年、現在の終着駅である氷川《ひかわ》（昭和四十六年奥多摩に改称）と延伸し、同十九年国有化され青梅線となる。

武蔵野台地の鉄道は、甲武鉄道や日本鉄道といった幹線を除けば、川越鉄道や青梅鉄道の例が示すように、貨物輸送を重要視していた点に特徴がある。

➡日向和田駅近くの浅野セメントによる採掘場。昭和五年頃

➡石灰石搬出を行っていた青梅線二俣尾駅専用線跡（平成二十七撮影）

8 甲武鉄道市街線（中央線）その1

歌舞伎町付近を通る「北線案」から四ツ谷経由に変更

新宿―八王子間を完成させた甲武鉄道は、次に新宿から東京市の中心部への乗り入れを目指し、明治二十二年、新宿―三崎町（現・水道橋駅南側）間の鉄道建設許可を出願し免許を得る。甲武鉄道では新宿から八王子の路線を新八線、新宿から市の中心部（現在の山手線の内側）へ伸びる路線を市街線と呼んだ。陸軍大臣の大山巌が小石川砲兵工廠《こうしょう》（陸軍の兵器をつくる工場）へつながる鉄道を敷設したい意向を示していたことが背景にある。市の中心部には陸軍用地や御料地（皇室の所有地）、華族の邸宅などが多数点在した。そうした所をわずかでも通る場合、陸軍の後ろ盾があるのとないとでは、免許の下りやすさに違いが生じることは容易に想像できた。ターミナルとなる三崎町は、陸軍の練兵場の土地を使う目論《もくろ》みだった。

市街線の当初の案（北線案といった）は、新宿から北東に向かい（現在の中央線は南東に向かっている）花園神社の裏手を回り、自証院（現・新宿区富久町）の前を通って市谷本村町、四谷坂町を経て、現在の市ケ谷駅付近で外濠を渡り、

⬅四ツ谷駅付近から市ケ谷方面を望む。左側の濠は現在埋め立てられている

そこから先は外濠沿い、現在の中央線と同じルートで進んでいくものだった。もしこのルートで完成していたら、沿線は以下のようだっただろう。

新宿を出て池袋方面に出発した後、青梅街道ガードを過ぎた所で大きく右（東）にカーブする。歌舞伎町の中心部、ゴジラが屋上に顔を出す新宿東宝ビル一帯は、明治二十年頃では「大村の山」と呼ばれた大村子爵（旧肥前大村藩主）の屋敷が広がっていた。歓楽街の現在とはまったく様相が異なり、森のように鬱蒼とした邸内には鴨猟が行われる池もあったという。大村邸をかすめるようにして回り込んだ後、花園神社やゴールデン街のすぐ北側を通り明治通りを渡る（ゴールデン街も明治通りも当時はない）。

花園神社を過ぎたあたりから右手に前田侯爵邸が現れ、次に旧出雲母里《もり》藩下屋敷（後に浜野茂邸）といずれも敷地が二〇〇メートル四方以上ある大邸宅が続く。浜野茂は「新宿将軍」と異名をとった投機家で、その邸宅の地には関東大震災の後、西武グループの創始者となる堤康次郎が設立した箱根土地株式会社によって、新宿園という遊園地がつくられている。園内には人造湖、映画館、劇場、ダンスホール、遊具施設などがあったが、駅から離れていることもあり来園者が少なく、昭和三年に閉園している。

ここまで新宿を発車してから約二キロ、右手の車窓はほぼずっと屋敷林や雑木林ばかりだったはずで、後の新宿の姿からはまったく想像できない光景である。途中、大村邸を源流とする蟹《かに》川のせせらぎも渡っている。この川は北へと流れ、早稲田大学の大隈講堂脇を通り神田川へと注いでいた。

現在の靖国通りと外苑西通りとの交差点に出た所から靖国通りを東に進む。新宿から比較

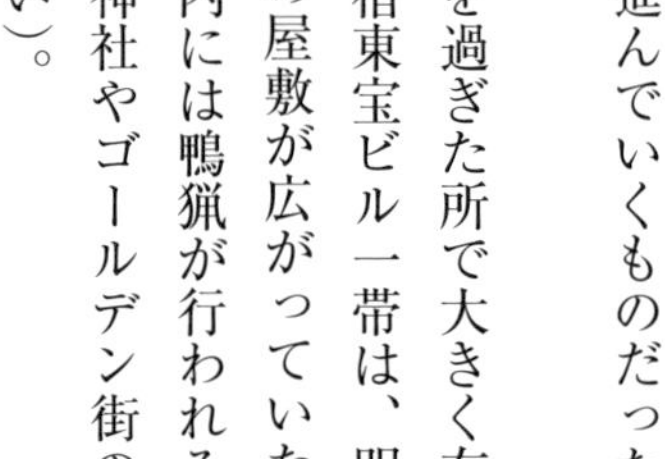

➡新宿園正門。『建築写真類聚』より

的平坦地を進んできたが、ここから先、現在都営新宿線の駅がある曙橋へと下っていく。約一キロの間に標高差が一五メートルほどあるので、平均勾配は15‰となる。線路建設の際は10‰以内に抑えたと思われるので、前後に数百メートル、築堤や切り通しがつくられただろう。坂を下る途中左手の丘には市谷監獄の塀が続いている。大久保利通暗殺の島田一郎、毒婦といわれた高橋お伝らがここで処刑されている。

この先、現在は暗渠《あんきょ》となっている紅葉川のせせらぎ沿いに谷の中を外濠まで進む。左手は険しい崖となり、その上には陸軍士官学校が下界を見下ろすようにしてそびえている。陸軍の将校（いわゆるエリート）を養成するための全寮制の学校で、軍人を目指す全国の少年の憧れであり、帝国大学に入るより難しいといわれた。

その先で現在の市ケ谷駅地点の外濠にぶつかり、現在の線路と同じルートとなる。

陸軍などから無理筋の注文が嵐のごとくに

甲武鉄道市街線建設にあたっては、様々な問題が降り

MAP◆甲武鉄道市街線（現・中央線）の当初の計画ルート（ベースの地図は「今昔マップ首都圏1896～1909」より作成）

かかってくるのだが、最初の事件は、ターミナルに予定していた三崎町（現・水道橋駅南側）の陸軍練兵場の地が、三菱の岩崎家に払い下げられてしまったことだった。

この北線案では、八王子方面から来た列車が新宿を経て市街線へと向かう場合、新宿でスイッチバックを余儀なくされる。新宿駅を通らない短絡線を建設することも検討されたようだが、運行系統が複雑になってしまう。また、予定地を測量して二年が過ぎている間に、建設の妨害や用地買収価格の釣り上げの動きも出てきた。

こうした背景のもと、現在の中央線ルートとなる「南線案」が浮上してきた。陸軍もこの案を支持しはじめる。現在の新国立競技場や神宮球場などがある明治神宮外苑は、当時陸軍の広大な青山練兵場だった。そこに軍用停車場をつくることができるためである。

こちらのルートでも問題は山積していた。新宿の東側には青山練兵場のほか、皇室御料地（現・新宿御苑）や赤坂離宮など、皇室や軍の広大な土地が行く手を阻むように存在している。それを避けるために、まずは北線案を計画したのもうなずける。

南線案としては、皇室御料地と青山練兵場との間のわずかな隙《すき》をすり抜け東へ進むことが検討された。青山練兵場の一部を軍用停車場など鉄道用地とするのに、軍の一部からの反対の声も起きてきた。これは代替

➡中央線市ケ谷駅西方。この付近の濠を甲武鉄道市街線は横切る予定だった

の土地を差し出すことで何とか解決がついた。だがその先へ進むと、赤坂離宮（現・迎賓館や赤坂御用地）のある丘が行く手に立ちはだかる。

赤坂離宮を避けるために、信濃町駅を出て現在よりさらに大きく左にカーブして市ケ谷方面に進もうとすると、商家の並ぶ甲州街道（現・新宿通り）を横切ることになる。土地の買収も大変になるし、後述するように東京市から道路とは立体交差にするように求められているので、その工事も大変な負担となるだろう。

赤坂離宮の北端ぎりぎりを短いトンネルで抜け、その先、現在の四ツ谷駅地点では、これも後述するようにお濠の底を通ることで甲州街道の下をくぐる（つまり自然と立体交差になる）という現在のコースは、絶妙なコース取りだということが分かる。まさに窮余の一策で考えられたものだった。

難題は別方面からも降りかかってきた。東京市内の鉄道や幹線道路建設には、明治二十一年に設置された「東京市区改正委員会」による承認が必要なことである。

市区改正委員会が最も重要視していたのは、東京市内で鉄道が道路と交差する所は、立体交差にすることだった。自動車がない時代、なぜ踏切をなくすことにこだわったのかというと、西欧の都市の道路事情にひけを取らないものにしたかった点と共に、当時荷車を牽く馬の往来が多かったことが挙げられる。踏切で馬が機関車に驚いて暴走したり、立ち往生したりすることが起きていた。

市区改正委員会からは、「(市ケ谷付近の外濠の眺望が）無類の風致を有し」ているので、景観を損なわないために松の木の伐採禁止など、些細なことにいたるまで命令されている。

⬅現在の迎賓館赤坂離宮。明治四十二年に東宮御所として建設された

⑨ 甲武鉄道市街線（中央線）その2

開通できたのは、徳川幕府の地形改造のおかげだった!?

甲武鉄道は、市区改正委員会の要求をクリアさせて、明治二十七年新宿—牛込（現・飯田橋駅西方）間の開業にこぎつけた。翌年飯田町へと延伸する。飯田町駅は現在の飯田橋駅の東南側に位地していた。

いろいろとやっかいな条件を突きつけられていた甲武鉄道だが、建設にあたり、大きな味方となってくれたものがあった。それは、江戸城の外濠造成などのために徳川幕府によって改造された地形である。

現在JR四ツ谷駅ホームに降り立つと、線路の両側が高い崖になっているのが分かる。ホームは、徳川三代将軍家光の時代の一六三六〜三九年頃に掘られた真田濠《さなだぼり》の底につくられているためだ。江戸城外濠には、区画ごとに名が付けられていて、真田濠はその一つである。新宿方面からの電車が信濃町の先のトンネルを抜けたら、水を抜いたお堀の底に顔を出した形である。

信濃町—四ツ谷間につくられたこのトンネルは、現在中央緩行線下り（総武線新宿方面行

➡ 四ツ谷駅。中央線ホームが旧真田濠の窪地にあり、その上を東京メトロ丸ノ内線ホームが横切っている

四ツ谷駅構内（明治三十一年）。左側の濠部分が現在の四ツ谷駅快速電車ホーム。『日本鉄道紀要』より

き）電車が通るものだけが少し離れている。これは旧御所トンネルと呼ばれ、甲武鉄道開業時からのものである。とくに四ツ谷側の坑口は馬蹄形の重厚な煉瓦造りで、明治時代の風格を感じさせる。当初複線使用だったので、現在の姿は単線使用のトンネルとしては断面が大きく感じる。

それに並行して中央快速線（上下）と中央緩行線上り電車が通るのが、シンプルな函型コンクリート製坑門の新御所トンネルである。こちらは昭和二年、周辺区間を複々線化するのに合わせてつくられた。学習院初等科の敷地の下を通ることになったため、その見返りの土地の提供が必要となった。旧御所トンネルを信濃町側に約二七メートル延長しその上に学習院の運動場をつくった。そのため旧御所トンネルの信濃町側は、新御所トン

⬅東京メトロ丸ノ内線四ツ谷駅ホームから。左は旧真田濠の上智大学グラウンド

MAP◆甲武鉄道市街線（現・中央線）ルートと神田川の変遷

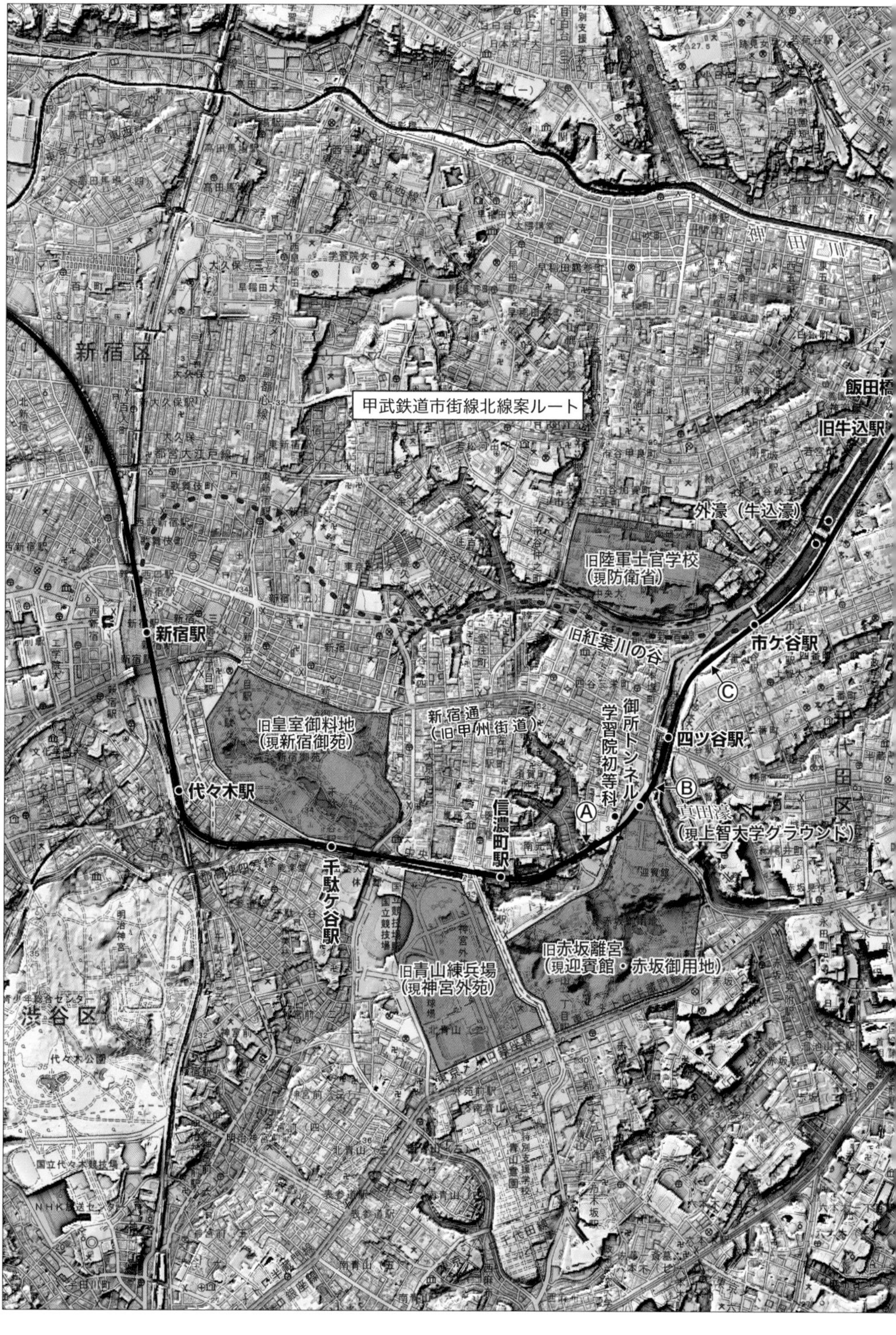
新宿区
甲武鉄道市街線北線案ルート
飯田橋
旧牛込駅
外濠（牛込濠）
旧陸軍士官学校
（現防衛省）
旧紅葉川の谷
市ケ谷駅
Ⓒ
新宿駅
御所トンネル
学習院初等科
新宿通
（旧甲州街道）
旧皇室御料地
（現新宿御苑）
四ツ谷駅
Ⓑ
真田濠
（現上智大学グラウンド）
千代田区
代々木駅
Ⓐ
信濃町駅
千駄ケ谷駅
旧赤坂離宮
（現迎賓館・赤坂御用地）
旧青山練兵場
（現神宮外苑）
渋谷区

ネルの三本の線路坑門と同じ姿をしている。旧御所トンネルの中を走行中、運転席の後ろに立って見ていると、信濃町寄りでトンネルの幅が狭くなるのが分かる。狭くなった区間が付け足された部分である。

新旧の御所トンネルは、現在四ツ谷駅ホームがすっぽりと入っている真田濠があったから掘られたトンネルといえる。真田濠のせいでトンネルが必要となったという意味ではなく、徳川幕府が真田濠をつくってくれていたお蔭で、短いトンネルですむこのルートを選ぶことができたという意味である。

この点は、前述の徳川幕府による地形改造と深く関係するので、もう少し詳しく述べておきたい。皇居の外側をぐるりと防御する形で外濠がめぐらされている。数百メートルごとに区切られた土手は、外濠を横断する橋の役割も果たしている。

細長い真田濠は、現在北半分が四ツ谷駅、南半分が上智大学グラウンドになっている。中

➡ 旧御所トンネル四ツ谷駅側坑門。当初は複線のトンネルだったので坑口が広い

➡ 新御所トンネル四ツ谷駅側坑門

➡ 旧御所トンネル延長部分（一番右側）と新御所トンネルの信濃町駅側坑門

央線（甲武鉄道市街線）の線路は、真田濠から市ケ谷駅前の市谷濠、さらにその先の飯田橋方面の濠沿いへとルートが取られている。

　真田濠は、外濠を構成しているお濠のなかでも、江戸時代とくに建設に手間のかかった濠だった。他の外濠の多くはもともとの谷を利用してつくられているが、真田濠の地は台地に位地するので台地を深く掘り込む必要があった。そのためもあり江戸城の内濠と外濠のなかで最後に完成した濠だった。

　真田濠が掘ってあったおかげで、旧御所トンネルは、信濃町側からみれば赤坂離宮の丘の下を四ツ谷駅までの約二九〇メートル（完成時）掘るだけですんだ（60～61ページの地図ではA地点からB地点まで）。真田濠がなければ、丘は市ケ谷駅の手前まで続いているので、約一キロ（A地点からC地点）のトンネル（または深い切り通し）が必要となっていた。そうなると当時では大変な工事となり、資金難に直面していた甲武鉄道は、この「南線」ルート案も諦めざるをえなかった可能性もある。

　このほか、市ケ谷―飯田橋間では、外濠の地形が、道路との立体交差の要請に対し有利に働いている。この区間の外濠は、旧紅葉川の谷だった所なの

←市ケ谷―飯田橋間。濠の南岸が高台になっているので、横切る道路とはおのずと立体交差となる

←中央線市ケ谷―飯田橋間。外濠（牛込濠）に沿って走る

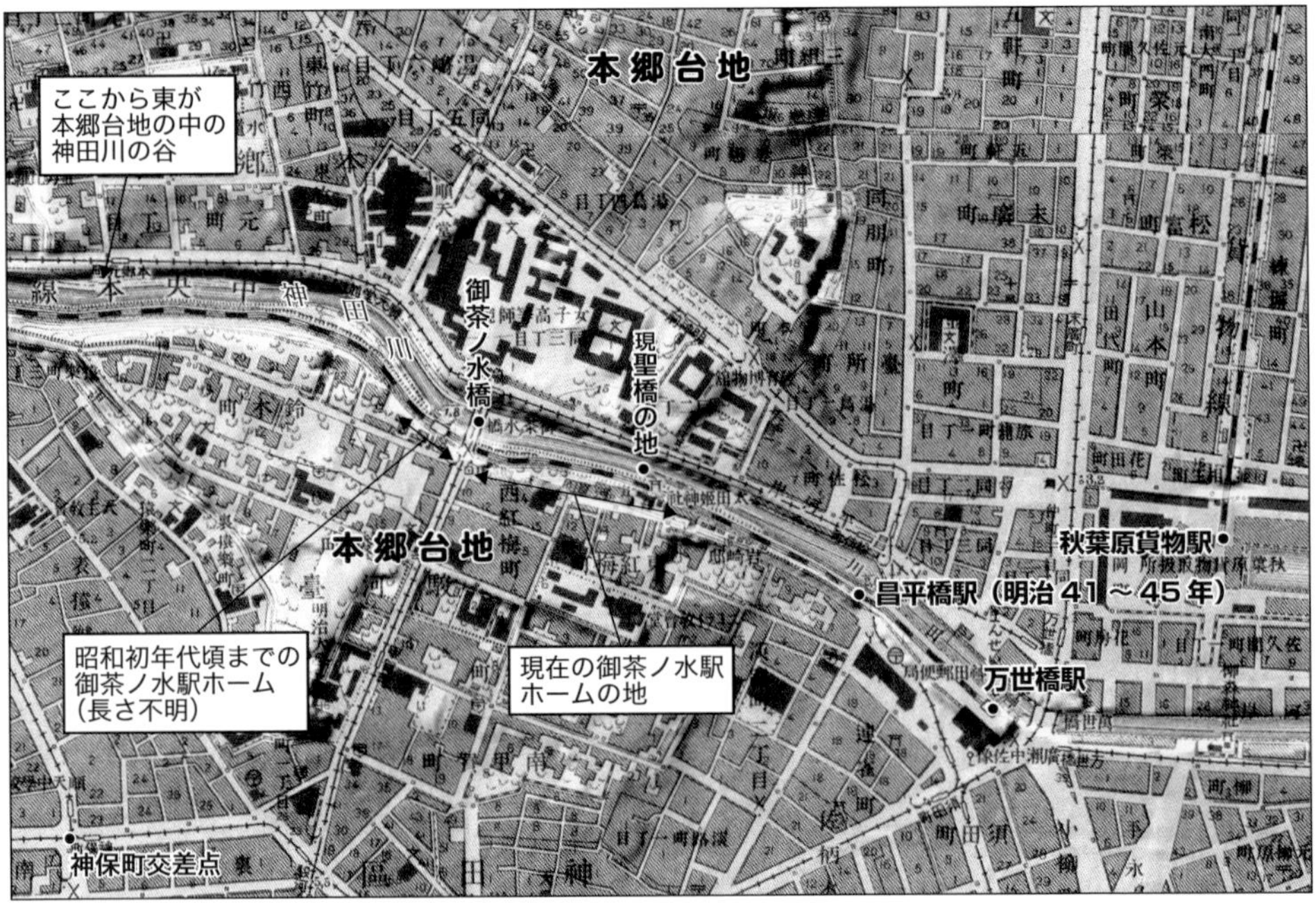

MAP ◆御茶ノ水付近の谷区間の中央線延伸（ベースの地図は大正５年頃）

で、外濠に沿った南側が高台になっている。線路は外濠に沿っているので、線路と交差する道路は、高台から伸びて線路を橋で跨ぐ形になる。自然と立体交差になるので、新橋―東京―上野間の山手線のように、高架橋を延々とつくるようなことをしなくて済んだのである。市区改正委員会の面倒な注文に対して、ここでも江戸時代の地形改造が味方してくれている。

江戸時代の本郷台地開削の地につくった御茶ノ水駅

甲武鉄道市街線は、明治三十七年、御茶ノ水まで延伸してくる。現在四ツ谷方面から快速電車で御茶ノ水へと向かうと、御茶ノ水駅手前で電車は谷の中に突入していく。御茶ノ水駅のホームは屹立する崖の下、谷の中腹にへばりつくように伸び、さらに下を神田川が流れている。対岸は緑豊かで渓谷の風情を醸しだし、ここが都心であることが信じられないくらいである。

御茶ノ水駅付近は、江戸時代初期まで、現在の神田川などまったく流れていず、谷もなく台地が続く土地だった。第二代将軍徳川秀忠の時代の一六二〇年頃、本郷台地を開削して現在の御茶ノ水駅前を流れる神田川がつくられた。大手町付近など江戸城下を大雨時の洪水から守るために、水道橋付近から東へと水路を一本つくり川の流れを付け替えたのである。その意味では、御茶ノ水駅は、江戸時代の大土木工事を偲ばせる価値の高い歴史的遺構の中にあるといえる。

御茶ノ水付近の鉄道敷設は、深い谷沿いのため難工事だった。だがもし江戸幕府がつくったこの谷がなかったら、ここをトンネルまたは深い切り通しで抜けるか、本郷台地を南へと避けるルートをとるかのいずれかとなる。前者では、よりいっそうの難工事になり、後者では、人家密集地を通ることになって用地買収の苦労は現コースの比ではなかっただろう。

現在御茶ノ水駅ホームの上を、新宿寄りでお茶の水橋（明大通り）、東京寄りで聖橋（本郷通り）が跨いでいる。御茶ノ水駅開業時のホームは、現在より新宿寄りにつくられていた。お茶の水橋のたもとに駅舎が

⬅御茶ノ水駅遠望（明治時代後期）。駅ホームの場所が現在と異なり、御茶ノ水橋の水道橋駅寄り（写真右側）にある

あり、そこより新宿側にホームが伸びていた。少しでも早く延伸開業させたいために、神田川の谷に線路を敷く工事がお茶の水橋まで進んだ段階で開業したためと思われる。

四年後の明治四十一年、本郷台地の谷を東へ抜け出す部分まで敷設工事が進み、昌平橋駅が開業する。この間に明治三十九年、甲武鉄道は国有化されている。昌平橋駅は暫定開業といった性格の駅で、片面一線だけのホームと側線一本があるだけだった。現在は駅だった部分に、開業当初からの赤煉瓦四連アーチの紅梅河岸高架橋が現役で残っている。

明治四十五年、その二〇〇メートルほど東に万世橋駅が開業した。これでやっと本郷台地を抜けた先で、駅構内や駅前広場を広く取れる繁華街に駅を開業することができた。万世橋駅があった高架橋の下は、現在マーチエキュート神田万世橋という商業施設となり、ホーム部分は、電車が脇を通り抜けるのが間近に見えるガラス張りのカフェになっている。平成十八年まで交通博物館があった場所でもある。

万世橋から先の東京方面は、住宅や商店の密集地であり、延伸には年月がかかった。大正八年にいたって、万世橋―神田―東京間が開通となる。

➡ 御茶ノ水駅対岸から昌平橋駅を望む。遠くにホームと上屋が見える

➡ 上写真（御茶ノ水駅対岸から）とほぼ同アングルの眺め

10 幹線のターミナルは船着き場

新橋・飯田町・秋葉原・錦糸町・とうきょうスカイツリーの各駅

68～69ページの地図に黒色の太い実線で記述した鉄道路線は、明治三十七年四月段階のものである。市の中心部は鉄道空白地帯のままで、東西南北からの路線がすべて中途半端な所で途切れているように見える。だがそう見える場所は、すべて運河や川に面している。そこには貨物ターミナルがあって、鉄道と舟運とが連携していた

トラックがまだない時代、都心部など東京下町一帯では、鉄道で運ばれてきた貨物を最も効率よく目的地に運ぶのは、水路を利用した船での輸送だった。

江戸時代、江戸の町では多くの運河が張り巡らされ、舟運が盛んだった。運河沿い、隅田川や日本橋川沿いには、船の荷物の積卸し場である河岸が至るところに設けられていた。

明治維新後、東京市の人口増加は著しく、明治十五年に約九〇万人だった東京市人口は、明治三十九年には約二〇〇万人に達する。明治三十七年での東京の鉄道は、中心部を空白としたまま幹線鉄道はほぼできあがっている。空白地帯とその周囲を、人は主に路面電車（馬車鉄道に代わって路面電車網が発達しはじめた）や人力車、徒歩で移動した。

⬅貨物専用駅となった時代の汐留（旧新橋）駅。鉄道と水運との連係がとられている。昭和五年頃

鉄道は中心部で途切れてはいるが、横浜などの東海道線沿線から、東京より東や北の各都市へ向かう場合（またはその逆も）、現在の山手線や埼京線を利用して、高崎線・宇都宮線・常磐線へと列車が直通できたことにも注目しておきたい。こうしたルートは貨物列車や軍用列車にとって重要なものだった。

以上を鑑みると、明治三十七年前後は、東京の近代的物流体系の第一段階が整った時期といえるだろう。川や運河に面した鉄道幹線のターミナルを見ていこう。

〈新橋駅（初代）〉

新橋駅では、鉄道開業翌年の明治六年から貨物扱いを開始している。駅は銀座方向にあたる北側を汐留川、東側を運河に囲まれている。当初はこうした水路沿いの貨物積卸し線は整備されていなかったが、後に構内南東部の一角を掘削して船渠（ドック）をつくり、隣接して引き込み線を設け水扱積卸場を整備している。

東京駅開業と同時に貨物専用駅となって、汐留に駅名改称した。昭和六十一年廃止され、現在は、超高層ビルが林立する複合都市、汐留シオサイトとなっている。

〈飯田町駅〉

西から伸びてきた甲武鉄道（現・中央線）が同地にターミナルを設けたのは、日本橋川に面し神田川にも近く、舟運との連携では絶好の場所だったためである。

➡汐留駅を望む。撮影当時（昭和五年頃）、貨物入荷量としては東京市第一の駅だった

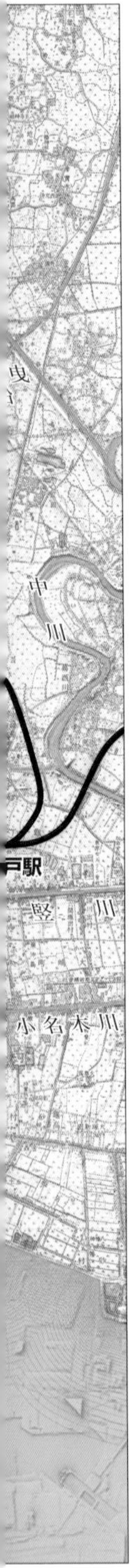

MAP◆東京の水運・河岸と鉄道　明治37年頃（ベースの地図は「今昔マップ首都圏1896～1909」より作成）

同地は内陸に位置するが海抜が低く、日本橋川では満潮に向かう時間帯、海水が遡る。緩やかだが川の水が下流から上流へと向かう時間帯があるので、舟運としても便利だった。飯田町駅が開業して数年後に日本橋川と神田川をつなげる工事がなされ、飯田町駅で降ろされた荷は、神田川へも向かえるようになった。

青梅鉄道開通後は、前述したとおり日向和田から立川経由で甲武鉄道の飯田町へと石灰石が運ばれ、艀を介して本船で日本橋川、隅田川を経て深川の浅野セメント工場（前身は官営深川セメント製造所、現・清澄庭園西側の隅田川沿いにあった）に運ばれた。

昭和三年に現在の飯田橋駅が開業し、昭和八年から飯田町駅は貨物専用駅となる。平成十一年に廃止され、現在同地にはホテルメトロポリタンエドモントなどが建っている。

〈秋葉原駅〉

宇都宮線・高崎線（当時は日本鉄道）方面から東京への貨物は、当初上野駅で取り扱っていた。旅客、貨物共に増加するのに対応して貨客分離が計られ、明治二十三年上野から南へ神田川の河岸まで線路を伸ばしそこに貨物駅をつくった。それが秋葉原駅である。神田川沿いに東西一二〇メートル、幅五〇メートルの船溜まりを設け、水運との連係をとった。

大正十四年、上野―東京間の高架旅客線（現・山手線など）の開通後、貨物設備も高架化することとなり、昭和三年に高架貨物駅の使用が開始された。現在の、つくばエクスプレス秋葉原駅とＪＲ秋葉原駅の間一帯に立地していた。

同駅は、日本橋、神田など古くからの商業地に近く、神田青果市場（淡路町周辺にあり、関東大震災後は秋葉原貨物駅隣接地に移転）も至近距離にあったことから、市民の生活に直

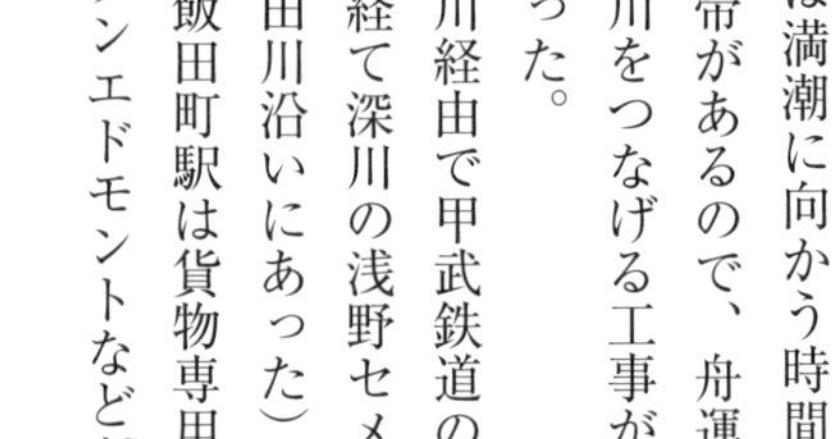

➡秋葉原駅に隣接の青果市場。昭和八年頃。右奥に高架ホームが見える

結した荷が多いことに特徴があった。昭和五十年貨物営業廃止。

〈隅田川駅〉

明治時代以来昭和三十年代まで、国内エネルギー燃料の主役は石炭だった。隅田川貨物駅がつくられた主な目的は、常磐炭鉱からの石炭の到着基地としてである。

東京付近の常磐線は、当初分岐駅が現在の日暮里ではなく、田端だった（現在も田端へつながる貨物路線がある）。日本鉄道により田端―土浦間が明治二十九年に開業、同時に南千住駅に隣接した隅田川沿いに、隅田川貨物駅が開業した。翌年水戸―平（現・いわき）間が開業し、隅田川貨物駅などへ常磐炭鉱からの石炭輸送が開始された。なお、南千住―田端間に三河島駅を設けて三河島―日暮里間が開業するのは明治三十八年である。

常磐線の上り貨物列車は、いったん田端に着きそこから隅田川貨物駅へはスイッチバックしなければならない線形である。一方宇都宮線、高崎線方面からの貨物列車は、田端を経由してそのまま隅田川貨物駅に入ることができた。

隅田川貨物駅は石炭、木材、砂利などのいわゆる荒荷が中心だった。同駅構内には、長さ約三〇〇メートルなどの船渠が整備されていた。船渠には周辺の河岸への小型船が着岸したほか、川崎・横浜方面行きなど海上輸送となる比較的大型の船の場合、隅田川に停泊し、艀《はしけ》を介して荷の積み降ろしをした。貨物駅として現役。

〈本所（現・錦糸町）駅・両国橋（現・両国）駅〉

千葉方面からの鉄道は、総武鉄道により明治二十七年本所（現・錦糸町）―佐倉間が開業した。東京での玄関口となった本所は、駅の北側に線路に並行して錦糸堀があり、貨物の集

⬅隅田川貨物駅で木炭を運ぶ荷馬車（昭和十年頃）

散地として賑わいをみせた。明治三十七年、総武鉄道は西に一駅伸ばし、隅田川の東岸に位置する両国橋（現・両国）を玄関口とした。同駅にも隅田川に直結した船渠が設けられていた。

本所駅、両国駅へは、東武鉄道の列車もやってきていた。明治三十七年、東武鉄道の曳舟―亀戸間（現・東武亀戸線）が開業し、すでに開業していた曳舟の北側、川俣（利根川南岸、羽生の一つ先）まで東武鉄道の線路がつながった。東武鉄道は亀戸で総武鉄道に乗り入れ、久喜方面から北千住・曳舟・亀戸を経由して両国橋へと旅客と貨物列車を運行した。現在の東武亀戸線は二両編成の電車が走り、二十三区内で最もローカルな雰囲気の路線といった印象を受けるが、この当時は東武鉄道の大動脈路線だったのである。埼玉県内を中心とした東武伊勢崎線沿線からの貨物も、錦糸町、両国から舟で東京市内各地などへと運ばれていった。

➡両国駅。昭和八年頃。写真左がホームなど。右に船渠があり、上部の隅田川に繋がっているのが分かる

なお、両国から隅田川を渡って都心方面へ伸び御茶ノ水で中央線とつながるのは、総武鉄道が国有化（明治四十年）された後の昭和七年である。昭和四十五年貨物営業廃止（両国駅）。

〈東武鉄道吾妻橋（現・とうきょうスカイツリー）駅〉

明治三十五年、吾妻橋（現・とうきょうスカイツリー）―曳舟―北千住間が開通した。東武鉄道は当初、前述のように総武鉄道の本所、両国橋を貨物ターミナルとして利用していたが、明治四十三年、吾妻橋駅構内に線路と並行する船渠をつくり、北十間川《きたじっけん》、隅田川舟運と鉄道との連係を開始した。背景には、明治四十年総武鉄道が国有化され、本所や両国橋駅への乗り入れが困難になったことがある。

同地は、線路に沿って東西に北十間川、南へ向かって大横川《おおよこ》（現在は大横川親水公園）が伸びている。北十間川を西に七〇〇メートルほど行けば隅田川に出ることができ、いわば舟運の要衝といった立地である。これらの川の周辺にはとくに河岸が発達していた。

昭和初期の資料によれば、吾妻橋（同駅の名称は明治四十三年に浅草、昭和六年に業平橋、平成二十四年にとうきょうスカイツリーと改称）の船渠面積は一六〇〇坪、北面には上屋付きの貨物積卸ホームが設けられていた。当時の空中写真などで比較すると、東京スカイツリーはかつての船渠のど真ん中、水面だった所に位置している。平成五年に同駅の貨物取り扱い廃止。なお、東武伊勢崎線が隅田川を越えて現在の浅草駅まで伸びるのは昭和六年のこととなる。

東武鉄道は、昭和に入ってからも、隅田川沿いに舟運と連係した貨物駅をつくっている。牛田―北千住間から分岐させた六〇〇メートルほどの千住貨物線で、分岐点から墨堤通りを踏切で横切り、京成本線をくぐって船渠や工場へと入線していた。昭和十年建設で、当時の写真を見る限りでは、長さ二〇〇メートル近い船渠もつくられていた。昭和六十二年に廃止され、現在船渠は埋められて都営住宅や工場になっているが、道路脇や工場内にレールの一部が残っている。

⬆ 千住（貨物）線跡。京成関屋駅西方の京成本線線路をくぐっていた

⬆ 明治時代末の浅草（現・とうきょうスカイツリー）駅に設けられた船渠。『東武鉄道百年史』より

⑪ 山手線――海線区間と山線区間

六つの峠を越えるミニ山岳鉄道

山手線の歴史を、沿線の地形や当時の様子に注目しながら見ていきたい。山手線を地形的にざっくりと分類すれば、「山線区間」と「海線区間」とに分けられる。

山線区間は、一周の西側半分、品川から渋谷、新宿、池袋、田端の間で、武蔵野台地を走る。地形をよく見ると、この区間には六つの峠越えがある。微地形ながら山岳路線のような区間である。

海線区間の方は、東側半分、田端から上野、東京、品川の間で、平坦な東京低地（いわゆる下町）を走る。東京湾の埋め立てがまだ進まない大正時代くらいまで、浜松町から品川にかけて車窓から間近に海が見えた。また東京―浜松町間付近は、江戸時代初期頃に徳川幕府が埋め立てるまでは日比谷入江の海や浜辺などだった。

都心の電車の代名詞のようになっている山手線だが、武蔵野台地と東京低地の両方を走る点からも、東京を代表する路線といいたくなる。年代を追って簡単に見ておこう。

・明治十八年三月一日、西側半分にあたる品川―赤羽間が開業

➡山手線有楽町駅。関東大震災前の姿

前述の日本鉄道による開業で、同区間は日本鉄道品川線と呼ばれた。開業時の途中駅は、渋谷、新宿、板橋だけだったが、半月後の三月十六日には目黒、目白の各駅が開業している。当初の開業駅が、第二章で述べる江戸時代の街道と交わる地、すなわち大山街道（渋谷）、甲州街道（新宿）、中山道（板橋）なのが、当時街道沿い以外は人家がとても少なかった、という沿線の状況を表わしている。また、街道と交差する地の駅は、貨物の集積地としての役割も果たした。

街道とは縁のない池袋駅はまだできていない。なお現・池袋駅地点から赤羽までの区間は、現在のＪＲ埼京線にあたる。

この線が明治十八年という早い時期に開通しているのは、それだけ大きな役割の路線であることを示唆している。現在でいえば渋谷、新宿、池袋という大ターミナルを通るルートだが、当時はそこを経由することが重要だったわけではない。それより力点が置かれていたのは、北関東や東北地方と国際貿易港のある横浜を直結させる役割である。山手線の東側半分はまだ全通していないので、鉄道で東京を南北に縦断することが、日本鉄道品川線（山手線の西側半分）の開業で初めて可能になった。当時の東京市の中心部を通らないことになるが、貨物輸送（時期によっては軍事輸送）を中心として考えればそれでよかった。

貨物需要の第一は、北関東で生産される生糸や絹織物などである。これ

← 埼京線などの線路を跨ぐ山手線目黒―恵比寿間。白金台地越えの峠区間

らは、当時日本にとって最も多額の外貨を稼げる輸出品だった。その輸送の一部を日本鉄道品川線が担った。

また日本鉄道が路線網を伸ばすためにも、このルートは必要だった。当時は建設用資材、車両など輸入に頼らざるを得ないものが多かった。日本鉄道は品川線開業の六年後にあたる明治二十四年、青森までの現・東北線等を開業させるが、横浜港で陸揚げされた鉄道建設用の資材を建設現場まで、品川線経由で運んだ。

・明治二十七年、大崎から大井町への分岐直通線が開業

当初は東北・北関東方面から日本鉄道品川線を通り東海道線で横浜方面へと向かう場合、品川でスイッチバックを余儀なくされていた。明治二十七年日清戦争が勃発した時、兵員の出港拠点は、瀬戸内海に面する広島県の宇品港だった。そこへ兵員、武器弾薬を迅速に輸送するため、大崎（現・山手線）から大井町（現・京浜東北線）への分岐直通線を建設し、スイッチバックの解消を図った。千駄ケ谷駅東方の青山練兵場に青山軍用停車場ができ、そこから広島への軍用列車もこの短絡線を経由したと思われる。

・明治三十六年、池袋—田端間が開業

現・埼京線との分岐駅として池袋駅が創設され、そこから分岐

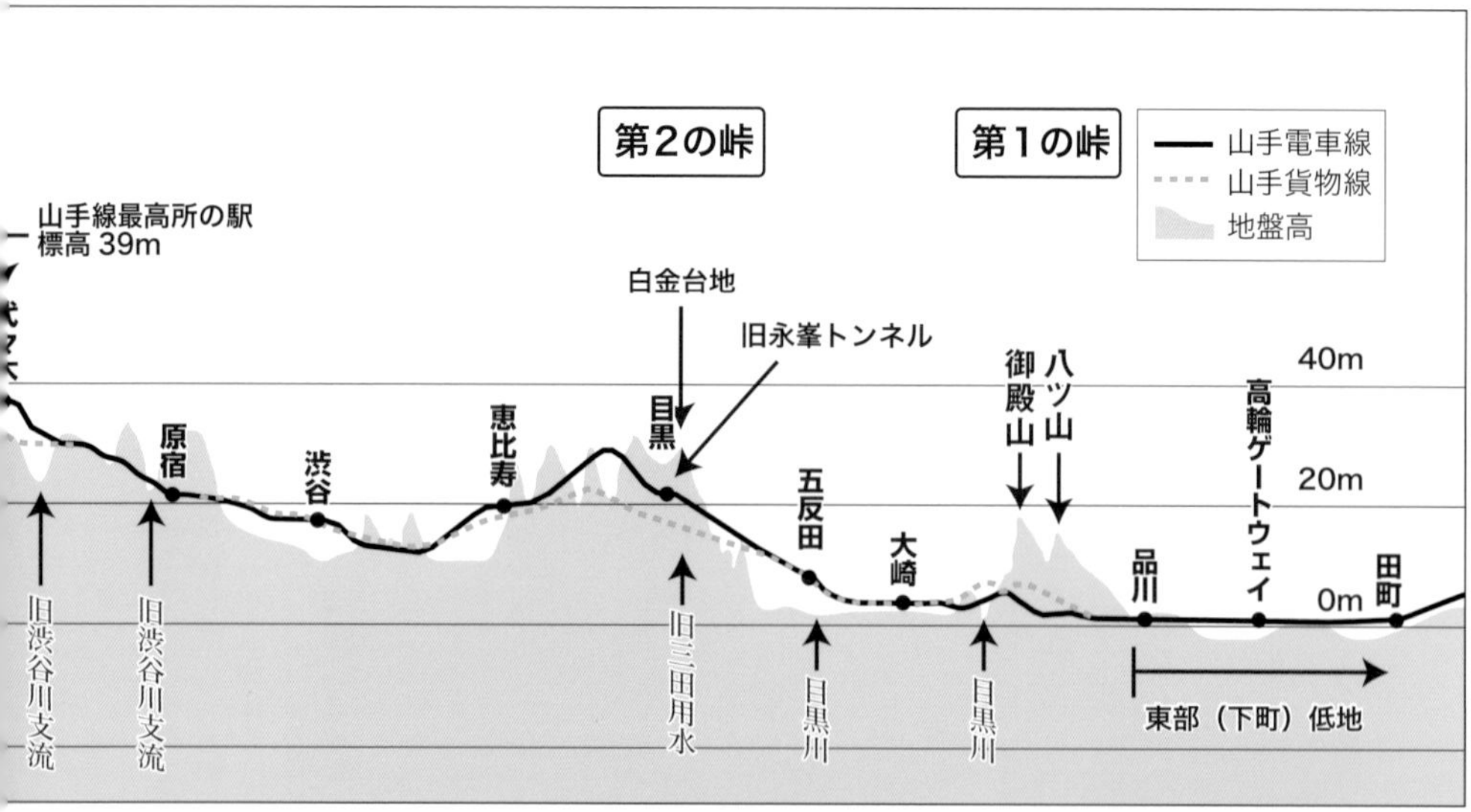

山手線（山線区間）の断面図（『東京人』2012年8月号掲載の図に加筆）

する池袋—田端間が開業した。これで前述の山線区間が全通したことになる。池袋—田端間は、計画から工事の段階では日本鉄道豊島線と呼称していたが、同区間の開業と共に品川線もあわせて日本鉄道山手線と改称された。

旅客需要のほかに、常磐線からも田端・池袋経由で横浜方面へ直通列車が運行できるようになるメリットもあった。後に常磐炭鉱で採掘された石炭が、同ルート経由で京浜工業地帯へと盛んに運ばれるようになる。

・明治三十九年　日本鉄道の路線が国有化され、国有鉄道の路線となる

・明治四十二年、烏森（現・新橋）駅が開業し、烏森—品川—新宿—池袋—田端—上野間が電化

電車の運転が開始された。それまではすべてSL牽引の列車だった。アルファベットのCの字の形の運転系統になっている。

・明治四十三年、烏森—有楽町—呉服橋（仮）間が開業

呉服橋駅は、現在の東京駅の神田寄りに開設した仮駅。烏森（現・新橋）の浜松町寄りから現・東京駅付近まで、すべて高架橋での開通で、現在山手・京浜東北線が走る赤煉瓦高架橋は当時からのものである。

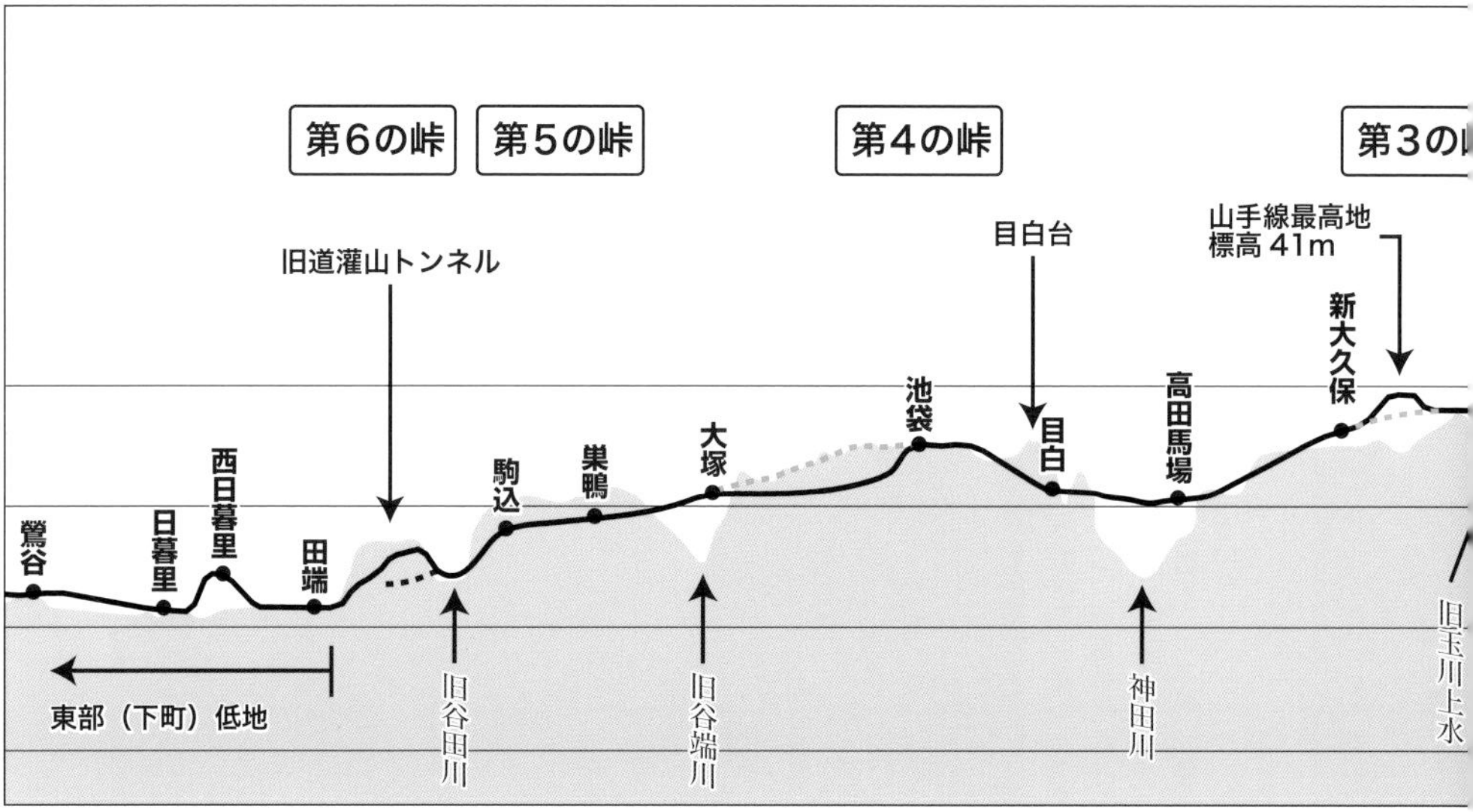

・**大正三年、東京駅開業**

帝都の中央停車場として赤煉瓦駅舎を伴う東京駅が開業した。それと共に烏森を新橋に改称し、明治五年以来の新橋（初代）を汐留に改称した。

・**大正八年、万世橋（中央線）─神田─東京開業**

電車の運行系統が、中野─新宿─四ツ谷─東京─品川─新宿─池袋─田端─上野となった。運行系統がひらがなの「の」に似ているので、「の」の字運転と呼ばれた。この段階でもまだ海線区間である上野─神田間は未開業（上野─秋葉原間には貨物線があった）である。

・**大正十四年、上野─神田間が開業**

環状線の全線がつながり、山手線の環状運転が開始された。

次に山手線の沿線で、地形と歴史が特徴的な箇所を順に見ていこう。なお地図は大正五年参謀本部陸地測量部（現・国土地理院）のものをいくつか掲載した。大正五年修正測図（大正六年発行）『一万分一地形図』に現在の標高データを合成し、土地の凹凸も表現してみた。

東京駅付近

左の地図は、東京駅開業から二年後（大正五年）頃のものである。東京駅の西側、現在の

➡有楽町─新橋間（昭和五年頃）。明治時代竣工のこの複複線高架橋部分に、現在山手・京浜東北線が走っている

MAP ◆東京駅～新橋駅（ベースの地図は大正５年頃）

丸ノ内一帯は空き地だらけなのが目立つ。それに面して赤煉瓦駅舎が建っている。駅構内東側には、車庫の側線が何本も並び、線路に並行して外濠が伸びている。現在外堀通りとなっている場所で、その東側に現在の住所でいえば日本橋、八重洲、京橋の繁華街が広がっている。

だが駅のホーム方面から東側繁華街へ向かうための橋が、外濠にはない。そもそも東京駅の改札口が東側にはなかった。地図を一目見ただけで、繁華街という庶民の日常の場には完全に背を向けたつくりなのが、分かるだろう。

それぞれをもう少し詳しく見ていこう。東京駅から至近距離に、宮城と呼ばれていた皇居がある。東京駅は中央停車場とも呼ばれ、日本の首都の玄関としての役割が意識されていた。そのためにはメインの乗降口として、庶民の繁華街である八重洲側より、宮城があり官庁街も近い丸ノ内側がふさわしかったわけである。赤煉瓦駅舎の中央には皇室が利用する貴賓室と、そこからホームへの特別地下通路も設けられた。

一般の改札口は、赤煉瓦駅舎北側ドーム（神田寄り）

MAP◆明治10年代の現・東京駅付近（五千分一東京図測量原図）

に降車口、南側ドーム（有楽町寄り）に乗車口、このほか中央付近に電車客用の降車口の三カ所しかなかった。八重洲方面からは駅北側の呉服橋か南側の鍛冶橋で外濠を渡っていくしかなく、大変な遠回りを余儀なくされていた。そのため庶民は、東京駅ができた後も東海道線に乗る時などは、新橋駅を利用する人が多かったという。たしかにたとえば日本橋からなら、市電で新橋駅まで乗換なしで行けて便利だ。東京駅の八重洲側に乗降口が設けられたのは、昭和四年である。

東京駅ができた頃、丸ノ内付近は、三菱が原と呼ばれた原っぱが広がっていた。ちょうど都市開発の端境期《はざかいき》にあたっていたためである。東京駅や丸ノ内一帯に関して時代を順に追っていくと、江戸時代は大名の上屋敷が並び、江戸の最高級のお屋敷町だった。明治維新後は一転して司法省や大審院（現代の最高裁判所にあたる）、陸軍練兵場や兵営などの地となった。駅前は騎兵の営舎が数棟あったので、馬もたくさんいたことだろう。

監獄署もあり、時代が下って同地が東京駅構内となってから監獄署の地点を新旧の地図で照らし合わせてみると、中央通路、九・十番ホームあたりだった。そこは偶然にも昭和五年、列車に乗り込もうとしていた浜口雄幸首相が銃撃を受けた地で、浜口はそれが原因で死亡する。現在、駅構内、ホーム下通路の同地に「浜口首相遭難現場」の解説板が設けられている。

⬅東京駅赤煉瓦駅舎は戦災でドームなどが失われたが、平成二十四年、開業時の姿に復元された

⬅開業当時の東京駅。手前（北口）の丸屋根ドームが降車口で、タクシーが並んでいる

明治時代の監獄所というと、筆者など何か暗い印象を抱いてしまうが、そうしたスポットで後に重大な暗殺事件が起きたことに、何か因縁の地のような気がしてしまった。

　話がそれてしまったので明治時代に話を戻すと、その後丸ノ内一帯は三菱財閥に払い下げられ、欧米風のビジネス街として再開発が計画された。東京駅ができた頃は、丸ノ内の南側に一丁倫敦《ロンドン》（明治二十七年竣工の三菱一号館を皮切りに、同四十四年竣工の三菱十三号館までの煉瓦造りの建物群）と呼ばれた一郭だけが完成した状態だった。

　丸ノ内全体の開発は、東京駅竣工後の大正半ばから本格的に始まった。大正十二年には駅前に丸ビル、同年その西に郵船ビルが竣工する。その丸ビルも平成十一年に取り壊され、地上三十七階建ての新しい丸ビルが、同十四年に竣工した。

　一方、駅の東側には、鉄道院本庁舎の木造建築が偉容を誇っていた。鉄道院とは、大正九年からは鉄道省となる組織で、現在のＪＲ全社（旧国鉄）と国土交通省の一部（私鉄の監督）を合わせたような巨大な組織だった。

　次に田町―高輪ゲートウェイ―品川間は35ページを参照していただくとして、品川から山線区間の地形を見ていこう。

➡品川―大崎間、御殿山の切り通しを行く山手線

品川―大崎間、八ツ山、御殿山越え

現在の車窓では、品川駅を出発すると左手（東側）に東海道新幹線の八ツ山トンネルが目に入る。トンネルのすぐ上が道路なのでトンネルという感じがしないが、この付近の線路の両側が八ツ山である。大正五年の地図では線路西側の八ツ山に岩崎邸が記されている。そこには鹿鳴館を設計したジョサイア・コンドルによる洋館が建っていて、三菱財閥二代目総帥、岩崎弥之助が晩年（明治四十一年頃）に住んだ。現在は三菱グループの迎賓館、開東閣《かいとうかく》（非公開）となっている。岩崎邸となる前は、初代総理大臣伊藤博文の別邸だった。

新幹線がトンネルを出たあたりから先、京浜東北線と分かれる付近までの両側が御殿山である。御殿山は江戸時代前期、将軍が鷹狩りの際に休憩する御殿があったので、その名が付いたとされる。大正五年の地図では御殿山に、幕末の志士出身で横浜正金銀行頭取となった原六郎、三井財閥の実力者益田孝の邸宅が見える。現在は東京マリオットホテルやタワーマンション、庭園などの複合施設、御殿山トラストシティなどになっている。山手

MAP◆品川駅～目黒駅（ベースの地図は大正５年頃）

線電車は崖下を走るので御殿山の様子は見えない。右にカーブしながら御殿山を切り通しで抜けて、目黒川を渡る。小さいながら第一の峠を越したわけだ。カーブを曲がりきると大崎駅に着く。

目黒駅付近その1、目黒駅追上げ事件伝説

　大崎から五反田の先まで目黒川沿いの低地を走った後、目黒の手前から恵比寿付近まで、白金台地を切通しで縦断するようにして進む。左ページの地図を見ていると、切通し区間が長くて工事が大変そうなルートをわざわざ選んでいるように感じてしまう。五反田からそのまま目黒川沿いの低地を中目黒の手前（左ページ地図の左端）くらいまで進んで、台地の幅が狭まった地点で台地を横断して渋谷へと出る方が、工事がずっと簡単のように思える。目黒川沿いを進めば沿線には参詣者が多い目黒不動もある。こうした地理関係が、いわわる「目黒駅追上げ事件」という伝説を生んだ理由の一つと思われる。

　この伝説は、当初目黒川沿いに線路を敷こうとしたが、線路が通る目黒村の地主たちが、「鉄道は外国の悪疫を運んでくる」など様々な理由を付けて猛反対し、そのため日本鉄道は目黒川沿いルートを諦めたというものである。台地の下の目黒村の住民が権之助坂と行人《ぎょうにん》坂が交わる台地上に目黒駅を追い上げたというわけである。

➡五反田駅付近で目黒川を渡る

MAP◆五反田駅～目黒駅～恵比寿駅（ベースの地図は大正５年頃）

だがこの話も「鉄道忌避伝説」と思われ、目黒村の地主たちが鉄道敷設に猛反対したという資料は見つかっていないようだ。

なお、当初の目黒駅は現在より八〇〇メートルほど五反田寄り、徳蔵寺付近（現在首都高速道路が線路を跨いでいる付近）にあった。ここは、ちょうど台地の下にあたる。

当初の目黒駅が台地の下につくられた理由は不明だが（後の目黒駅ホームは切通しの中にあり当時の土木技術では建設するのが困難のため路線開業に間に合わなかったのかもしれない）、仮駅として低地部分につくられたと思われる。明治二十三年に現・目黒駅の地に移転した。目黒駅が台地下から台地上へと移ったことも、追い上げ伝説が生まれる一因だったかもしれない。

➡目黒駅付近にあった山手線永峯トンネル

➡永峯トンネルがあった付近。右側の複線が当初の山手線部分

目黒駅付近その2、旧永峯トンネル越え

現在の目黒駅の地点に、かつて永峯トンネルという長さ三七メートルのトンネルがあった。山手線にはこのほか駒込―田端間にも道灌山トンネルがあった。特筆すべきこととして、永峯トンネルは、関東で初めてつくられた鉄道トンネルだったことが挙げられる。

目黒駅付近の線路の変遷を追っておこう。現在山手線電車の線路が切通しの中の少し高くなっている所を通り、湘南新宿ラインや埼京線電車が走る線路が切通しの底を通っている。後者はかつて貨物列車専用だったため、山手貨物線とも呼ばれている。明治十八年の開通時は、単線の線路が切通しの底、現在の山手貨物線の部分に敷かれていた。

明治三十九年に山手線を複線にする際、並行してもう一つトンネルがつくられたものの、大正七年の複々線化工事の際、トンネルは撤去されてしまった。かつてトンネルがあった痕跡は、現在まったく残っていない。

ところでなぜここにトンネルがつくられたのだろうか。当初から現在のように切通しとしたほうが、工事が簡単そうに思える。

理由として、江戸時代に玉川上水の分水としてつくられた三田用水（上水）の下を横切る形で線路を敷設したためということが考えられる。85ページの大正五年の地図では、三田用水が陸軍火薬製造所の中を流れ（地図左上）、山手線線路に沿って南下し、目黒駅の地点で線路を跨ぎ、目黒通りに並行して三田方面へと向かっている。

玉川上水や三田用水など江戸時代につくった人工水路は、上水（飲料水用）も用水（農業用など）も、多くの場合、尾根筋など周囲より高い所を通るようにルート設計されている。水はいったん低い所に達してしまえばそこから上へは流れにくいので、人工水路は極力標高を維持するコースをとる。尾根筋を流れていれば、その両側の水田などに水を流すこともできる。

玉川上水には枝分かれしての支流（分水と呼ばれた）が多数つくられた。三田用水は現在の京王線笹塚駅付近で玉川上水から取水する分水で、一六六〇年代半ばの完成とされる。大

⬅トンネルの上で三田用水が線路を横切る目黒停車場付近の地図。『東京市近傍郡部町村番地入り地図 明治四十四年』より

正五年段階でもまだ現役で、陸軍火薬製造所が同地につくられたのは、三田用水を工業用水として利用できることも理由の一つだった。

　明治時代では鉄道敷設の際、行く手に人工水路があると、その下をトンネルにしたり、水路を通す煉瓦造りのアーチ橋をつくって線路はその下をくぐらせたりする例が多い。明治七年日本で最初につくられた鉄道トンネルである石屋川隧道（現・東海道本線住吉—六甲道間、現存せず）も水路（ここでは天井川）をくぐるものだった。

　当時の目黒駅付近は、江戸時代の大土木工事であった三田用水と、明治時代の大土木工事である鉄道敷設が交差する象徴的な場所だった。なお付近の三田用水は道路になったりして、その痕跡はほぼ残っていない。

　現在の山手線は、目黒を出て恵比寿方面に向かうと、電車線が貨物線を跨ぎ並び方を変える（75ページ写真）。この付近が第二番目の峠で、切通しの中を進んでいた線路はその先、恵比寿手前で渋谷川の低地に出る。地形的には目黒川と渋谷川の分水嶺を抜けたことになる。

渋谷駅　渋谷川に沿った谷の中の駅

　渋谷駅はその名のとおり谷の中に位置している。だが山手線に乗っていて渋谷にやって来ても、谷の中に降り立ったとは実感しにくい。恵比寿—渋谷—原宿間は渋谷川に沿っていて、渋谷駅の前後からすでに谷の中を走っていたためである。

➡目黒駅（昭和五年頃）。線路を跨ぐ橋は現在の目黒通りの場所

この点に関し、後にできる私鉄、地下鉄、それに道路では様相が異なってくる。道路では、駅前の渋谷スクランブル交差点を起点にして、道玄坂が西へと上っていく。反対の東へは宮益坂が上っていく。いずれも山手線とは直交し、すなわち渋谷川の谷とも直交する形である。スクランブル交差点が谷底、いわゆるスリバチの底にあることが認識できる。

明治四十年に玉川電気鉄道（通称玉電）が開業する。渋谷駅を発車するとすぐに道玄坂に並行する坂道をモーター音を唸らせながら上り、玉川（現・二子玉川付近）へと向かっていた。明治四十四年には渋谷から宮益坂を上って青山・三宅坂へと向かう市電が開通した。当時は路面電車として走るこの二つの路線に乗れば、渋谷が谷底にあることをすぐに実感できただろう。

渋谷駅付近の山手線は、大正時代半ばまで現在のように高架ではなく地上を走っていて、宮益坂下に踏切があった。各路線の渋谷駅ホームは皆地表にあり、いわば渋谷駅（のホーム）が一階建ての時代と言えた。

昭和に入ると、私鉄による郊外電車の時代が到来して、渋谷はそのターミナルとなった。自動車や路面電車に比べ鉄道は急勾配に弱いので、渋谷付近の急な坂を上るのが難しい。渋谷駅という谷底から出るにはトンネルを必要とした。

京王井の頭線（昭和八年開業、当時は帝都電鉄）では、渋谷駅ホームが地表より高い二階部分にあるのに、坂を上ることなど考えもしなかったかのように、渋谷駅を出るとすぐにトンネルに入り、隣の谷に位置する神泉駅手前で地上に顔を出す。

平成二十五年まで地上を走っていた東急東横線（昭和二年開業、当時は東京横浜電鉄）

⬅ 渋谷駅付近を走る市電（昭和五年頃）。関東大震災後、急速に発展した

も、渋谷駅を発車してから、谷を抜けやすい所を目指すためにまずは渋谷川に沿ってしばらく走る。その先で突然右に曲がって代官山でトンネルに入り目黒川の谷へ抜けていた。代官山のトンネルも、神泉駅のあるトンネルも、渋谷川水系と目黒川水系との分水嶺を貫くもので、まさに峠のトンネルである。井の頭線も東横線も、渋谷駅ホームはビルの二階相当にあり、この時代、渋谷駅は二階建てになったといえる。

昭和十三年、東京メトロ銀座線（当時は東京高速鉄道）の開業は、渋谷駅が谷底にあることを強く印象づけてくれた。標高約三三メートルある青山方面の丘の地下を走っていた銀座線が、標高約一六メートルしかない渋谷の谷に至ると、自然と地上に顔を出してしまう（2ページ写真参照）。そのまま渋谷東口駅前広場の頭上を進み、東横百貨店三階のホームにすべりこんだ。地上レベルには市電、玉電（昭和十四年からは玉電ビル二階に）、二階レベルには山手線、東横線、井の頭線、三階レベルに地下鉄といった布陣で役者が出そろった形だった。

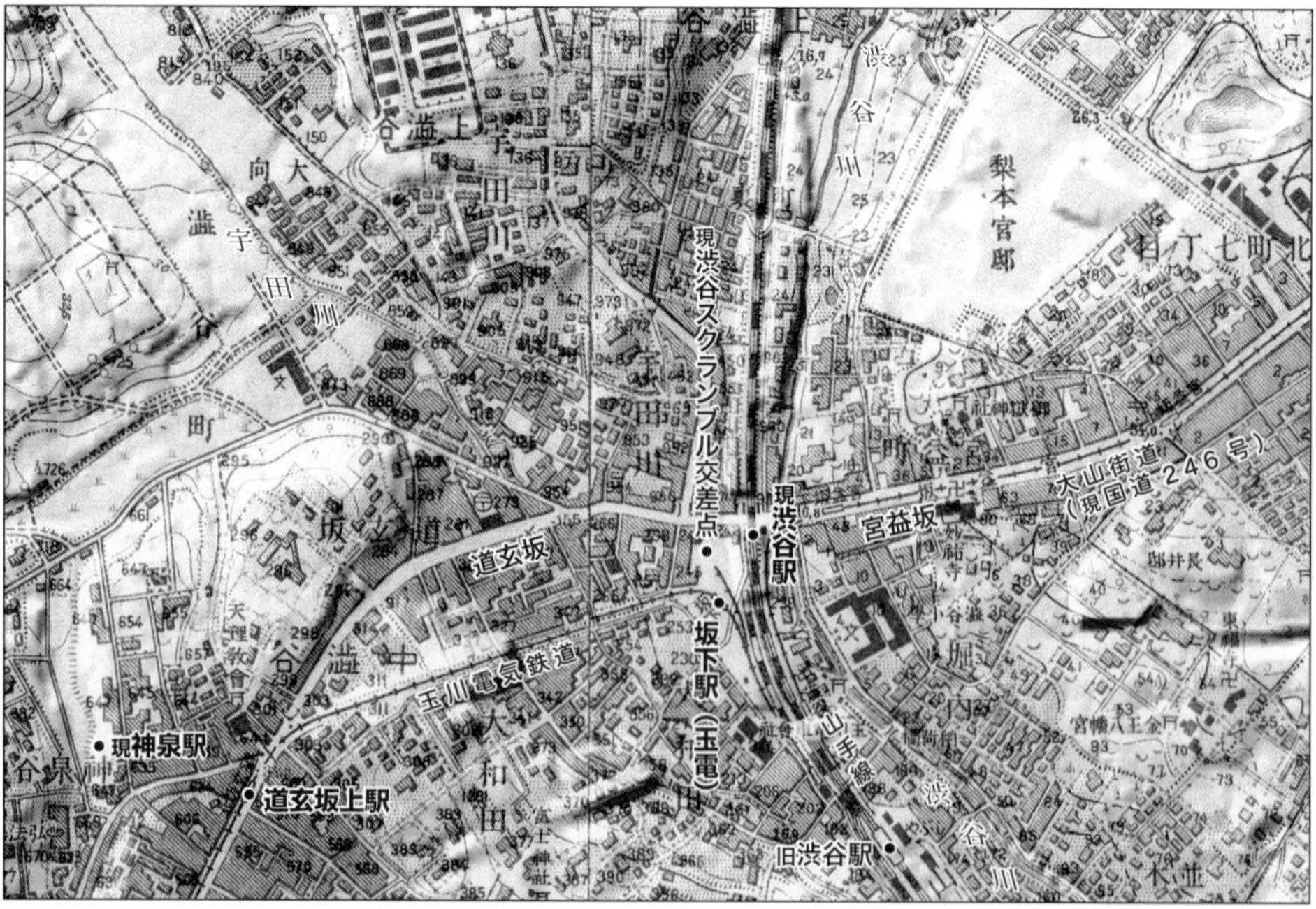

MAP ◆渋谷駅付近（ベースの地図は大正５年頃）

昭和四十四年に渋谷駅への都電と玉電が廃止となり、一階レベルの鉄道はなくなり、昭和五十二年の東急新玉川線（現・田園都市線）の開業で地下駅も含めた時代へと移った。平成二十年には東京メトロ副都心線も開業し、現在は地下も多層建てになっている。令和二年に銀座線の渋谷駅ホームが駅東口広場の頭上に移り、壁に覆われて電車の姿が見えなくなってしまったのが残念だ。

渋谷駅が平面での広がりが少なく立体的に複雑になった理由として、このように谷底に位置し、二方向が丘という地形的制約があった。

新宿駅付近、山手線の内側まで伸びていた京王線

渋谷からは原宿を経て代々木まで10‰（パーミル。水平距離一〇〇〇メートルにつき標高差が一〇メートルとなる勾配）の緩い上り坂が続く。左手には国立代々木競技場第一体育館や明治神宮の森を見ながら三番目の峠へのアプローチである。代々木駅の手前で電車線のみ突然33‰の急勾配となるが、これは山手貨物線を跨ぐ中央線と代々木駅で同じ高さのホームにするためである。この区間の山手電車線の開通は大正時代になってからとなる。

次の新宿では、線路を跨ぐ甲州街道に並行して玉川上水が線路をくぐっていた。この付近が山手線の最高地点（高架や築堤部分を除く）で標高約三七メートルある。

93ページの大正五年の地図では、この付近の甲州街道を路面電車として走る京王線（当時は京王電気軌道）が、山手線などの線路を跨いで、新宿追分まで伸びている。京王線は昭和二十年七月に西口側をターミナルとするまで、山手線の内側にまで乗り入れていた。小田急

⬅ 渋谷駅前スクランブル交差点。地形としてちょうどスリバチの底にあたる地

線は、昭和二年の開業なので、まだ地図には登場していない。

同地図では、駅の西側に広大な土地を占めている淀橋浄水場が目立つ。そこへ物資を運ぶ線路が伸びているのも目をひく。淀橋浄水場は明治三十一年に東京市によりつくられたもので、玉川上水から引いた水をろ過し、圧力をかけて送水する東京で初めての近代水道施設である。現在このエリアは、都庁など超高層ビルが林立する新宿副都心となっている。

このほか現在の新宿駅西口駅前広場（西口ロータリー）とその西側にかけて、煙草専売局工場が広い土地を占めている。新宿駅前に大工場が立地していたのである。

また新宿駅東北側、まだ何もないような地に正方形区画で道路がつくられている場所は、現在の歌舞伎町である。54ページで述べたように、明治時代は旧肥前大村藩主の大村子爵邸だったが、同地に大正九年、府立第五高等女学校が開校する。地図ではまだ学校ができていず土地整備の段階のようだ。同校は戦災に遭い中野区富士見町（現・弥生町）に移り、現在の都立富士高校となった。学校の移転後、同地は歓楽街として急速に発展していく。

土地の利用のされ方は時代と共に変わるのが常とはいえ、風俗店もひしめく歌舞伎町の地がかつては名門女子高校だったことには驚かされる。

そのすぐ北側に東京市隔離所とあるのは、コレラなど感染症専門の病院で、新宿駅が開業した翌年の明治十九年に東京府立大久保避《ひ》病院（現・東京都保健医療公社大久保病院）とし

➡代々木―新宿間。この付近が山手線沿線で一番標高が高い

て開院（常設化）している。この時代、感染症専門の病院を避病院と呼んだ。避病院は大都市の市内のはずれや市外の人里少ない所につくられていて、現在の新大久保駅付近が、明治時代後期くらいまでは、付近に人家も少ない東京市外だったことを今に伝えている。

谷の高田馬場駅と台地上の目白駅

新宿の次の新大久保から先は、高田馬場まで10‰の下り坂が続く。高田馬場は断面図で見る限り山手線沿線の中で最も深い谷で、高田馬場駅は谷の中腹での高架駅となっている。西武新宿―高田馬場間で山手線に並走していた西武新宿線電車は、高田馬場を発車す

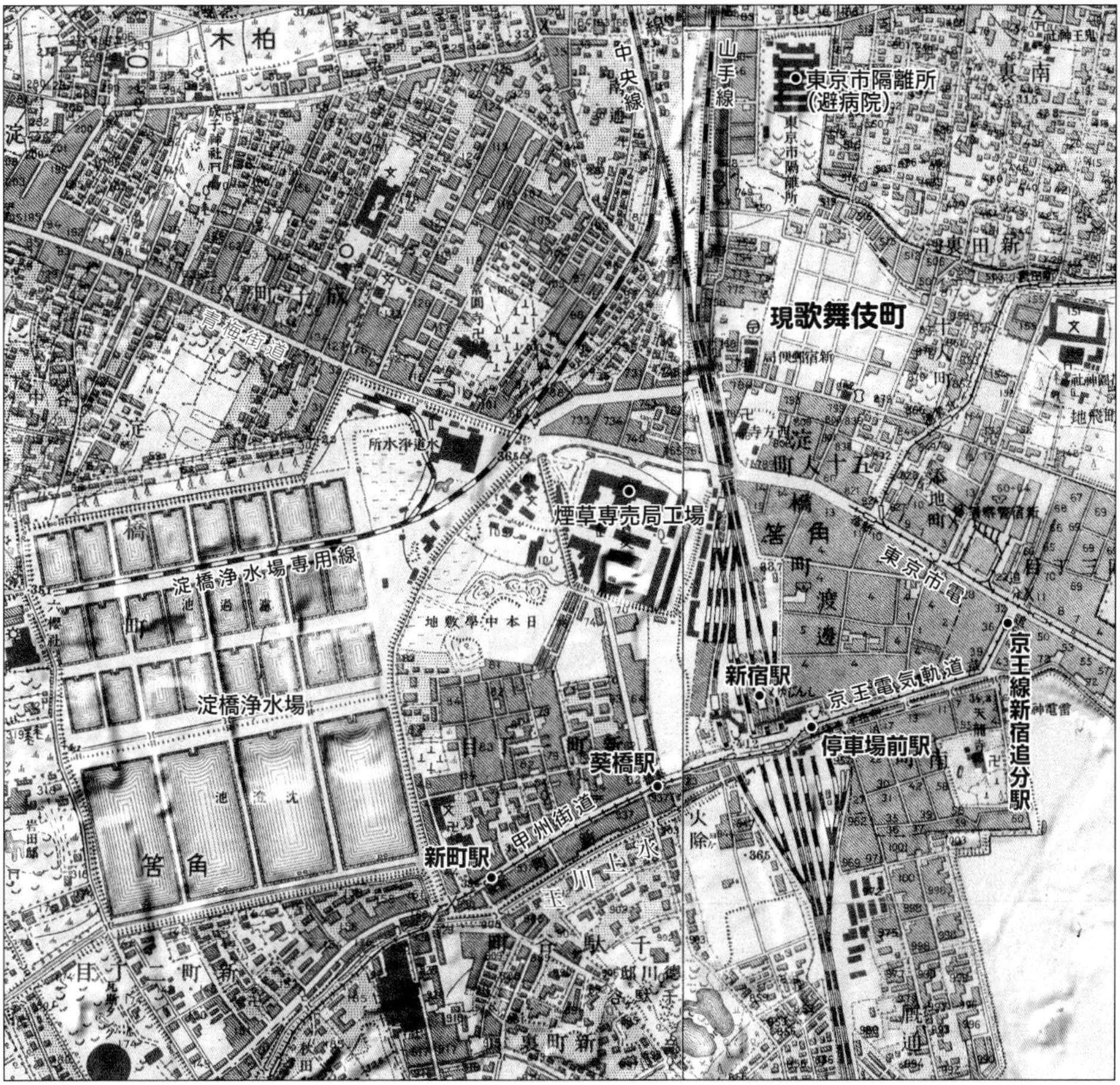

MAP◆新宿駅付近（ベースの地図は大正５年頃）

ると、左に急カーブしながら神田川の谷底近くの低地へと30‰の急勾配で下りていく。車輪がきしむ音を響かせながら、ゆっくりと進む光景が印象的だ。

山手線はその先で目白台の台地へ上るため、高田馬場駅付近から山手線内随一の盛り土の高さの築堤上を進んでいく。それでも台地上に達することができず、目白台の南端に位置する目白駅付近は切通しで進む。その先、比較的平坦な地に広がるのが池袋駅だ。

池袋―田端間　峠越えを最も実感しやすい区間

池袋を出た電車は、大塚に向けて下っていく。大塚駅は旧谷端《やばた》川の谷に位置している。谷端川は暗渠になっていて、大塚駅の東南側、大塚三業通りがかつての川の跡の道である。下流では「小石川」と名前を変えて水道橋駅前で神田川に注いでいた。

山手線電車は、次の巣鴨駅のすぐ手前で旧中山道（白山通り）の下をくぐる。この付近が五番目の峠となる。その次の駒込駅は旧谷田《やた》川の谷の斜面に位置している。谷田川は谷中付近では藍染川と名を変えて上野不忍池へと流れていた。

この先、田端までの間が六番目の峠となる。山手線の峠の中で、峠越えを最も実感しやすい区間だ。山手電車線の中で唯一の踏切もあり、線路沿いに歩くのもおすすめである。

➡高田馬場―目白間。神田川の谷から目白台へと進む

さらに進むと切通しとなり、かつてこの地点に道灌山《どうかんやま》トンネルがあった。現在の外回り電車なら右側の車窓を注視していると、切通しの斜面に煉瓦づくりの坑門の上部がほんのわずかだけ露出しているのが見える。この付近が武蔵野台地の最東端で、道灌山トンネルのあった切通しを抜けると、それまで築堤や切通しなどが連続していた光景が一変し、東京低地が眼前に開ける。新幹線車両基地があり、カラフルな「はやぶさ」や「こまち」などの車両が出迎えてくれる。

道灌山トンネルの遺構より一〇〇メートルほど駒込寄りで、湘南新宿ラインなどが走る山手貨物線は、山手電車線と別れ中里トンネルへと入っていく。駒込と王子方面とを結ぶこの区間は昭和三年に竣工した。この工事の際、従来の山手線線路をやや北側に移設することとなり、それと同時に道灌山トンネルは使用されなくなった。当時の地図を見るとしばらくは放置されていたようで、その後戦災で生じた瓦礫の処理場となり埋められた。露出部分の下に坑門全体が残っているのか気になるところである。

← 道灌山トンネル

← 駒込―田端間、写真左の斜面に坑門の上部が露出しているのが見える

池袋―田端間　環状ルートの頭がへこんでいる　その理由を地形で検証

話は田端まで進んだが、再び池袋—田端間について述べてみたい。この区間は環状線としては不思議なコースをとっている。外回り電車を例にとれば、大塚の先でいったん左にカーブする。そして田端の手前に至ってから大きく右にカーブする。そのため山手線全体では、頭がへこんだ楕円のコースになっている。なぜこうしたコースを取ったのだろうか。

前述のとおり、品川—新宿—赤羽間（日本鉄道品川線）が開業した時、池袋駅は設けられていなかった。この品川線から分岐して田端への路線（日本鉄道豊島線）を計画した際、明治二十九年に出願した段階では、現在の目白—池袋間のほぼ中間、線路が切通しから台地上に出たあたりで分岐し、巣鴨を経て田端へと至るものだった。このコースなら目白—巣鴨間では起伏が比較的少なく、距離も短くて済んでいる。翌年には仮免許が下付された。

実際に測量してみると、巣鴨監獄（後の巣鴨プリズン、現・豊島区東池袋のサンシャインシティ一帯など）の敷地にぶつかってしまうことが分かった。明治二十八年石川島監獄（現・中央区佃）から移転してきたばかりの監獄である。

そのためルートの西側半分を変え、分岐地を予定より南の目白駅とした。ここで分岐すれば、巣鴨監獄の南側をかすめるようにして通り巣鴨の手前で現在のルートに合流できる。だがこのルートも、以下の理由で問題があることが分かった。目白駅は目白台の丘の中腹

➡日本鉄道時代の池袋駅（明治三十六年）。『鉄道博物館　第10回特別企画展図録』より

につくられていて、駅構内の敷地を広げることが困難である。それでは将来輸送量が増大した時にターミナルとしての機能を担うことができない。

　ここから先は、コースの地形を検討しながら想像を膨らませてみよう。仮に目白駅の敷地の狭さの問題が、近代的土木技術を駆使したりしてクリアされたとしよう。だがやはり巣鴨監獄の南を通るルートには問題がありそうなのが分かる。

　問題の一つは、巣鴨監獄南側の地形である。巣鴨監獄は平坦な台地の上に立地しているが、南側は音羽川最上流部の谷である。南側から見れば、監獄は崖上に立地していることになる。敷地の南端と崖との間には、数メートルから十数メートル程度のスペースしかない。その間にはさすがに線路は通せそうもなく（急カーブも必要となる）、線路は崖下を通さざるを得ないだろう。その場合、その先どこかで巣鴨監獄南端から続く崖を上ることとなる。場所によってやや異なるが高低差は六メートルほどあり、そこを上るとしたら勾配10‰として約六〇〇メートルの線路区間を築堤や切通しにすることが必要と

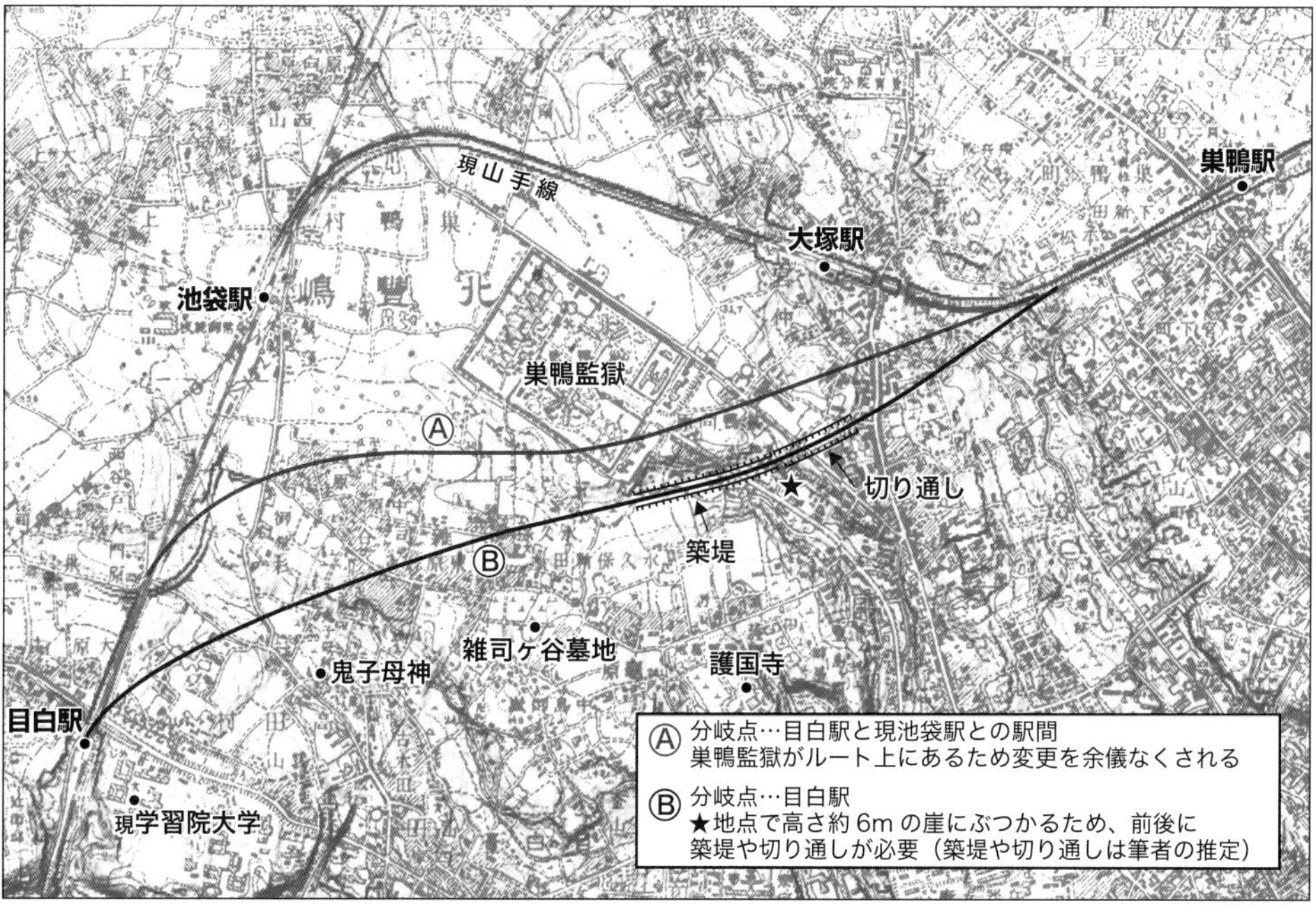

MAP◆池袋駅付近ルート案の変遷（ベースの地図は「今昔マップ首都圏 1896 ～ 1909」より作成）

なる。これはけっこう手間のかかる工事だし、アップダウンのあるコースは開業後も運転コストがよけいにかかる。

明治三十二年、東京市区改正委員会から、巣鴨監獄から離れて敷設するようにとの通達が出された。そのため明治三十四年、池袋から分岐させて巣鴨監獄の北側を迂回するルートへと再変更を申請した。池袋付近は平坦な土地が広がっていて、ターミナルにはうってつけの地形である。

こうした経緯で池袋—田端間は明治三十六年に開業した。コースはいびつになったが、おかげで池袋はその後、大きく発展を遂げていく。

➡駒込—田端間。武蔵野台地から東京低地へと出る地点

➡駒込—田端間。湘南新宿ラインなどが走る中里トンネルを見下ろして走る

田端—上野間　江戸時代の名勝地、道灌山の下を走る

田端から上野まで、線路は武蔵野台地の最東端の崖下を南下していく。東京低地が海だった時代、波によって武蔵野台地の東端は削られていき、この付近は険しい崖となった。線路は波打ち際だったりした場所を通っている。

王子から田端を経て日暮里付近まで細長い台地が南北に伸びている（40ページ地図参照）。日暮里より南では台地の幅が広くなり、広くなった地が上野の山である。

一方西日暮里駅付近では、この台地は非常に狭まっていて、幅数十メートルしかない。この地が道灌山である。前述の道灌山トンネルとは一キロ以上離れているが、当地が正真正銘、江戸時代以来の道灌山だ。台地の幅が狭いおかげで、西に富士山、東（正確には北北東）に筑波山といった東西の名山が眺められることで、江戸時代は名所として知られていた。西日暮里駅の西側に隣接する西日暮里公園に、江戸時代の道灌山の案内板が設置されている。

西日暮里駅は昭和四十四年に営団地下鉄（現・東京メトロ）千代田線の駅として開業し、同四十六年に山手・京浜東北線の駅も開業した。山手線としては高輪ゲートウェイ駅につぐ新しい駅で、昭和の時代に開業した唯一の駅である。道灌山の麓にあるのに、趣深いこの名称を駅名とせず、日暮里の西（実際は北北西）で西日暮里という命名はなんとも無粋で残念だ。

上野駅　細長く寛永寺の子院が連なった地

西日暮里から先、山手線は上野の山の崖を回り込んで上野駅に至る。現在上野公園などになっている上野の山は、江戸時代、徳川将軍家の菩提寺である寛永寺の大《だい》伽《が》藍《らん》が広がっていた。上野の山の東側の崖下には、寛永寺の子院が横一列に連なっていた。

慶応四（一八六八）年の戊《ぼ》辰《しん》戦争（上野戦争）の際、彰義隊（旧幕府軍）が寛永寺に陣を敷いたため、寛永寺の境内は新政府軍の攻撃により、

⬅日暮里駅の高架橋より。左手に武蔵野台地最東端の高台が続く

ほとんど焼け野原になってしまった。明治維新後、上野の山の寛永寺境内は上野公園となり、山の下の子院《しいん》が連なっていた細長い土地は、東京府から土地を借りた日本鉄道によって上野駅がつくられた。上野公園には明治十五年に帝室博物館（現・東京国立博物館）、動物園（現・上野動物園）、明治二十年代には東京音楽学校、東京美術学校（共に現・東京藝大）などができていく。

　上野を出た山手線は、東京東部低地を東京駅へと進む。

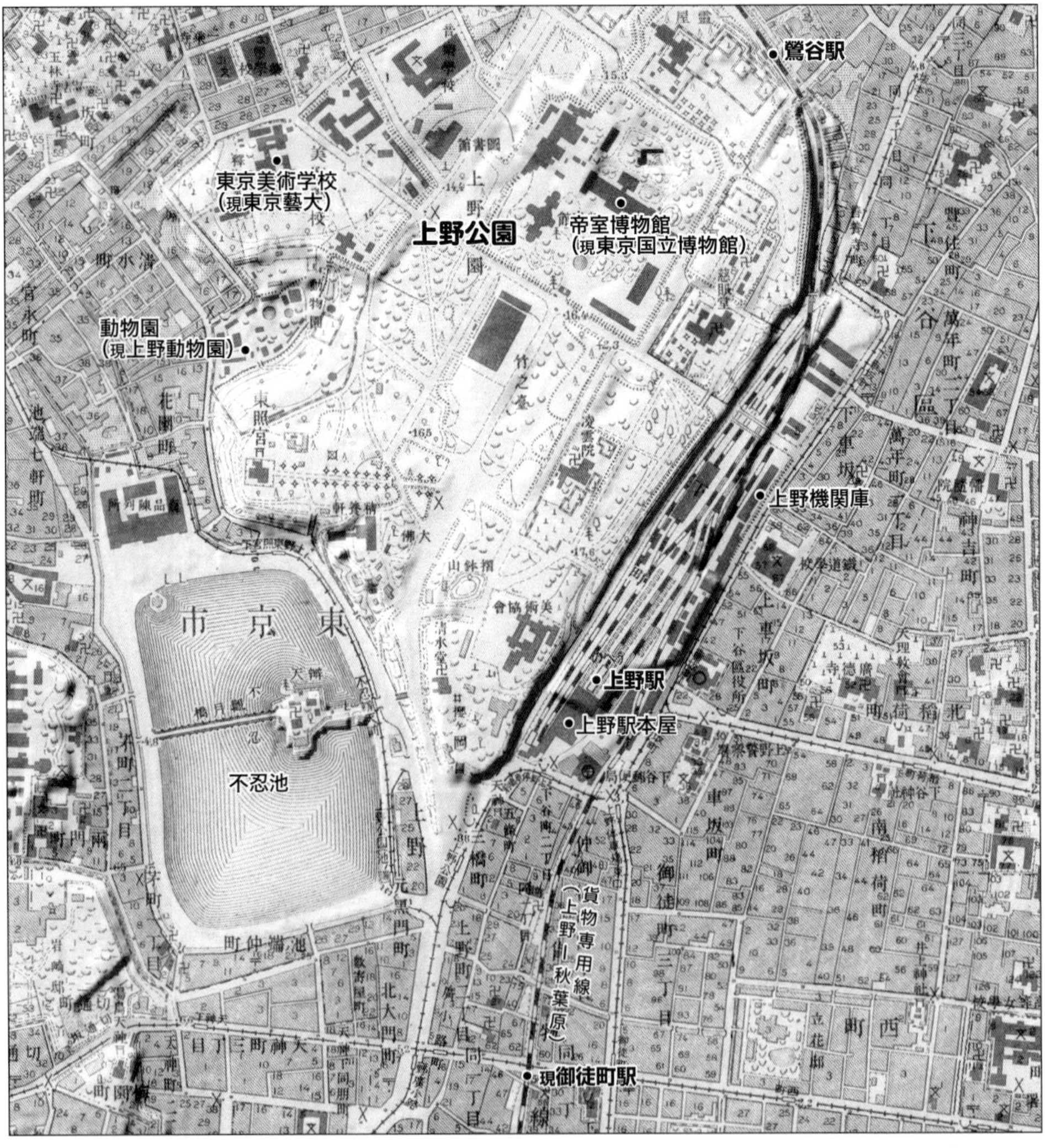

MAP◆上野駅付近（ベースの地図は大正５年頃）

第2章

明治時代後半～関東大震災

街道にぴったり沿っての鉄道敷設

現・大手私鉄、第一世代の本格的登場

MAP ◆大正5年の鉄道路線

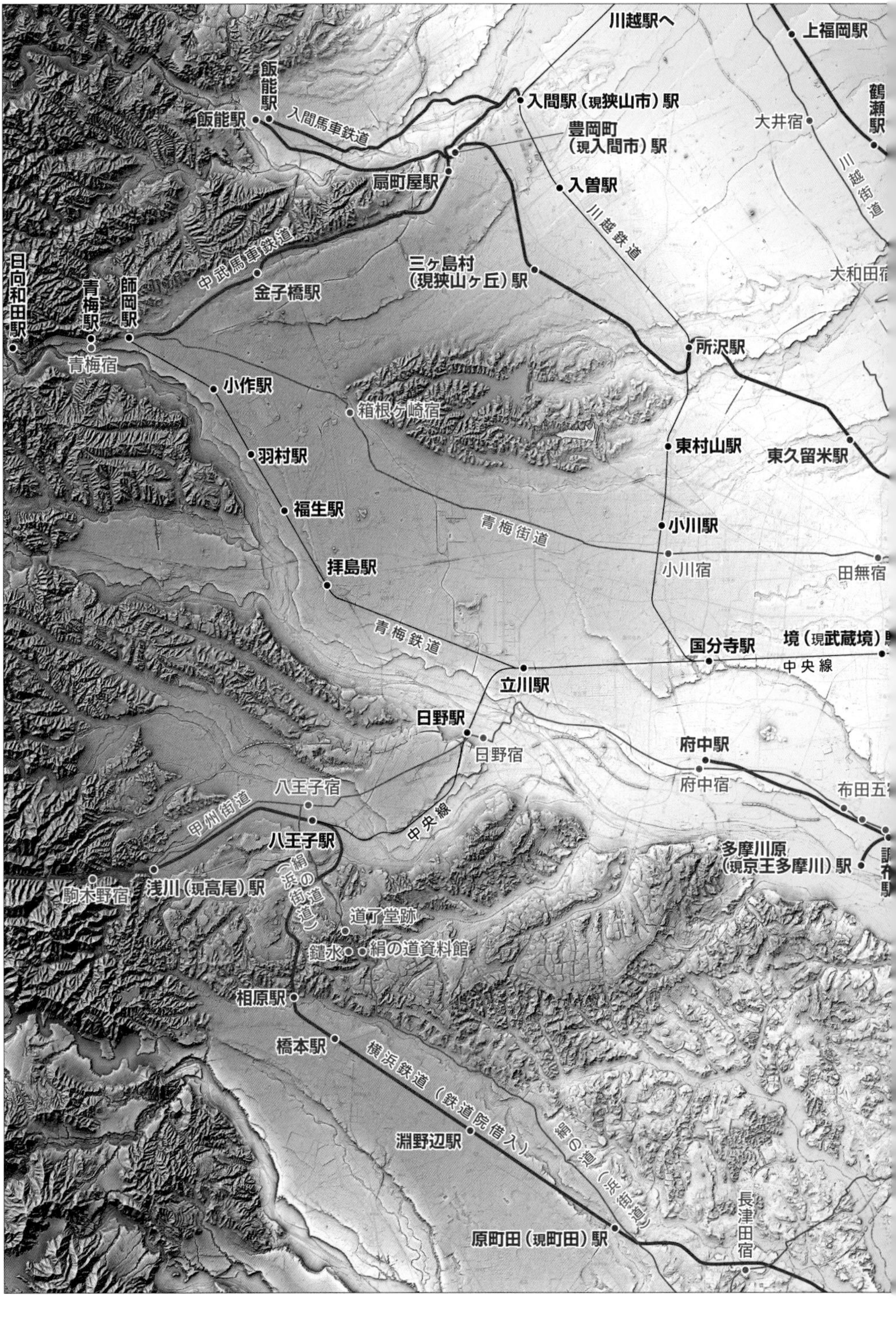

川越駅へ
上福岡駅
鶴瀬駅
飯能駅
飯能駅
入間馬車鉄道
入間駅（現狭山市）駅
豊岡町
（現入間市）駅
大井宿
扇町屋駅
入曽駅
川越街道
川越鉄道
中武馬車鉄道
日向和田駅
青梅駅
師岡駅
金子橋駅
三ヶ島村
（現狭山ヶ丘）駅
大和田
所沢駅
青梅宿
小作駅
箱根ケ崎宿
羽村駅
東村山駅
東久留米駅
福生駅
青梅街道
小川駅
拝島駅
小川宿
田無宿
青梅鉄道
国分寺駅
境（現武蔵境）
中央線
立川駅
日野駅
日野宿
府中駅
府中宿
八王子宿
甲州街道
中央線
八王子駅
絹の道（浜街道）
多摩川原
（現京王多摩川）駅
浅川（現高尾）駅
駒木野宿
道了堂跡
鑓水
絹の道資料館
相原駅
橋本駅
横浜鉄道（鉄道院借入）
淵野辺駅
絹の道（浜街道）
長津田宿
原町田（現町田）駅

① 京浜電気鉄道と京王電気軌道

東海道と甲州街道の集落へ、やっと鉄道がやってきた時代

ここでは、大正初期頃の東京の鉄道網を見ていきたい。前章40ページの地図では、明治二十八年段階をみてきた。そこでは、後に国鉄（現ＪＲ）の幹線になる東海道線、東北・高崎線、中央線、総武線と山手線の一部が開通していた。そのほかでは古くから栄えていた川越と青梅に路線が伸びていた。

それから約二〇年後の大正五年までの間に開通した鉄道を示したのが前ページの地図である。それには以下のような興味深い特徴が表れている。

特徴一　江戸時代の五街道に寄り添うようにして宿場をつなぐ鉄道が敷かれた

前章での明治時代前半敷設の鉄道は、江戸時代の街道を半ば無視するように、またそうでなくても駅と宿場が離れていたりした。だが明治時代後期から大正初期に造られた路線は、街道にぴったり沿うものが現れたわけである。

特徴二　五街道以外でも、それに準じる（脇街道など）川越街道、水戸街道と、大山への参詣者が通る大山街道に沿って鉄道が敷かれた

➡ＪＲ路線を跨ぐ京急八ツ山橋

特徴三　それらのほとんどは、現在も私鉄である

すなわち「街道に沿わない現ＪＲ路線」、「街道沿いの現・私鉄路線」という図式である。

特徴一から順に述べていこう。

旧東海道沿いの集落を丹念に結んだ京浜電鉄

〈京浜電気鉄道＋東海道〉

明治初期に、官設鉄道の東海道線が江戸時代の旧東海道に平行して敷設されたが、都内では、官鉄品川駅が品川宿から離れた所に設置されるなど、官鉄東海道線のルートは旧東海道からやや離れていた。官鉄品川駅は、明治三十五年に移転するまで、現在より約三〇〇メートル南（品川宿寄り）にあったが、それでも品川宿本陣からは約一・二キロの距離があった。

東海道線に対抗するようにして、明治三十八年までに品川―神奈川停車場前（現・神奈川―横浜間にあった駅）間を開通させたのが京浜電気鉄道（現・京浜急行電鉄）である。旧品川宿本陣の近くに北馬場《きたばんば》駅（昭和五十一年、南馬場駅と統合して新馬場駅に）を設けている。その先も京浜電鉄の線路は、多摩川を渡るまで、旧東海道のすぐ近く（一〇〇メートルほど西側）に並行している区間が長い。

途中、鮫洲《さめず》、沢田（現・平和島）、梅屋敷、雑色《ぞうしき》といった街道沿い集落のすぐ近くにしっかりと駅を設けている。梅屋敷―雑色間では旧東海道の路上に線路を敷いていた。

なお開業時の京浜電鉄品川（通称八ツ山）駅は、現在の北品川駅の一〇〇メートルほど北側にあった。同じ品川駅という名にもかかわらず、官鉄品川駅（現・品川駅）とは約六〇〇

←現在の旧品川宿

メートルも離れていた。なぜそんな所をターミナルとしたのかというと、京浜電鉄は東京市の政策などにより東京市に乗り入れできないため、官鉄品川駅まで延ばせなかったのである。官鉄品川駅は、当時の住所では東京市芝区（現・港区）なのに対し、京浜電鉄の品川（八ツ山）駅は、荏原郡《えばらぐん》品川町（現・品川区）である。

国鉄品川駅付近まで延ばせたのは大正十四年のことだった。駅の場所も現在の京急品川駅とは異なり、第一京浜を挟んだ向かい側だった。そこに鉄筋三階建ての瀟洒《しょうしゃ》な欧風の駅ビルをつくり、線路をそのビルの裏側へと引き込み高輪駅と名付けた。

ほぼ同じ頃、京浜電鉄開業時からの品川（八ツ山）駅は国道改修にともない現在の北品川駅の地に移転し、駅名も北品川へと改称した。

その後、高輪―北品川間では道路混雑の問題が起き、鉄道専用線を建設するこ

➡大正十四年竣工の京浜電鉄高輪駅。現・品川駅とは第一京浜をはさんだ反対側にあった

➡京浜電鉄は、遠方に見える八ツ山橋から手前に伸びる道路上を北品川へと走っていた

ととなり、昭和八年、京浜電鉄高輪駅は現在地に移り、品川駅と改称した。

特急電車の停車駅と甲州街道の宿場がほぼ一致する京王線
〈京王電気軌道＋甲州街道〉

甲州街道沿いには大正二年、笹塚─調布間に京王電気軌道（現・京王電鉄）が開業した。大正四年には、新宿へと線路を伸ばし国鉄新宿駅の上を跨いで山手線の内側に乗り入れ、新宿追分（現在の新宿三丁目交差点付近）まで延伸した（93ページ地図参照）。

新宿追分は、甲州街道第一番目の宿場、内藤新宿のあった場所である。青梅街道が分岐する地のため、道が二つに分かれる所を意味する「追分」の名が付いている。当時国鉄新宿駅は豊玉郡淀橋町で東京市外にあたり、新宿の町はずれといった場所だった。京王電気軌道新宿追分駅は、ぎりぎり東京市内、四谷区内に位置していた。新宿の賑わいの中心は四谷区内のエリアであり、現在地でいえば伊

南側から品川駅を望む（昭和五年頃）『日本地理大系　大東京編』より

勢丹新宿店のある新宿三丁目交差点より東側（新宿駅と反対側）である。京王電気軌道は、そうした新宿の中心部まで乗り入れを果たしたのである。

大正五年に府中まで延伸。新宿から府中まではほぼ全区間甲州街道沿い（同街道の特異な地形については178ページ参照）であり、旧街道を行き来する人を想定しての開業だった。途中新宿駅付近と仙川―柴崎間の一部では、甲州街道上を路面電車（併用軌道）として走っていた。

江戸時代、内藤新宿の次の甲州街道の宿場は高井戸宿である。この宿は、下高井戸と上高井戸とに分かれていた。それは次の理由による。

宿場では、幕府の役人の出張や公用荷物の輸送の際、人足と駄馬（運搬用の馬）を無料で提供する任が課せられていた。そのために必要な人と馬を常に用意していなければならず、その数も決められていた。東海道＝人足一〇〇人、馬一〇〇疋、中山道＝人足五〇人、馬五〇疋、甲州街道＝人足二五人、馬二五疋などである。

甲州街道は他の五街道より大名行列が少なく、そのためいくつかの宿場が合同して一つの宿場分の働きをする「合宿勤め」を行っている所もあった。各宿場が数日間交代で人足駄馬役を負担するといった方法である。高井戸宿は上高井戸宿と下高井戸宿とで、交代に勤めを行ない、それぞれに本陣も設けられていた。

京王電気軌道は開業当初、下高井戸宿の近くに下高井戸駅、上高井戸宿の近くに上高井戸駅を設けた。上高井戸駅は昭和十二年に芦花《ろか》公園駅へと改称されている。

次の宿場は、通称布田《ふだ》五宿（国領、下布田、上布田、下石原、上石原）でカッコ内が合宿

⬆新宿駅付近、拡張工事中の甲州街道を走る京王線（昭和二十八年）。『京王帝都電鉄30年史』より

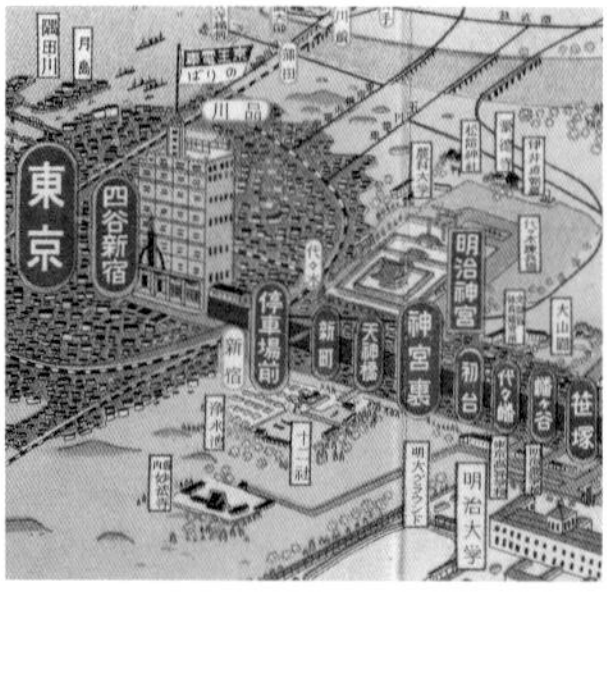

➡『京王電車沿線名所図絵』（部分）。吉田初三郎作。山手線の内側、四谷新宿駅（昭和五年新宿追分から改称）まで延びている。

勤めの宿場である。この宿場は街道沿いに約四キロ続いているが規模は小さく、五宿いずれにも本陣、脇本陣は置かれていない。京王電気軌道は、布田五宿の真ん中付近に調布駅を設置し、布田五宿沿いに計四つの駅を設けている。

次の府中宿は、内藤新宿―横山（八王子）宿間では、最も大きな宿場だった。京王電気軌道は宿場の中心地近くに府中駅を開設している。京王線の現在の特急は、新宿を出ると明大前、調布、府中の順に停車する。明大前駅はかつての下高井戸宿から約一キロ東側となってしまうが、その点を除けば、特急はかつての宿場だけに停車しているといえる。京王線と江戸時代の甲州街道との関係性が、こうした点にも感じられる。

ところが京王線は、府中を出ると突然南に向きを変えて甲州街道と分かれ、多摩川を渡る。府中―京王八王子間（開業時は東八王子）は、大正十四年京王電気軌道の関連会社だった玉南《ぎょくなん》電気鉄道によってつくられた。同社は大正十五年に京王電気軌道に合併されるのだが、出自の違いが甲州街道との密接性の違いとなっているのは興味深い。

次の宿場である日野宿への鉄道は、甲武鉄道（現ＪＲ中央線）にまかせた形となる。甲武鉄道は、新宿を出た後、甲州街道とはずっと離れた所を走っていたが、日野宿付近で再び出会い、その先、中央線も京王線も、多摩地域南西部で最大の都市八王子を目指していく。

京王線の新宿ターミナルが、現在のようにＪＲ新宿駅の西側に移転したのは、太平洋戦争の影響だった。米軍機の空襲で近くの天神橋変電所が被災して電圧低下がはなはだしく、電車が新宿駅南口陸橋の坂を上るのに支障をきたしたためである。駅移設は陸軍工兵隊により短期間で工事を終え、終戦の三週間前にあたる昭和二十年七月二十四日に行われている。

⬅京王線下高井戸駅。現代の同地は開かずの踏切で知られる

Column

甲州裏街道と呼ばれた青梅街道

五街道ではないが、物資の運搬という点で重要な街道だった青梅街道について触れておきたい。青梅街道は、上成木《かみなりき》や北小曽木《きたおそぎ》（いずれも現・青梅市北部）で採掘された石灰を江戸へ運ぶために開設されたともいえる街道である。

江戸時代初期から、江戸では石灰の需要が生じていた。江戸城を大改修するにあたり、天守閣をはじめとした白壁用に大量の石灰が必要だったことなどによる。明暦大火（一六五七年）では、石灰を原料とする漆喰壁が延焼を食い止めた例が話題となり、その後さらに需要が増大した。

内藤新宿で甲州街道と分かれた後、当初青梅街道には中野宿と田無宿、箱根ヶ崎宿が設けられていた。田無宿と箱根ヶ崎宿とは一八キロも離れていて、途中は荒野の中を細い道が伸びるだけだったが、玉川上水の完成後、新田集落として拓かれた小川宿が加わった。

江戸時代中期以降、青梅からの石灰輸送が衰微するが、それに代わって多摩地域の物資を江戸市中へ運ぶ交通路として注目されるようになる。また、青梅から先に宿駅はなかったが、多摩川に沿って小河内《おごうち》を経て大菩薩峠を越え酒折《さかおり》宿で甲州街道に合流した。甲州裏街道とも呼ばれ、江戸と奥多摩、甲斐の国を結ぶ脇街道として往来が多くなった。

その青梅街道には、大正十年、淀橋（同十一年新宿まで延伸）—荻窪間に西武軌道（後に現・西武鉄道の母体が合併）が路面電車を開業させている。昭和十七年に東京市に委託、同二十六年に東京都に譲渡され都電となり、同三十八年に廃止されている。

青梅街道旧小川宿、神明宮付近。付近の沿道には、古い寺社や大きな農家が点在する

2 玉川電気鉄道（東急玉川線）

山岳信仰の大山街道に敷かれた多摩川の砂利目当ての路面電車

五街道やそれに準じる脇街道ではなく、大山街道（現在の国道246号など）という参詣道を路面電車として走った異質な存在が、玉川電気鉄道である。大山街道とは、丹沢山地の南端、古くから山岳信仰の山として知られた大山の山頂に鎮座する大山《おおやま》阿夫利《あふり》神社への参詣者が通った道のことを指し、いくつかのルートがあった。玉川電気鉄道が敷かれた区間は、その一部である。

玉川電気鉄道は明治四十年、渋谷―玉川（現・二子玉川駅付近）間を開業した。昭和十三年に東京横浜電鉄（現・東急）に買収され、昭和四十四年に廃止となるまで路面電車として走り、玉電《たまでん》の愛称で親しまれた。現在の東急世田谷線はその支線である。かつて玉電が走っていたルートの地下を現在は東急田園都市線が走っている。

当初の敷設目的のメインは、多摩川の砂利を東京市内の各地へと運ぶことだった。当時東京市内では、未舗装の道路に敷き詰める砂利需要があった。そ

⬅玉電開業当時の三軒茶屋駅付近

の後大正半ば頃から土木工事や建築に使うコンクリート用の砂利の需要が急増し、各地に砂利運搬を第一の目的とする路線ができていく（182ページ参照）。玉川電気鉄道はその先駆け的存在だった。

砂利を積んだ貨車は、機関車に牽かれるのではなく、旅客電車につながれて走った。現在の都電が貨車をくっつけて走っているような姿である。そのため地元利用者からの玉電の愛称は「ジャリ電」だった。大正時代後半頃に至り、電動貨車が登場した。渋谷駅西口、現在渋谷マークシティがあるあたりには、運んできた砂利が山のように積みあげられていた。

大正十二年の関東大震災で、東京市内とくに下町は大火災で壊滅的な打撃を受けた。復興のため建設資材の砂利の需要は増加の一途をたどった。震災の前年、玉川電気鉄道は、渋谷で高架線路の山手線の下をくぐって山手線の内側に入り、恵比寿駅前まで延伸していたが、大正十三年には天現寺橋まで線路を伸ばした。天現寺橋は当時東京市の境界に位置し、渋谷駅や恵比寿駅は市外、天現寺橋から先（東側）が東京市内である。現在は渋谷区と港区の境界で、渋谷区エリアが当時市外、港区エリアが市内にあたる。

東京市内には東京市電の路線網がすでに発達していて、天現寺橋まで路線を伸ばしていた。ここで玉電と市電の線路をつなげば、市電は玉電から引き継いだ多摩川の砂利を市内各

➡現在の渋谷マークシティ付近。写真手前が市電、遠方に線路が見えるのが玉電。その右の駅舎が現・井の頭線渋谷駅。左の建設中高架が現・東京メトロ銀座線。『土木建築工事画報』昭和十三年六月号より

MAP ◆玉川電鉄（廃止時の駅名）（ベースの地図は「今昔マップ首都圏 1927 ～ 1939」より作成）

地へと運ぶことができた。

玉川電気鉄道は、沿線に軍施設が設けられていたことも、旅客の確保につながっていた。

玉川電気鉄道開通以前から、駒場には近衛《このえ》輜重《しちょう》兵営《へいえい》や騎兵営、駒場練兵場、駒沢には砲兵旅団司令部を中心に近衛砲兵営、駒沢練兵場などがつくられていた。比較的平坦な台地が林として広がっていたことが、練兵場や兵営などに転換するにはうってつけだった。

玉川電気鉄道が開通すると、将校（少尉以上の位の軍人）などは渋谷付近に家をもって玉電で通勤するようになった。沿線の軍の施設も拡張され、大山街道沿いの三宿《みしゅく》の町は、軍関係者が多い地として発展していった。

← 玉電が牽く砂利積載の貨車。『写真集　多摩川は語る』より

③ 新河岸川、川越街道と東武東上線

全盛を極めた舟運からの世代交代
「道の駅」的存在の湧水地の宿場

江戸時代以来の川越街道にほぼ並行して敷かれたのが東上鉄道（現在の東武東上線）である。大正三年、池袋―田面沢《たのもざわ》（現在の川越市駅の一つ先にあった駅）間が開業した。

川越は第一章で述べたように、川越藩松平家の城下町であると共に物資の集積地として栄えてきた。それを支えたのは川越と江戸を結ぶ新河岸《しんがし》川の舟運である。新河岸川は、川越城下の小河川や近くの伊佐沼からの流れを源流として、現在の志木市役所前を通り東武東上線朝霞台駅・JR武蔵野線北朝霞駅の東方約三キロのところで荒川に注いでいる。なお現在同地からさらに下流の荒川岩淵水門付近まで新河岸川が続いているが、この区間は昭和時代以降に、旧荒川やその氾濫原などを利用して掘られた人工河川である。

新河岸川では、江戸時代初期に川越城付近の小河川の流路を付け替えて水量を確保し、途中の河岸を整備していった。明治時代半ばまで、その水運は隆盛

➡川越町（現・川越市）駅、「東武鉄道百年史」より

を極めた。川越から江戸・東京へと米・サツマイモ・材木・薪炭などが運ばれ、江戸からは肥料・塩・日用雑貨などが乗せられてきた。

江戸時代後期まで、河川舟運では原則として旅客輸送は禁止されていたが、江戸時代後期になると、新河岸川では「早船」と呼ばれた旅客船の運航が認められ、夕刻に川越を出て翌朝に千住大橋、昼前に浅草に着く「川越夜船」が有名になった。

新河岸川舟運の特徴を地形の視点で見ておこう。新河岸川は「九十九曲がり」といわれるほど激しく蛇行を繰り返す。川越と浅草は直線距離で約四〇キロなのに対し、航行距離は一二〇キロに及んだ。川越の標高は町の南端近く、新河岸川の仙波《せんば》河岸で約七メートルしかない。単純に計算すると航路上の標高は、一キロあたり約六センチしか低くならない。これではほとんど水は流れず、下流からさかのぼることも楽にできた。

一方、川越―江戸間の陸路のメインである川越街道は、甲州街道と同じく武蔵野台地を縦断する。甲州街道は、尾根線を通るという特徴が顕著だが、川越街道にも地形的な大きな特徴がある。

次ページの地図の川越街道の宿場の位置に注目して

⬅新河岸川、志木河岸へと向かう高瀬舟『東武鉄道百年史』より

⬅新河岸川、古市場河岸に停まる荷船

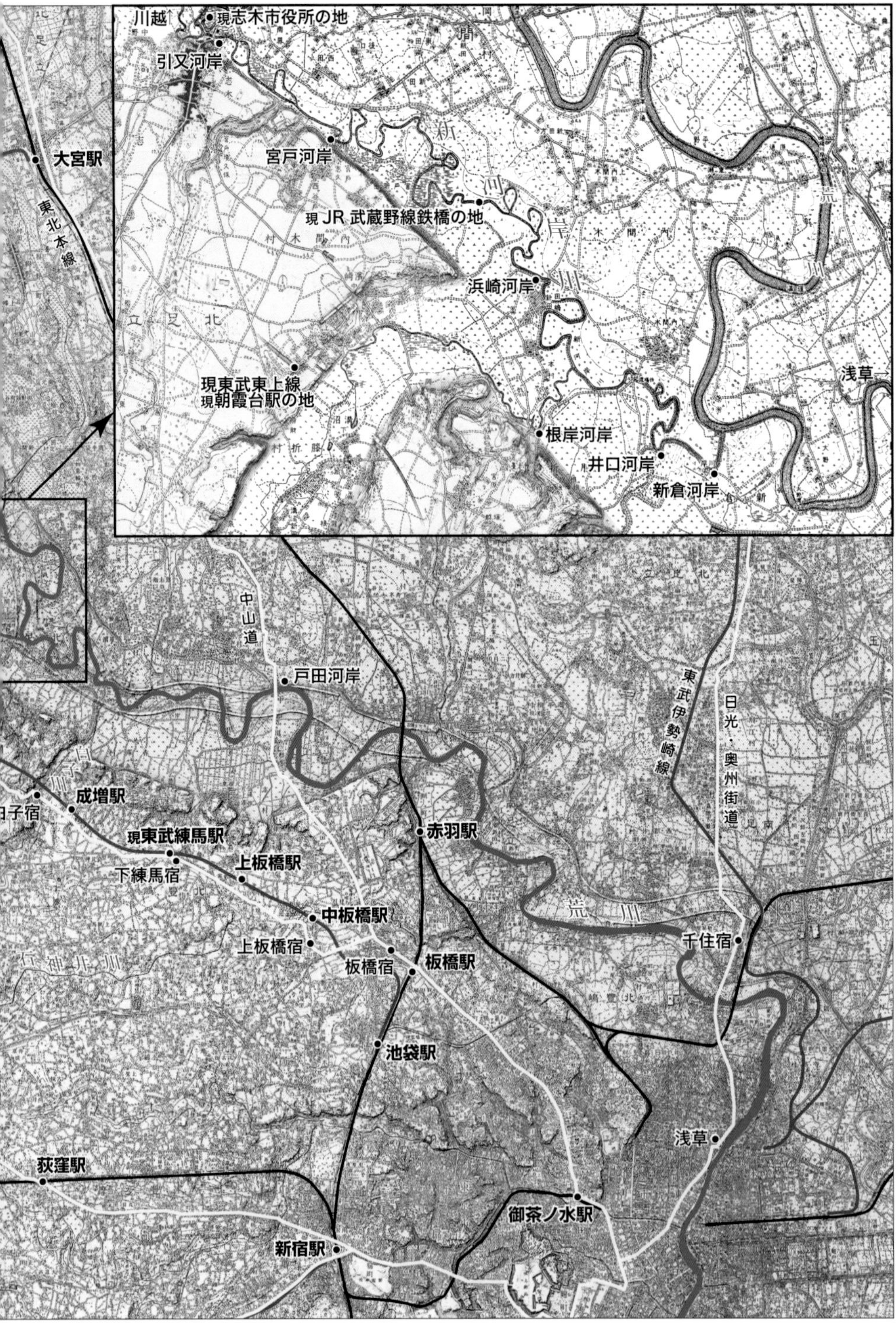

MAP◆新河岸川と、川越への鉄道路線（ベースの地図は見開きは「今昔マップ関東 1894～1915」、右上は「今昔マップ首都圏 1896～1909」より作成）

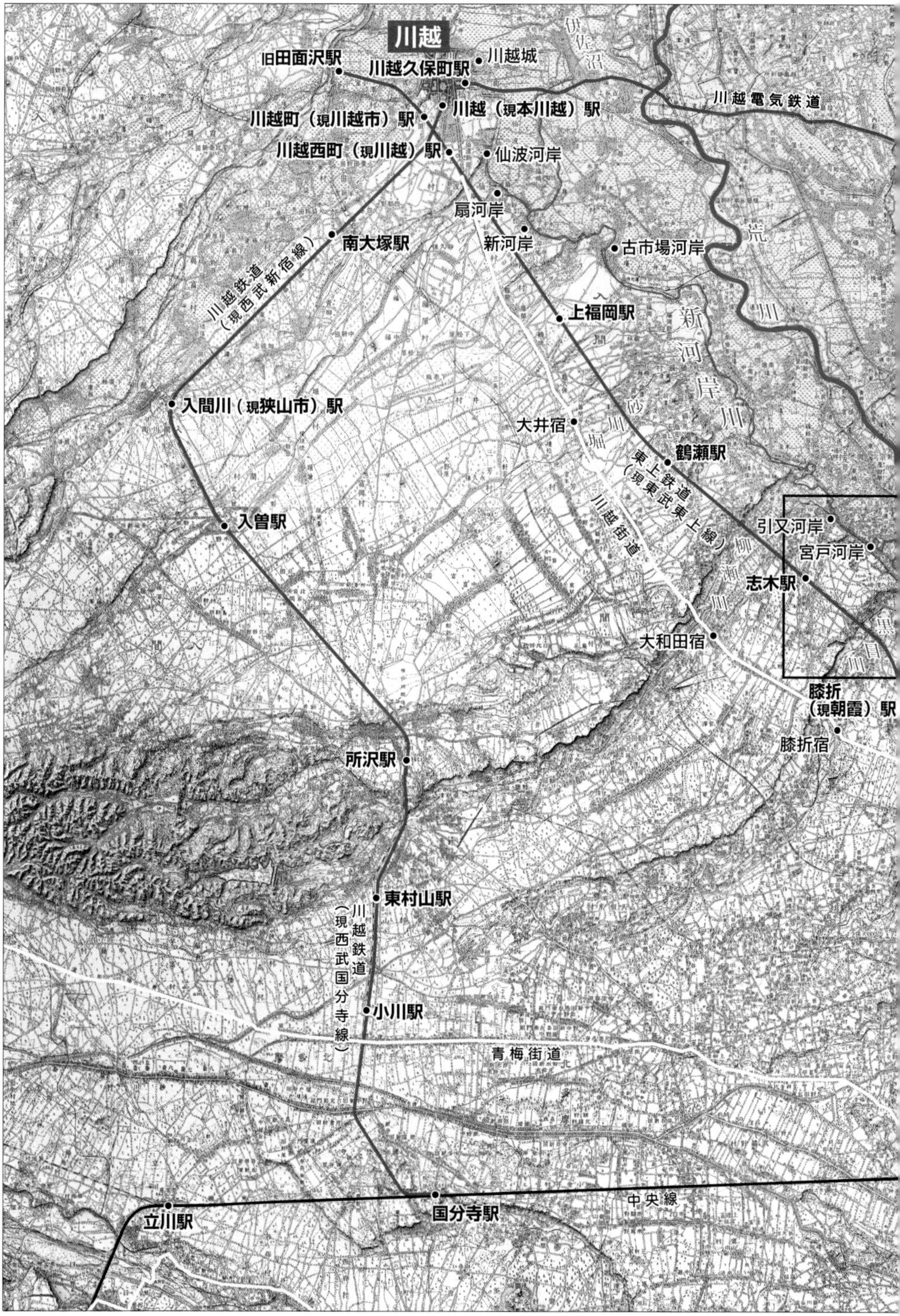
川越
旧田面沢駅
川越久保町駅
川越城
伊佐沼
川越電気鉄道
川越（現本川越）駅
川越町（現川越市）駅
川越西町（現川越）駅
仙波河岸
扇河岸
新河岸
古市場河岸
荒川
南大塚駅
川越鉄道（現西武新宿線）
上福岡駅
新河岸川
入間川（現狭山市）駅
大井宿
砂川堀
鶴瀬駅
東上鉄道（現東武東上線）
川越街道
柳瀬川
引又河岸
宮戸河岸
志木駅
入曽駅
大和田宿
黒目川
膝折（現朝霞）駅
膝折宿
所沢駅
東村山駅
川越鉄道（現西武国分寺線）
小川駅
青梅街道
中央線
国分寺駅
立川駅

ほしい。数キロごとに設けられた宿場は、下練馬宿を除いて皆、谷の中に位置している。

上板橋宿が石神井川、白子《しらこ》宿が白子川、膝折《ひざおり》宿が黒目川、大和田宿が柳瀬川、大井宿が砂川堀、こうした谷の中に宿場がある。すなわち数キロごとに谷があり、そこに宿場を設けたといえる。平坦な台地上の街道を歩いていると谷へ下る坂となり、下った所に宿場があり、宿場を過ぎると坂を上り再び平坦な台地を行くという繰り返しである。

川越街道は武蔵野台地の北端近くを通っている。武蔵野台地は、第一章で述べたように水が得にくいので集落が非常に少ない。その中でたまに存在する谷は、その中へと下りれば、崖下などに湧水が豊富にある。川は大雨が降れば濁るので飲み水としては不適になるが、湧水はそういう時でも濁らない。川越街道が数キロおきに出会う谷は、現代でいえば道の駅や高速道路上のサービスエリアのようなものだった。

➡川越街道膝折宿、昭和五年頃

宿場を順に追って見ておこう。中山道板橋宿の平尾追分（東武東上線下板橋駅の北約四〇〇メートル）で中山道と分かれた後、川越街道は大山駅前の踏切地点を通っていた。踏切の先にハッピーロード大山商店街が伸びている。この商店街の道はかつての川越街道である。現代ではアーケードの下に庶民的な店が並ぶこの道を、江戸時代川越藩主の殿様が参勤交代で通っていたのだと思うと、何とも不思議な気分がしてしまう。

商店街をしばらく進むと大通りに出る。現代の川越街道（国道２５４号）である。この先は当時の川越街道と現代の川越街道とが一致する区間もあるし、並行する旧道として残っている区間もある。

最初の宿場の上板橋宿は、中板橋駅の二〇〇メートルほど南、旧道となっている部分に延びていた。奇妙なことに、中板橋駅から二つ先の駅が上板橋駅である。なぜ上板橋宿に最も近い駅の名が中板橋で、そこからかなり離れた所に上板橋という駅があるのか気になる。調べてみると、上板橋駅は鉄道開通当初の大正三年にできているが、中板橋駅は昭和八年の開業である。

大正三年段階では、上板橋宿から約二キロ離れているが、それでも上板橋宿に最も近い駅なので、上板橋駅と名付けたのだろう。昭和八年になり上板橋宿のすぐ近くに駅を新設したが、すでに上板橋駅があるので、しかたなく新設駅を中板橋と名付けたものと思われる。

東上鉄道開業前の明治末年頃の地図を見ると、上板橋宿の集落は周辺でも大きいほうなので、近くに駅をつくらなかったのが不思議に思える。上板橋宿付近で駅の用地買収が困難だったのかどうかは不明だが、それにしても上板橋宿と上板橋駅は離れすぎている。街道沿いの人々の輸送よりも川越と池袋を効率よく結ぶことを重要視していたといえるだろう。

次の下練馬宿は、東武練馬駅南口の駅前付近に延びてい

←川越街道、旧新田坂付近。坂下が旧白子宿付近、都県境になっている

←東武東上線成増—和光市間、旧白子宿付近の谷

た。ここは宿場の中心地近くに駅を設けている。

次の白子宿の最寄となる成増駅は、すぐ近くに川越街道が通っているが、白子宿とは一キロほど離れている。駅は川越街道から脇道に入った所に位置していて、開業当初は付近に人家がなく、森の中にポツンとある状態だった。

東武東上線の線路は成増駅から川越方面へ向かうと、七〇〇メートルほどで白子川を渡る。昔の川越街道は白子川の谷へと下っていく所が新田坂という急な坂となっていて、道中でも難所の地といわれていた。人馬はその坂下で憩うことが多かったため、付近には茶店などが並び賑わっていたという。

東武東上線は白子川の谷を越えるために、台地上にある成増駅を出ると切通しの中を進みながら標高を下げ、谷に躍り出てからは築堤上を進んだ。当時の土木技術では、宿場のある谷付近に駅をつくるのは難工事となる。そのため避けられたように思えるし、谷中に駅をつくり列車を停止させると、当時の蒸気機関車の能力では、出発直後に急勾配を上るのが困難なので、そのためもあるのかなど、いろいろと想像が膨らむ。

この先、東武東上線は川越街道と一〜二キロ離れた所を進む。この間にも、膝折宿、大和田宿、大井宿があったが、いずれも駅と宿場は離れている。ここでも敷設時、川越街道沿い集落の人や物の輸送は二の次にして、川越と池袋を効率よく結ぶのを優先させていることが感じられる。

明治二十二年、新宿―八王子間の甲武鉄道開通により、それまで川越へ集められ新河岸川の舟運で東京へと運ばれていたものの一部が、八王子に集められるようになり、そこから鉄

⬆ 川越市街に近い新河岸川、仙波河岸付近

➡ 仙波河岸史跡公園の仙波河岸跡（川越市仙波町）

道で運ばれるようになった。新河岸川舟運は、この時最初の打撃を受けた。同二十八年の国分寺―川越間の川越鉄道（現・西武新宿線など）開通では、さらに深い痛手を被った。

そして大正三年の東京への短絡ルートとなる東上鉄道開通によって、新河岸川舟運は致命傷を負わされてしまう。昭和六年、埼玉県による通船停止令が出され、新河岸川舟運三〇〇年の歴史が閉ざされた。

新河岸川舟運の終焉を語る時、東上鉄道建設との特徴的関係を述べておく必要がある。川越周辺の河岸で回漕業を営む地元有力者が、この時は鉄道誘致に熱心で、経済的援助、予定地の選定、土地提供などを行っていることである。回漕業者としてライバルである鉄道を敵視するのではなく、舟運がいずれ衰微することを予見し、むしろ鉄道の将来性に着目し積極的に業態転換を図ろうとしたのである。

これは回漕業者の経営形態として、舟運の運賃は廉価で利益が少なく、運んだものの売買によって多くの利益を得るものだったことが大きい。舟運での既得権益から鉄道でのそれに乗り換えを図った形である。東上鉄道が川越街道の集落にあまり目を向けず、東京との直結を第一義にしたように見えるのは、こうした背景があったことも一因だろう。

東上鉄道は大正九年、東武鉄道に合併されて東武東上線になる。もともと東武鉄道社長の根津嘉一郎が東上鉄道の社長も兼ねていたため、合理化目的の合併だった。「東京から武州を経て上州とつなぐ」ことから東上鉄道と名付けられていたが、大正十四年に寄居へ、昭和九年に越生へと延伸するものの上州（群馬県）には届いていない。

←昭和五年頃の川越市街

4 京成電気軌道と佐倉街道

広大な軍隊の施設と戦後の大規模団地

明治四十二（一九〇九）年、京成電気軌道（現・京成電鉄）は、押上から千葉県の佐倉を経て成田までの路線の敷設を計画して設立された。佐倉は旧佐倉藩堀田家の城下町であり、明治七年に東京鎮台歩兵第二連隊が置かれて以来、軍都として重要な町とされてきた。その先の成田までとされたのは、江戸時代から参拝者が多い成田山新勝寺があるためである。

まず押上—市川（現・江戸川）間が大正元年に開業。この時はまだ江戸川を渡る手前までの開通だったが、二年後に江戸川橋梁が竣工し市川新田（現・市川真間）まで延伸、以後段階的に路線を伸ばし、大正十五年佐倉を経て成田まで開通させた。なおこの時すでに東京方面（両国）から佐倉を経て成田へは、総武鉄道と成田鉄道（現在のＪＲ総武線、成田線）が開通している。

総武鉄道と京成電気軌道のルートを江戸時代の街道との関係で見てみよう。千葉県内で、江戸時代の主な街道としては、城下町佐倉への佐倉街道（水戸佐倉道または成田街道とも呼ばれた。現在千葉市と佐倉市を結ぶ通称佐倉街道・国道51号とは異なる）が挙げられる。佐倉街道は、水戸街道の新宿《にいじゅく》（京成高砂駅の約一・五キロ北方）を起点として東へ向けて船橋

➡ 現在は成田空港へのスカイライナーが頻繁に走る京成本線（京成関屋—堀切菖蒲園間）

MAP ◆京成船橋駅～京成津田沼駅～京成佐倉駅

宿まで進み、そこで北東に転じて内陸部に入り佐倉へと向かっている。

　総武鉄道、京成電気軌道とも、船橋付近まではほぼ佐倉街道に沿っている。総武鉄道は船橋から先、佐倉街道が左（東北側）に進路を変えてもそれに付き合わず、そのまま海沿いに進み千葉へ至る。

　一方京成電気軌道は、一部の区間を除いて佐倉街道とほぼ行路を共にする。佐倉街道と京成電気軌道がやや離れるのは、津田沼（現・京成津田沼）付近から勝田台までの約一〇キロで、この区間では、両者は約三キロ離れて並走する。

　その間には、広大な陸軍習志野演習場や騎兵連隊の施設があった。同演習場の東南の一郭、現・実籾《みもみ》駅北側には、日露戦争後にロシア兵俘虜《ふりょ》収容

⬅陸軍習志野演習場（昭和五年頃）

所、第一次世界大戦後にはドイツ兵の捕虜収容所が建てられた。捕虜収容所の敷地は約三万坪の広さがあり、そこに最も多い時には九〇〇名以上のドイツ兵が収容されていた。また、津田沼付近には鉄道連隊も拠点を設けていた。

　京成電気軌道は、こうした軍の施設の東側、佐倉街道は西側のコースをとったため、大和田（現・京成大和田）駅は佐倉街道大和田宿から離れてしまっている。だが津田沼、大久保（現・京成大久保）、実籾《みもみ》の各駅では、多数の軍関係者の利用を得ることにつながった。

　戦後もこの区間は京成に恩恵をもたらした。軍の演習場に隣接した森林や原野だった地に、昭和三十二年日本住宅公団（現・UR都市機構）と千葉県住宅協会（現・千葉県住宅供給公社）により、日本で初めての団地とされる八千代台団地

習志野付近の佐倉街道と京成本線（ベースの地図は「今昔マップ首都圏 1927 ～ 1939」より作成）

が完成した。昭和三十一年、京成電鉄が実籾—京成大和田間に八千代台駅をつくると、一日の乗降客が当初約二七〇人だったのが、三年後には五三〇〇人にまで膨れあがった。

ＪＲ総武本線佐倉駅は明治二十七年開業と早い時期なのに対し、京成電気軌道佐倉（現・京成佐倉）駅は大正十五年の開業だが、京成の方が町の中心に近い。

また都心に関しては、京成は押上から浅草への乗り入れを図るが、これは東武鉄道が浅草への免許を取得したことにより、京成には許可が下りなかった。京成は日暮里までの免許を取得していた筑波高速度電気鉄道を吸収合併することにより、昭和六年青砥—日暮里間を開業、昭和八年上野公園の地下を通ることにより上野公園（現・京成上野）まで延伸し、念願の都心乗り入れを果たしている。

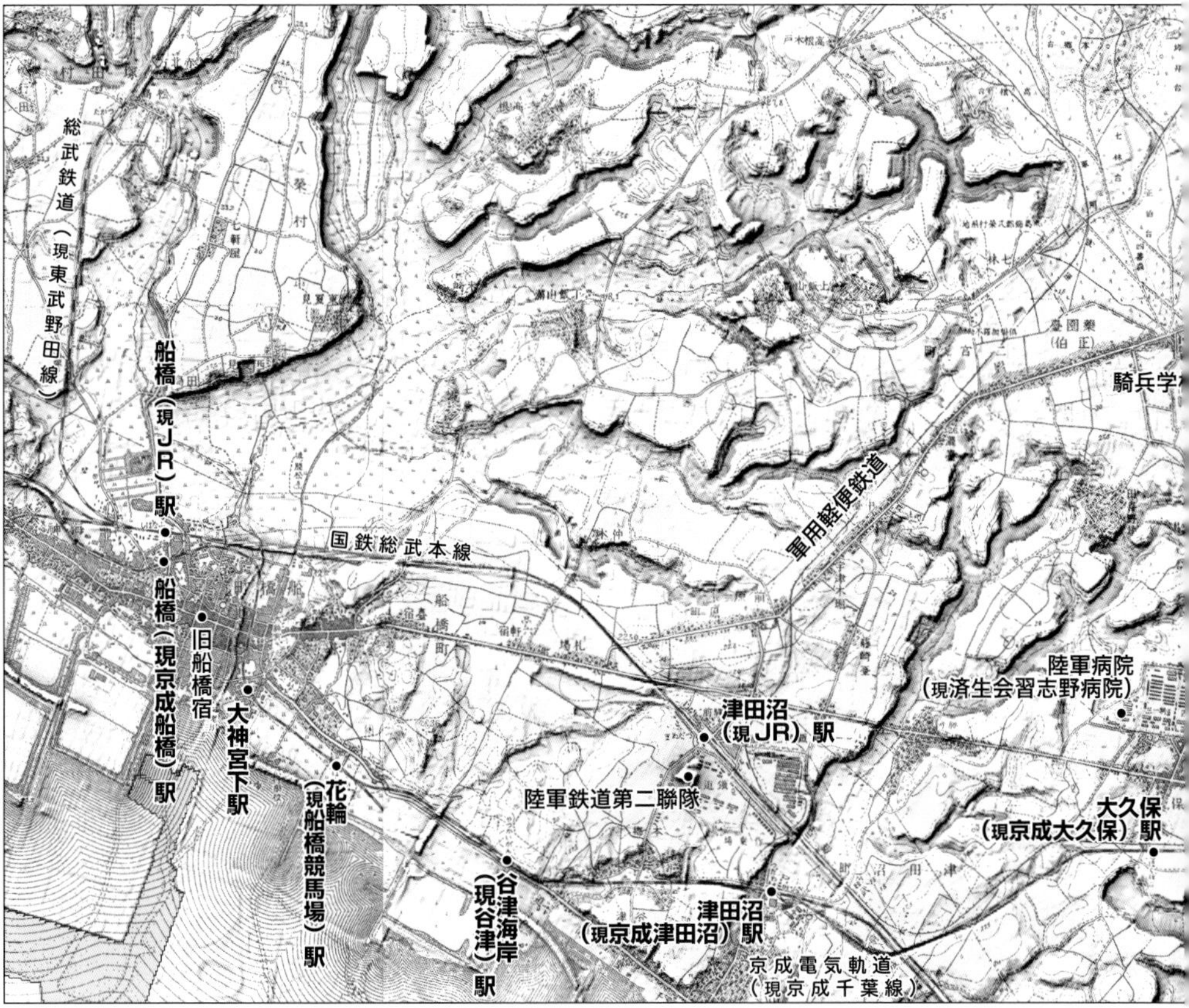

5

「絹の道」と横浜線

外貨獲得に貢献した街道と、沿線の軍事施設

江戸時代末期の安政五（一八五八）年六月、いわゆる鎖国が解かれ、横浜（神奈川）港が開港される。同港を通しての最大の輸出品目は生糸だった。幕末期、横浜港からの輸出品全体における生糸の比率は70パーセント以上にも達した。日本産の生糸が欧米から注目されたのは、この頃ヨーロッパで蚕の病気である微粒子病が流行し、生糸産業が大打撃を受けていたこと、及び日本産の生糸が安かったためである。

絹に関連する製品の生産過程を整理しておこう。桑の葉をやって蚕《かいこ》を育て（養《よう》蚕《さん》）、繭から生糸を繰り出し精錬して絹糸にして（製糸）、縞模様などの布に織る（織物）。なかでも生糸は明治から昭和初期にかけての長い間、日本の主要外貨獲得源となる。

養蚕業は、江戸時代中期から発達していたが、幕末以降輸出が盛んになるに連れ、東日本を中心に広く行き渡った。蚕は孵化してからひと月ほどで糸を吐き、生産者としては短期間で利益を得られるため、多くの農家で養蚕を行うようになった

➡絹の道の脇に立つ絹の道碑（道了堂跡前）

MAP ◆絹の道　鑓水峠周辺

のである。

東北地方、群馬県産の生糸は、利根川の舟運や海路などで横浜へと運ばれた。多摩地方、埼玉・山梨・長野（南部）産の生糸は、多くが八王子に集められ、そこから主に現在のＪＲ横浜線にほぼ並行する道（通称「浜街道」）で、横浜へと運ばれた。

生糸を運ぶために人馬が盛んに行き交った道は、「絹の道」と呼ばれるようになる。したがって絹の道と称される道は全国に何カ所も存在した。中国とヨーロッパを結ぶ東西通商路のシルクロード（絹の道）になぞらえて日本でも「絹の道」と呼ばれるが、正確にいえば、当時運んでいたのは主に生糸なので、「生糸の道」である。

八王子を中心とする多摩地方も蚕糸業や織物業が盛んだった。八王子から浜街道を通り横浜へ生糸を運んだ代表的商人として、鑓水《やりみず》商人と呼ばれた者たちがいた。鑓水は八王子市街南側の丘陵を一つ越えた一帯の地名で、生糸取引で富を築いた鑓水商人たちの屋敷が、浜街道に沿って数軒立っていた。

明治時代前期の例では、日本の輸出総額のうち、約40～50％が生糸を中心とした蚕糸《さんし》類が占めている（明治十二年の例では44％）。生糸輸出の大半が横浜港からだった。また日本全国から横浜への生糸売り込み量のうち、武蔵国での生産分が、明治十二年では約12％（二五万九〇〇〇斤＝一五五トン）も占めている（最も多いのは信州で28％）。武蔵国の生糸が横浜へと運ばれるのには、ほとんどが絹の道（浜街道）を通ったとされる。単純計算によれ

➡鑓水の集落。『F・ベアト幕末日本写真集』より

ば、鑓水商人が往来した絹の道で運ばれた生糸により獲得した外貨は、日本がその年に獲得した外貨の5％に達することになる。

絹の道（浜街道）は、八王子から南に向かい鑓水峠を経て柚木《ゆぎ》街道と交差して、現在の京王相模原線多摩境駅付近の平坦な台地へと出ていた。現在のＪＲ横浜線八王子―橋本間の二キロほど東側を南下するコースである。ＪＲ横浜線はこの丘陵地帯の峠を、八王子みなみ野―相原間の相原トンネルで越えている。

絹の道の鑓水峠南側約一キロの区間は、現在も人家のほとんどない山道で当時のたたずまいを伝え、文化庁による「歴史の道百選」に選ばれている。鑓水の集落には、生糸商人の八木下《やぎした》家屋敷跡に建てられた絹の道資料館もある。八木下家は「鑓水の石垣大尽《だいじん》」と呼ばれ、絹の道資料館の敷地にその石垣が今も残っている。

その先の浜街道は、町田駅（昭和五十五年の駅名改称以前は原町田）付近まで、丘陵の南端の下に沿って進んでいる。丘陵の直下は、飲料水や生活用水に利用できる湧き水が豊富にあるので集落が発達しやすい。昔の街道は、そうした所を選んで通っている。

すぐ南を丘陵に寄り添うように境川が流れている。境川はさほど大きな川ではないが、その名のとおりこの付近では東京都と神奈川県の境界をなしている。丘陵と境川に挟まれた狭い部分を絹の道がたどっている。

⬅鬱蒼とした木々に囲まれた道了堂跡

⬅八王子市街を見渡せる絹の道の鑓水峠

この付近の浜街道は、現在の町田街道になっている区間が多く、そこでは絹の道時代の痕跡は消滅している。だがところどころ旧道区間が存在し、そこではかつての絹の道の面影を残している。また境川の対岸に、脇街道のような役目として街道が伸びていた区間もある。

一方、この付近の横浜鉄道（現ＪＲ横浜線）は、境川を越えた先、神奈川県側の広々とした平地に線路が敷かれている。明治時代前半まで人家がほとんどなく、雑木林が続く中、畑が点在する程度だった。鉄道は目的地と目的地（横浜鉄道の場合は八王子と横浜）を短絡するため、沿線人口が少なくても雑木林や原野に敷くというパターンである。

さらに町田から先に進むと、当初鑓水商人などが往来した道は、現在のＪＲ横浜線沿い、恩田川から鶴見川沿いルートを取り神奈川宿へと向かっていた。

ところが江戸幕府が江戸の問屋の権利を守るため一八六〇（万延元）年「五品（雑穀・水油・蝋《ろう》、呉服・生糸）江戸廻送令」を出す。すると幕府の規制を避けるために、生糸を運ぶ道は、生産地と横浜を、より直線的に結ぶ現在の国道一六号沿いのルートへと変わる。現在の相鉄本線鶴ヶ峰駅付近に出て、そこから先は相鉄本線に沿ったルートで横浜へと向かっていた。

鑓水商人の盛衰に関しては、陸運の革命的変革という点で、興味深いものがある。彼らは明治二十年頃には没落してしまう。通常、鉄道の開通により大転機が訪れるのだが、甲武鉄道（現・ＪＲ中央線）の開通が明治二十二年、横浜鉄道（現・ＪＲ横浜線）八王子―東神奈川間の開通が明治四十一年なので、鑓水商人の没落はそれより早い。

原因として、一つは生糸相場での投機の失敗、もう一つは電信の普及により、横浜での生

鑓水にある絹の道資料館➡

糸相場が全国同時に得られるようになったことが挙げられている。生糸の値段は、欧米での需要状況、それに投機筋の意向などで変動した。鑓水は生糸の集散地としては全国的に見ても筆頭といっていいほど横浜に近く、相場を早く知り、それに合わせて生糸を迅速に運び出して売ることができた。横浜との間で、のろしの合図で相場をいち早くキャッチしていたとの説もある。ところが電信の普及で、そうした鑓水の地の利が失われてしまった。鑓水商人は「電信という情報革命に対して有効な対応策を打ち出せなかった」（石井寛治『維新経済史再考』）わけである。さらに機械製糸の大工場が大資本家の手によりできていき、それには対抗できなかった。

八王子と横浜または川崎を結ぶ鉄道は、甲武鉄道新宿―八王子間開業より三年前の明治十九年段階で、すでに出願されている。発起人には横浜や八王子、それに甲州の生糸商、財界人などが名を連ねていた。だがこのルートの路線は、なかなか許可が下りなかった。軍事貨物輸送上も重要なので、国有鉄道にすべきだと政府が考えたためである。現在のＪＲ横浜線の開業は、前述のように類似ルートの最初の出願から二〇年以上経った明治四十一年となる。東神奈川―八王子間の全区間が同時に、私鉄の横浜鉄道として開業した。

横浜鉄道は開業二年後の明治四十三年には鉄道院借り上げとなり、大正六年には正式に国有化され国鉄横浜線となった。後に沿線には広々とした土地が続いていたこともあり、陸軍相模造兵廠（最寄駅相模原）、陸軍兵器学校（同淵野辺）、陸軍通信学校（同町田）、田奈弾薬庫（同長津田）などができていく。

⬅絹の道と並行して伸びる横浜線相原トンネル（八王子みなみ野―相原間）

⑥ 大正十二年関東大震災

東京下町一帯が焼け野原に。鉄道も重大な被害が多発

大正十二（一九二三）年九月一日午前十一時五十八分、関東大震災が発生した。震源域は神奈川県南西部から三浦半島、房総半島南部一帯で、マグニチュードは七・九。都心周辺は震度五～六、神奈川県南西部などでは、現在の震度で七相当とされる揺れが襲った。死者・行方不明者は約一〇万五〇〇〇人、そのうち火災による死者が約九万一〇〇〇人にのぼった。東京の火災は翌々日に鎮火するまで延焼を続け、横浜、横須賀、小田原でも大火災が起きた。東京では人々が、「安政の大地震」（一八五五年）と、「明暦の大火」（一六五七年）とが同時にやってきたような惨憺たる有様と語り合った。

〈帝都大震火災系統地図〉

１３４ページの図は、関東大震災での東京市の火災被害を示すものである。矢印は延焼の方向（風向きとほぼ等しい）、点在する赤丸は火元を示す。また、焼けた時間帯を色で区別している。

➡関東大震災での大火災、数寄屋橋（有楽町駅付近）から見た猛火。左上写真は警視庁

東京東部の低地がほぼ全域にわたって大火災に飲み込まれている。鉄道路線でいえば南は浜松町付近から北は上野付近まで、東は錦糸町付近から西は飯田橋付近までが焼けている。上野駅が九月一日は焼けなかったのに、二日になって東から猛火に襲われたのも分かる。

代表的な被害例として上野駅の様子を見ておこう。当初は上野付近に大規模火災が起きなかったので、多数の避難民が上野駅構内や上野の山へと押し寄せた。上野の山周辺は五十万人と推定される避難民で埋まった。

翌二日、風が東向きから西向きへと変わり、浅草方面から大火災が上野へと迫ってきた。避難列車へ乗車するのを待っていた上野駅構内の避難民は、押し合いへし合い一斉に上野の山へと向かった。上野駅前では、停電で動けなくなった市電車両を数台、わざと横倒しにした。車体は木製なので可燃物だが、台車は鉄製なので燃えない。火がやってくる方向に台車を向けてそれをバリアにして上野駅と車両そのものの延焼を防ごうとしたわけである。

火勢は猛烈で、二日夜には横倒しの市電車両はもとより上野駅の駅舎もホーム上屋も全焼してしまった。だが広い構内のおかげで火の勢いはやや弱まり、背後の上野の山の木々や建物に火が付くことはまぬがれた。大火災はここで食い止められ、避難民が無事だったのは不幸中の幸いだった。

⬅避難民でいっぱいの日暮里駅

関東大震災での東京の火災エリア（帝都大震火災系統地図　東京帝国大学罹災者情報局編・市政専門図書館蔵）

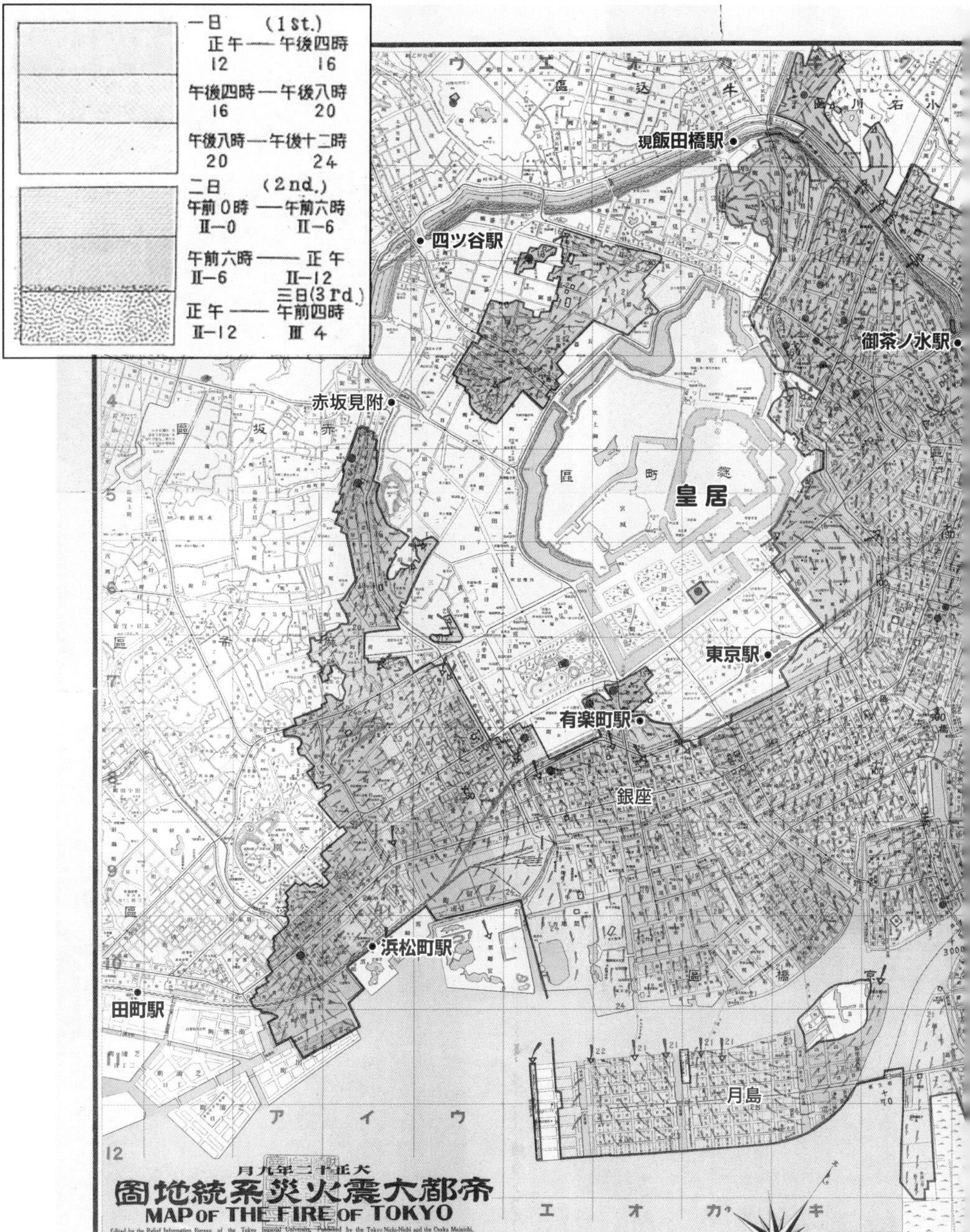
一日 (1st.)
正午──午後四時
12 16
午後四時──午後八時
16 20
午後八時──午後十二時
20 24
二日 (2nd.)
午前0時──午前六時
II−0 II−6
午前六時──正午
II−6 II−12
三日(3rd.)
正午──午前四時
II−12 III 4
現飯田橋駅
四ツ谷駅
御茶ノ水駅
赤坂見附
皇居
東京駅
有楽町駅
銀座
浜松町駅
田町駅
月島
大正十二年九月
帝都大震火災系統地圖
MAP OF THE FIRE OF TOKYO
Edited by the Relief Information Bureau of the Tokyo Imperial University, Published by the Tokyo Nichi-Nichi and the Osaka Mainichi.
火元 denotes places where fires originated
火ノ手 denotes the direction in which the fires spread.
飛火 denotes places destroyed by flying sparks.
屍体累積地 (数字ハ其数) denotes where many died. (Figures show the number of the dead).
緑色ノ数字ハ焼ケ始メ時刻ヲ示ス(二十四時制) Figures in green show the exact time at which the houses took fire. (Continental time).
地震後一時間以内ニ発火セル火元ハ時刻ヲ示サズ The origins of fires which followed the earthquake within one hour of the first shock are not accompanied by any figures of the exact time.

秋葉原駅の東側、白く窓のように空いているエリアは佐久間町で、ここは協力しての防火活動がうまくいき焼けなかった。その北では、浅草寺境内も一部を除き無事だった。その北側、火元を示す赤丸が数多くある一郭が遊郭のあった吉原である。隅田川の河口付近では佃島が焼けていないのが目立つ。

　地形と照らし合わせながら火災範囲を見ていくと、隅田川両岸の東京低地一帯のほか、大手町、神保町、飯田橋にかけての日本橋川沿いの谷筋、及び虎ノ門、溜池から赤坂見附にかけての旧外濠沿いの谷筋が焼けている。一方、台地では御茶ノ水付近の本郷台地と千鳥ヶ淵の西側、現・千代田区一番町と三番町付近だけが例外的に焼けたくらいである。それ以外、たとえば四谷、赤坂、芝周辺など当時でも木造家屋の多かった地域だが、台地上はほとんど広域火災に見舞われていない。なお上野不忍池の西側、帝国大学（現・東京大学）の校内に火災が発生しているが、これは棚から落ちた薬品から発火したものなどだった。

　また東北線王子―田端―上野間など台地の崖下を通る区間で、崖崩れなどで普通になった箇所はない。都心付近の線路

で崖が崩れて被害が出たのは、中央線御茶ノ水―水道橋間、神田川の谷の部分だけだった。

　武蔵野台地上と東京低地とで、これだけ被害に相違が出たのは、第一に東京低地の方が木造家屋が密集していたことによる。東京低地にあるエリアでもコンクリートのビルが点在していた丸ノ内周辺は焼けていない。

　もう一つの重要な理由として、東京東部低地は台地上より地盤が軟弱のため、揺れが激しかったことが指摘されている。同じような木造家屋にもかかわらず倒壊率が地域によって異なり、これらのデータから地域ごとの震度の推定研究が行われている。隅田川の東側や水道橋駅の南側の日本橋川沿いなど震度六強（一部で七）相当の被害が出ているのに対し、御茶ノ水駅付近の台地上などでは震度五程度の揺れの被害となって

➡東京駅第三ホームの被害。写真奥、ホームの屋根が落下。写真右の荷物車が停まるのはホーム北端の引込線

⬆上野駅。地震発生翌日になって大火災が迫り客車、機関車ともども丸焼けとなった姿

いる。

　東京周辺での列車の被害はどうだっただろうか。東海道線（東京—沼津間）では地震発生時、運行中だった二十八本の列車のうち十七本が脱線や転覆してしまった。それらのほとんどが震源域に近い横浜より西を走っていた列車だった。横須賀線（当時は大船—横須賀間）、熱海線（現・東海道本線国府津—真鶴間）は全列車が被災し、北条線（現・内房線蘇我—江見間）も房総半島南部を走っていた列車は二本とも被災した。

　一方東京府内での山手線、中央線、京浜線（現・京浜東北線）を走行中の電車では、脱線したものは一本もなかった。私鉄各社も府内での被害は軽微のものだった。ただし東京市電は所属車両一九〇五両のうち七七九両もが火災に巻き込まれ焼損・大破している。

➡東海道線（現・御殿場線）下曽我—松田間、激震で機関車が脱線

➡東海道線平塚—大磯間、地震発生直後に水田に転落した浜松発東京行き普通列車

7 震災からの帝都復興

放射線と環状線の道路網、環七・環八も計画

大地震の翌日、第二次山本権兵衛内閣が成立し、内務大臣に後藤新平が就任した。後藤はそれまでに南満州鉄道総裁、内閣鉄道院総裁、東京市長などを務めていて、都市計画に強い関心をもっていた。震災を都市改造の絶好の機会と捉え、すぐに東京復興の四方針を明らかにした。それは、一、遷都を否定　二、復興費に三〇億円をかける　三、欧米の最新の都市計画を適用する　四、都市計画実施のために地主に対し断固たる態度を取る（施行の徹底と不当利益を許さない）、というものだった。

後藤がめざしたのは、復旧（旧来の状態に戻す）ではなく、復興（抜本的な都市改造）である。復興費三〇億円という金額は、当時の国家予算（一般会計）の約二倍にあたる額で、しかもそれを日本全国ではなく東京や横浜周辺だけに適用しようというものである。

後藤は復興計画の策定と事業推進のために帝都復興院を設立し、自ら総裁を兼務した。幹部職員には内務省、鉄道省の後藤派ともいえる実務家を要職に据

⬅銀座中央通りの惨状。市電も停電で動けないまま全焼となった

復興局公認　東京都市計画図　昭和４年（市政専門図書館蔵）

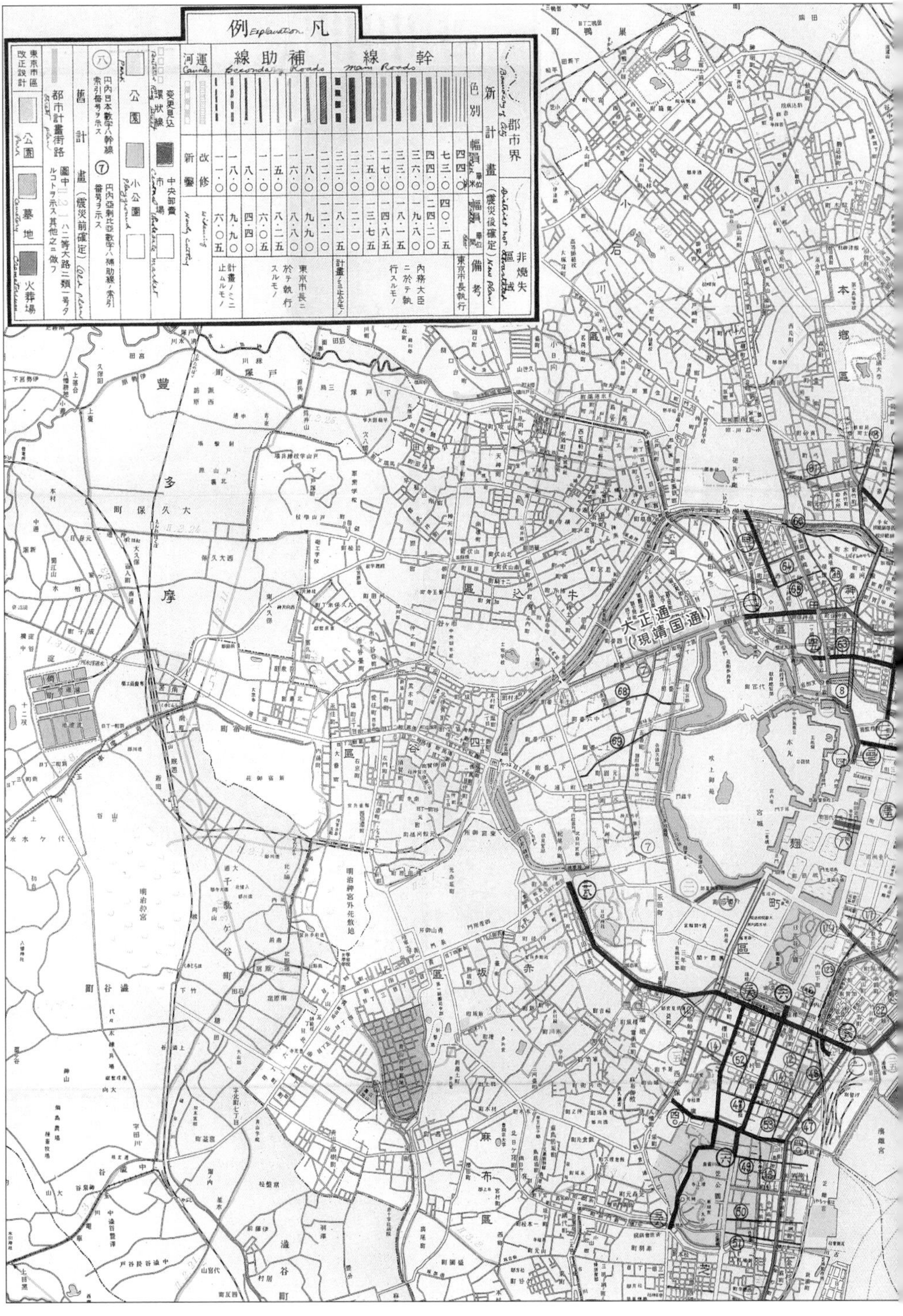
凡例 Explanation
幹線 Main Roads
補助線 Secondary Roads
運河 Canals
都市界 Boundary of City
新計畫（震災後確定）
非焼失區域
色別
幅員
備考
東京市長執行
内務大臣ニ於テ執行スルモノ
東京市長ニ於テ執行スルモノ
計畫ノミニ止ムルモノ
改修
新鑿
公園
小公園
環狀線
市場
中央卸賣市場
舊計畫（震災前確定）
東京市區改正設計
都市計畫街路
公園
墓地
火葬場
豊多摩
大久保町
牛込區
四谷區
赤坂區
麻布區
麹町區
小石川區
本郷區
芝
大正通
（現靖国通）
新宿御苑
明治神宮外苑敷地
千駄ヶ谷町
澁谷町

え、都市計画と耐震工学に関して建築界の第一人者だった佐野利器《としかた》を東大教授のまま建築局長に迎え入れた。

当初の復興計画は、既成市街地に区画整理を導入し、裏路地の撤廃、市の中心部から放射状に伸びる道路と環状道路双方を多数建設、幹線道路幅員の四〇間（約七三メートル）化、広場の設置、ヨーロッパの公園を模範とし防災機能ももつ都市公園の造成、上下水道の改善、東京築港と東京―横浜間の京浜運河の建設といった大がかりのものだった。

こうしたプランに対し、政界長老クラスで構成されている帝都復興審議会から、誇大妄想であると反対意見がなされた。枢密院の重鎮であり銀座の大地主でもある伊東巳代治が反対派の急先鋒で、地主の土地のタダ取りであると猛反対した。震災前年の総理大臣で震災時に立憲政友会総裁だった高橋是清も不支持に回った。そのため予算は五億七五〇〇万円にまで縮小されてしまった。

後藤は梯子《はしご》を外《はず》され政府も威信を失う形となった。側近からは議会解散や辞職といった強硬論も出たが、後藤は耳を貸さず忍従して予算を受け入れた。大幅に規模が縮小されたとはいえ、それでも国家予算の四割近い額である。長年の懸案だった都市改造は、焼失区域に限ってだが達成させている。

➡焼け野原となった日本橋一帯。道路上に焼けた市電の姿も

〈復興局公認　東京都市計画図（昭和四年）〉

１４０ページの図では、汐留から上野まで焼失地を南北に貫く太い青線の通りが目立つ。幅員四四メートルへと縮小されたものの広いグリーンベルトを有し震災復興の象徴にもなった昭和通りである。昭和通りは上野から先も幅員三三メートルで三ノ輪（常磐線の線路と交差する手前）まで続く。とくに都心部にあたる汐留から秋葉原付近までは、既存の道路を拡幅するのではなく、ほとんど道路がまったくなかった所につくられている。

東西の軸としては、大正通り（現・靖国通り）が、隅田川両国橋から市ケ谷駅前まで幅員二七～三六メートルでつくられている。震災復興計画では昭和通りを第一号幹線、大正通りを第二号幹線と名付けている。

このほか象徴的なものとしては、皇居から東京駅方面へと向かう行幸通りが、当初の計画どおり幅員七三メートルでつくられた。

隅田川の両岸一帯の下町では、明治時代に市街化の波が押し寄せた時、それまでの曲がりくねったあぜ道をそのまま道路にして街並みが形成されていた。同図ではそれらのほとんどが区画整理により一掃され、碁盤の目のような道路網が計画されているのが分かる。それらは後に戦災にも遭うが、市街地の形態やインフラ整備は今日までほとんど変化していない。現在の状況は関東大震災の帝都復興の状態のままで停止しているともいえる。

道路以外でもわが国初のリバーサイドパークとなった隅田公園と浜町公園、そのほか錦糸公園といった都市公園の整備や、鉄筋コンクリート建築（不燃構造）の小学校であ

←工事中の大正通り（現・靖国通り）九段坂

る復興小学校（約一二〇校建設された）、同じく鉄筋コンクリート建築の集合住宅である同潤会アパートなどが誕生している。

一方、大震災で焼けなかった地区、すなわち山手線の内側の大半、言い方をかえれば武蔵野台地上では、当初計画された幹線道路や大公園は、その多くが事業としてはずされた。１４０ページの復興局公認東京都市計画図（南と北をカット）は、東側半分には道路網が綿密に描かれているのに対し、左側半分にはまったくといっていいほどそれらがないのは、こうした事情を示している。

〈大東京都市計画道路網図〉

前記のほか昭和二年の都市計画で、郊外の幹線道路網が決定された。環七、環八はこの時の計画である。震災前は雑木林や畑だった所がほとんどで、同年は、郊外の宅地化、市街化が急速に始まった段階である。用地買収は難航して長年にわたり、環七の全線開通は計画以来約六〇年後の昭和六十年、環八は平成十八年となった。

１４６ページの図は大正末期にまとめられた都市計画が記されている。これまで記してきたことも含め整理すると、

・東京東部低地を中心とする焼失地一帯は、震災復興計画を適用
・焼失地の西側、いわゆる山手で現在の山手通り（環状六号線）の一部までは、震災前から

➡竣工した大正通り（現・靖国通り）。九段坂上から

の道路計画が中心

・それより郊外を含めた大東京エリアは、幅二二メートル以上の放射道路一六本と環状道路を八本整備し、それと共に補助的な道路を一〇〇本以上建設する計画を設定

大東京エリアとは、昭和七年、それまでの東京市（一五区）から五郡隣接八二町村を合併して二〇区とし、合計三五区としたエリアで、これは現在の二三区内とほぼ一致する。

環状一号～六号線は、既存の道路を必要な部分だけ新設して環状線として数字を割り振った（216ページ地図参照）。

⬅震災復興で整備された昭和通り。秋葉原上空から上野方面を望む。昭和五年頃

環状第一号線（日比谷通り、内堀通りなど）

環状第二号線（環二通り、外堀通りなど。近年ウォーターフロント側に虎ノ門から築地、豊洲を経由して有明までも伸びている）

環状第三号線（外苑東通り、播磨坂桜並木、言問通り、三ツ目通りなど）

環状第四号線（外苑西通り、不忍通り、道灌山通り、明治通り、丸八通りなど）

⬅隅田川沿いに震災復興事業としてつくられた浜町公園

復興局編　大東京都市計画道路網図　大正15年（市政専門図書館蔵）

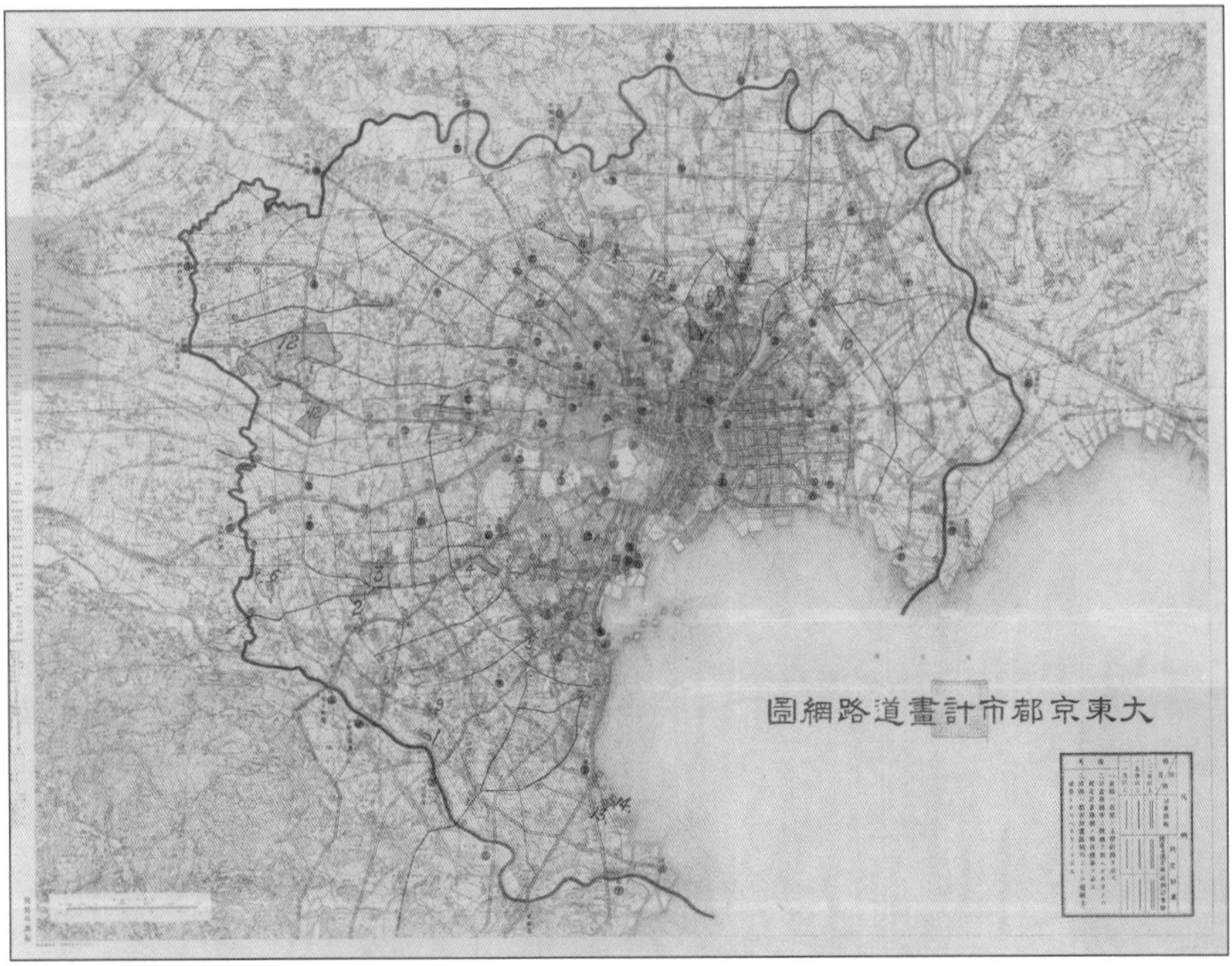

環状第五号線（明治通りなど）

環状第六号線（山手通り）

現状では、たとえば環状三号・四号線の場合、山手線内エリアでもつながっていない区間が長い。このように当時の道路計画は現在でも完成していない箇所が多数ある。道路計画の難しさを表わしているわけだが、もう一方では、昭和の戦後、昭和通りのグリーンベルト地帯などを首都高速に転用（江戸橋ー入谷間）したり、隅田公園の一部に首都高速を通したりなど、震災復興の成果を食いつぶす形での都市開発を行っている場所もある。

➡復興小学校として建設された泰明小学校校舎（中央区銀座）

➡青山同潤会アパート（表参道）

⑧ 赤煉瓦駅舎・万世橋駅の凋落

モダニズム輝く聖橋
震災復興の光と影

震災復興事業により街が大きく変わった例として、御茶ノ水・神田付近を見てみよう。149ページの地図は、前掲の「復興局公認 東京都市計画図」の同エリア付近である。太い青色、赤色、黄色の道路が新たに建設したり既存の道路を大幅に広げたりする計画道路、それ以外の道路が既存の道路である。

〈本郷通りと聖橋〉

小川町交差点から御茶ノ水駅方面へ、道路がなかった所に太い黄色線が延び、現・本郷通りが計画されているのが分かる。御茶ノ水駅東口地点で、神田川と中央線、外堀通りを一気跨ぐためにつくられるのが聖橋である。ニコライ堂と湯島聖堂という二つの聖堂を結ぶことからこの名が付けられた。橋長七九メートルのうち川の上に架かるアーチ部の長さは三六メートルで、昭和二年の竣工当時、国内では最大級の鉄骨コンクリートアーチ橋だった。

⬅ 現在の聖橋

⬅ 竣工の頃の聖橋。現在見えない両端のアーチの様子が分かる

震災復興で建造された橋は、隅田川の九つの橋をはじめとして、帝都復興にふさわしいものになるように、それぞれが個性的な意匠とする方針が採られた。聖橋は、開腹部にも左右四つずつのパラボラ型アーチが設けられていながらもシンプルな印象を与えていて、モダニズムを強く感じさせる。

〈昭和通りと大正通り〉

地図右端付近を青の太線で南北に、前述した昭和通りの計画線が伸びている。神田川より北側は市電の通る既存の通りを拡幅する計画だが、南側ではそれまでの狭い道とまったく関係なく計画している。東西に延びる大正通り（現・靖国通り）も、淡路町交差点から東は、それまでの道とは関係なく建設するルートになっている。

万世橋駅——震災復興により東京有数の繁華街からの凋落

震災復興計画により、逆の意味で大きな影響を被ってしまったのが、万世橋駅周辺であ

➡震災前の万世橋駅舎。駅前に立つ軍神・広瀬武夫の像も有名だった

➡震災前、万世橋駅前の賑わい

➡震災後の万世橋駅。ホームの屋根が落ち、駅舎の屋根は焼失している

る。第一章で述べたように万世橋駅は現在のJR中央線御茶ノ水—神田間にあり、明治四十五年の開業時から大正八年までの間は、中央線の始終点駅だった。

同駅は、明治十五年、新橋—上野間に初めて鉄道馬車が通った道（現・中央通り）が線路とクロスする所につくられている。まさにターミナルの地としてふさわしい立地である。

同駅開業は東京駅開業の二年半ほど前であり、万世橋駅舎は開業時、東京で最も豪華な西欧風建築だった。外壁には東京駅赤煉瓦駅舎と同じ赤煉瓦と白の花崗岩《かこうがん》の組み合わせを採用していた。全体に東京駅をやや小ぶりにした印象である。同様の赤煉瓦駅舎が建設されたのはこの他新橋駅だけなので、当時の鉄道院（後の鉄道省）が万世橋駅をいかに重要なターミナルとみなしていたかがうかがえる。

駅前には市電の須田町停留場があり、ここから東西南北各方面へ市電路線が伸びていた。駅前広場には、日露戦争で部下を助けようとして戦死し軍神と崇められた広瀬武夫像が立ち、赤煉瓦駅舎とこの像により、東京の新

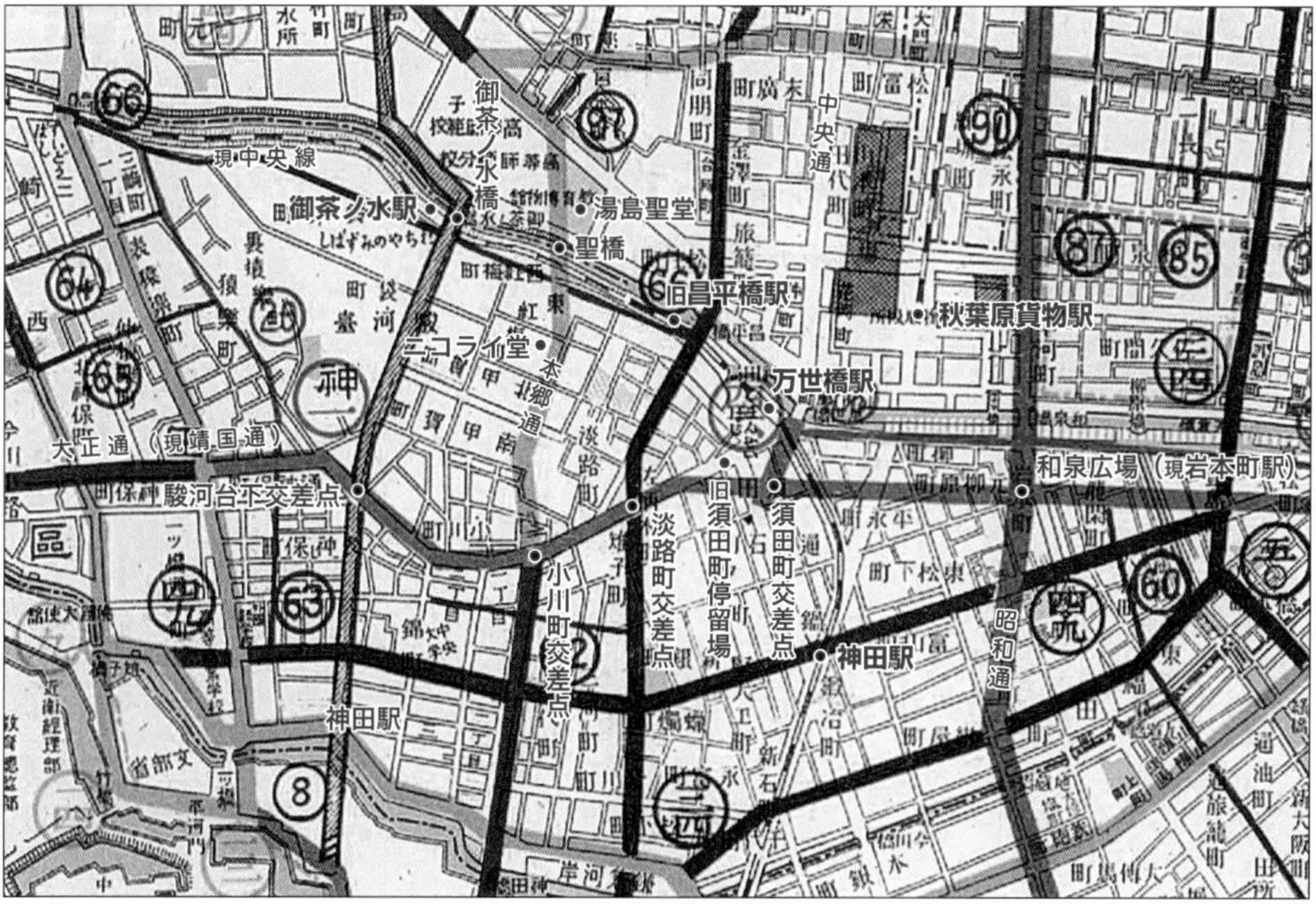

御茶ノ水・万世橋の復興（「復興局公認　東京都市計画図」より　市政専門図書館蔵）

名所ともなっていた。

大正八年、万世橋―東京間が開通し、新宿方面からの電車は万世橋が終点ではなくなり、東京駅へと乗り入れるようになった。それでも万世橋駅付近の賑わいは減ることはなかったようだ。関東大震災の三カ月前にあたる大正十二年六月七日に行われた市電乗客調査では、当日の須田町停留場の乗降客は二万三五九一人で、東京の全市電停留場中で八位にランクインしている。一位から七位までを順に挙げると、浅草雷門、大塚駅前、日本橋、神保町、渋谷駅前、錦糸堀（錦糸町）、日比谷公園となる。九位は銀座四丁目、一〇位は上野広小路であり、須田町が東京の中でも有数の繁華街だったことが分かる。

同年九月一日に発生した関東大震災での広域火災により、万世橋駅舎は外壁を残して全焼してしまった。赤煉瓦建築なのになぜ焼けたのかというと、火災に追われた避難民が万世橋駅に殺到したためだった。人々は背負える限り大量の家財を背負い、または荷車に乗せたりして駅舎の中、駅前広場へと避難してきた。駅

⬆ 万世橋駅（写真左）と昭和七年に開通した総武線の高架橋

の周囲や駅中に置かれた荷物に火が付いてしまい、駅舎内部へと火が回った。

駅舎は無残なことになり、その後応急復旧的な駅舎が建てられたが、震災前の華やかな駅舎には遠く及ばなかった。これだけの被害を受けたにもかかわらず、万世橋駅付近の賑わいは、しばらくの間変わらなかったようだ。

大正十四年六月三日に東京市が行った各繁華街交通量調査では、朝六時から夕方六時の間、最も歩行者数が多かったのが東京駅前（一六万七九七〇人）だったのに対し、万世橋駅前の須田町はなんと二位に入り、以下浅草仲見世前、渋谷駅前道玄坂下、新宿駅前、銀座四丁目交差点、上野駅前と続いている（『日本地理大系』より）。須田町以外は今でも皆、大繁華街である。

そうした万世橋駅付近から賑わいを失わせた大きな原因の一つが、震災復興計画による道路変更だった。１４９ページの地図が示すように、万世橋駅付近を南北に走る中央通りが大幅に拡幅され、万世橋駅前広場

には立ち寄らずショートカットする形となった。東西には大正通り（現・靖国通り）が新たにつくられ、この二つの大通りの交差点が新たな須田町交差点となり、市電の須田町停留場もそこへ移動した。駅前にあった停留場・交差点が約二〇〇メートル先へと離れてしまったのである。

道路の拡幅移転完成後の昭和四年六月十三日に行われた市電乗客調査では、須田町停留場乗降客数が、六年前に比べて半分近くの一万三七〇六人まで減ってしまった。中央線から市電への乗換え客が、不便となった万世橋駅ではなく他の駅利用となり、それに連れて賑わいも失われていったのである。

昭和五年一月、東京地下鉄道（現・東京メトロ銀座線）が上野から万世橋（仮）まで延伸してきた。昭和二年に浅草―上野間が開業しているので、万世橋から浅草まで地下鉄で直通できるようになった。だがそれもつかの間、昭和六年十一月に地下鉄は神田まで延伸し、それに伴い万世橋（仮）駅は廃止されてしまった。昭和十一年、利用者の減った駅構内高架橋の一部なども利用して、鉄道博物館がオープンしている。だが駅利用者は少ないままだったようで、戦時中の昭和十八年、万世橋駅は営業休止とされてしまう。

戦後、鉄道博物館は交通博物館となり、平成十八年まで同所で開館していた。その後平成二十五年、同駅の高架橋下が耐震補強と共に整備され、マーチエキュート神田万世橋という名の商業施設が誕生した。高架下の階段からホームに上がる付近は、往時の姿が偲べるようにメインテナンスされている。かつてのホーム上に開業したカフェからは、間近を通過する中央線電車を見ることができる。

➡神田川沿いに煉瓦アーチが続く旧万世橋駅の高架橋

➡現在はマーチエキュート神田万世橋となった旧万世橋駅

第3章

昭和初期前後～現代

環状道路、首都高と私鉄新線・未成線

郊外電車の誕生から現代まで

①「郊外電車」の時代が到来

江戸時代の街道沿いの私鉄からの大転換

関東大震災は、東京という都市の生態を大きく変貌させた。焼け野原となった東京下町から、多くの人々が郊外へと移り住んだためである。この時代の東京の郊外とは、東京市外、大雑把にいえば、山手線の西側半分の沿線とその外側である。当時の東京市は一五区からなり、震災後も一五区の人口は二〇〇万人前後で震災前とさほど変わらないのに対し、郊外部分は、激しい人口増加に見舞われた。たとえば当時市外だった荏原郡、豊多摩郡、北豊島郡（いずれも現在の二三区内の一部）の合計人口は、大正九年では約九一万人だったのに対し、震災二年後の大正十四年では、約一六七万人にまで激増している。

それと相前後して、私鉄各社が、郊外への路線を開業させていった。これにより東京の鉄道網は、市内一五区は市電（路面電車）、市内の西側外周は山手線、郊外は主に私鉄の郊外電車という棲み分けができあがった。それと共に、ターミナルとなった渋谷、新宿、池袋が発展を遂げていく。その図式は、現代において市電が地下鉄に変わっただけといえる。

東京の郊外に伸びる鉄道にとって、じつは震災前の大正時代半ばから転機の芽が生じていた。それをはっきりさせるために、震災前の私鉄の特徴を整理しておこう。

➡新宿駅東口、大正十四年竣工の駅舎。『新宿の1世紀アーカイブス』より

第一の特徴は、前述のとおりその多くの区間が江戸時代以来の街道沿いに敷かれ、それまで街道を往来していた人々を主な乗客として想定していた点である。

第二の特徴として、貨物輸送も経営の大きな柱としている例が多かったことが挙げられる。また、沿線の工場や家庭に電力を売電することも大きな収入源としていた鉄道会社もあった。当時の電力事業は、現在のように東京の例なら主に東京電力が発電、送電、家庭に配電と一貫して電力事業を行っているのではなく、中小を含めた電力事業社が乱立していた。鉄道会社の一部では、送電、配電を行っていた（発電を行っていた鉄道会社もある）。

具体的に、震災以前の主な私鉄各社に関して、近くを並行する街道と旅客以外の経営の柱を挙げると以下のとおりである。

京浜電気鉄道（現・京急）…東海道、売電事業
玉川電気鉄道…大山街道、多摩川で採掘の砂利輸送
京王電気軌道（現・京王線）…甲州街道、売電事業、多摩川の砂利輸送ほか
武蔵野鉄道（現・西武池袋線）…清戸道、貨物（農産物、生糸、肥料など）輸送
東上鉄道…（現・東武東上線）…川越街道、貨物（農産物、生糸、肥料など）輸送
東武鉄道（現・東武伊勢崎線）…日光街道、貨物（農産物、生糸、肥料など）輸送
京成電気軌道（現・京成押上線、本線）…佐倉街道など、売電事業

一方、震災後に開業する東京の私鉄は、山手線ターミナルと郊外の住宅地を高速で結ぶことを主な目的とする。東京郊外の住宅地開発は、震災前の大正時代半ばから始まっていたが、それが急速に進む。開発の主体は、鉄道会社が関わっていた例も数多い。

⬅浅草（現・とうきょうスカイツリー）駅。大正13年電化完成当時。『東武鉄道百年史』より

② 田園都市（現・東急電鉄）

田園調布・洗足・大岡山の高級住宅地開発と大学誘致

震災前から沿線で分譲地開発を行っていた代表格といえば、田園調布の開発で有名な現在の東急電鉄が挙げられる。

東急電鉄のルーツは、渋沢栄一が中心となって大正七年に設立した田園都市株式会社へとさかのぼる。設立の趣旨は、「わが国にもイギリスにおける田園都市のように町ぐるみ公園といったものをつくって、都会生活に潤いを与えたい」というものだった。ちょうど、大正四年から同九年三月まで続く第一次世界大戦景気に沸いていた真最中である。

東京下町の河川や、古川・目黒川沿いの低地を中心に各種工場が立地するようになった。東京市部の過密化が進み、住宅難による郊外への人口流出の傾向が現れ始める。当時郊外へ住宅を求めたのは、職住分離が可能な資産家階級や会社員、公務員、軍人、学者、芸術家たちだった。田園都市株式会社は、そうした人たちを住人に想定して開発を進めていく。

同社は、住宅地の開発には鉄道が不可欠であると考え、途中紆余曲折があった

➡旧田園調布駅舎。開業当初に復元されて地下駅の上に立つ

が、大正十一年に鉄道部門を分離独立させて、目黒蒲田電鉄を設立する。この時同社の専務についたのが、後の東急グループの創始者、五島慶太である。

田園都市株式会社が創業時に入手していた土地は、洗足、多摩川台、大岡山の三カ所だった。大正十一年六月に洗足地区、翌十二年八月に多摩川台（田園調布）地区で土地の分譲売り出しを開始した。駅前広場を核として広い道路、公園、電気や水道などのインフラが整備されている分譲地は、後述する目白文化村などの例を除けば東京になかった時代である。

洗足地区は、現在の東急目黒線洗足駅付近で、東に立会川の谷、南に洗足池の低地をのぞむ高台に位置している。その台地上も緩やかなアップダウンがある。現在では土地の細分化が進んでいるが、同地を歩いていると時折昔のままの区画の広い屋敷に出会う。庭に桜の古木のある住宅が点在しているのも印象的で、こうした姿が街並みに風格を与えている。

現在高級住宅地の代名詞的存在となっている多摩川台（田園調布）地区は、アメリカ・サンフランシスコ郊外の住宅地セント・フランシス・ウッドをモデルにして整備された。渋沢栄一の四男秀雄が欧米の田園都市の視察旅行をした際、土地に起伏があって樹木も多く、中心にはパリの凱旋門にあるエトワール式道路が伸びている同地をとくに気に入ったためだった。

駅前広場を中心として各方面へ伸びる放射状道路と環状道路の組み合わせにより、各住戸から駅へと最短距離でたどることができる。秀雄は「カーブのある道

⬅文化住宅と呼ばれた家が並ぶ田園調布の町並み（昭和五年頃）

は、ゆく手が見通せないから飽きずに歩け、人に好奇心を抱かせる」とも語っている。合理性と人の琴線にふれる要素と両方を持ち合わせた道路網というわけである。地形をよく見ると、分譲地内に弧を描いて一本の小さな谷があり、各環状道路はその谷に並行してつくられているのが分かる。分譲地自体は台地上に位置するのだが、その中でも秀雄の言葉を借りれば、好奇心を抱かせる起伏が生まれている。谷の一部は公園（宝来公園）として活用されている。さらに西端は多摩川を見下ろす崖となっていて眺めがいい。

MAP ◆東急（前身会社）による田園調布と洗足の分譲地。各分譲地の区画線はおよその区域を示す（ベースの地図は「今昔マップ首都圏 1927 ～ 1939」より作成）

多摩川台（田園調布）分譲地売り出しの六カ月前にあたる大正十二年三月、目黒蒲田電鉄は、現在の東急目黒線と多摩川線の一部にあたる目黒―洗足―調布（現・田園調布）―丸子（現・沼部）間を開業させた。国鉄ターミナル（目黒）と分譲地を結ぶもので、東京で初めてターミナルと郊外住宅地とを高速で結ぶいわゆる「郊外電車」を誕生させたわけである。

当時の目黒蒲田電鉄は、社員一五〇人ほどの小さな会社であり、その路線も街道沿いを走る他の私鉄のように人が多く住む所を走るのではないため、沿線の人口が増える前に潰れてしまうのではないかという声も聞かれた。

そこへ起きたのが同年九月一日の関東大震災である。家屋が密集した下町での火災の恐ろしさを身に染みて感じた人が多く、震災の直後から、郊外へと移住する大きな流れが起きた。地盤の関係で揺れやすい下町に比べ、武蔵野台地内は揺れが比較的少なく、家屋倒壊などの被害も軽微だった。田園都市株式会社によって洗足地区に建てられた約四〇軒の住宅は、揺れによる最大の被害でも壁に亀裂が入った程度で、それがまた郊外住宅の注目を集めることとなった。

目黒蒲田電鉄では、すかさず新聞広告を打って、郊外の分譲地の宣伝につとめる。

「今回の激震は、田園都市の安全地帯たることを証明しました。都会の中心から田園都市へ！それは非常口のない活動写真館から、広々とした大公園へ移転することです。すべての基本である安住の地を定めるのは今です」

分譲せずに残っていた大岡山の土地は、震災で蔵前（現・台東区蔵前一丁目）の校舎が全焼した東京高等工業学校（現・東京工業大学）の誘致が成立した。

➡東急東横線・目黒線田園調布―多摩川間

目黒蒲田電鉄の経営難を予想する声も多かったなか、関東大震災は同社にとって決定的な追い風となった。東急の社史『東京急行電鉄50年史』には、関東大震災のことをこう記している。

「大被害をもたらした大地震ではあったが、結果からみれば、田園都市会社にとっては、まさに〝地震さまさま〟であった」

一〇万人以上が亡くなった大災害に、〝さまさま〟とはどうかと思うが、つい本音が出てこう書いてしまうほど、関東大震災は目黒蒲田電鉄に恩恵をもたらした。

目黒蒲田電鉄では、丸子（現・沼部）―蒲田間を震災二カ月後の同年十一月、大井町―大岡山間を昭和二年、大岡山―二子玉川間を昭和四年と開業させていく。また目黒蒲田電鉄は、路線免許を取得していながら第一次世界大戦後の反動不況で倒産寸前だった武蔵電気鉄道を傘下におさめ、東京横浜電鉄と社名を変え、目黒蒲田電鉄に接続させる形で、大正十五年に現在の東急東横線にあたる丸子多摩川（現・多摩川）―神奈川（現・反町）―横浜間の駅）間を開業、昭和二年には渋谷まで延伸させている。

昭和三年、田園都市株式会社は当初の目的を果たしたとして、目黒蒲田電鉄が同社を吸収合併する。その後、新丸子、元住吉、日吉、菊名などで住宅地を開発するだけでなく、沿線への学校誘致も熱心に行っている。慶應義塾大学に対しては日吉の社有地を寄付して誘致したほか、府立高等学校（現・東京都立大学）、東京府青山師範学校（現・東京学芸大学）、日本医科大学予科（現・日本医科大学武蔵小杉病院）などの誘致も次々と成功させている。

⬅多摩川台（田園調布）地区の南にある多摩川台公園

3 箱根土地（現・西武鉄道）

目白文化村、大泉・小平学園都市 堤康次郎による東急とは対照的な開発

大正時代から本格的に住宅地開発を行ってきた鉄道会社として、西武鉄道の例も見ておこう。同社も前身は箱根土地株式会社（以下箱根土地）という不動産開発の会社で、後に西武グループをつくりあげる堤康次郎によって大正九年に設立された。東急（田園都市）と西武（箱根土地）とは、そうした意味でルーツが一見よく似ているが、創業者である五島慶太と堤康次郎とでは、不動産開発の手法は対照的だった。

東急（田園都市）は、前述のように田園都市というコンセプトのもとに、大がかりなスケールで自社路線沿線を分譲地として開発していった。その戦略は後述するように戦後のニュータウン（多摩田園都市）開発へと引き継がれる。

それに対し西武（箱根土地）は、東急のように自社沿線という戦略

➡目白文化村の宣伝用絵葉書。ブランコのある庭の住宅などが並ぶ

をとらずに、不動産事業、観光事業を行っていく。こうした経緯は、箱根土地が戦後に国土計画、そしてコクドとなり、西武鉄道は平成十八年の西武グループ再編直前まで、コクドの子会社だったことを改めて認識させられる。

堤（箱根土地）が東京で行った最初の本格的事業が、目白文化村と名付けた分譲地の開発だった。場所は東京府豊多摩郡落合村下落合（現・新宿区中落合三・四丁目など）。現・西武新宿線中井駅からは、一の坂～五の坂を上った先である。

売り出しは、大正十一年から十四年の四回にわたって行われた。計約三万坪にわたる目白文化村は、各戸で個性ある洋風の屋根や外壁の家が建ち並び、牧場のような柵を巡らした家、金網にバラを絡ませた家など、ロサンゼルスの住宅地のようだと讃える者もいた。こうした高級住宅地のイメージは田園調布が有名だが、目白文化村はそれよりも早い時期に一部のエリアだができあがっていたことに注目しておきたい。

現在同地を訪れると、敷地いっぱいに建つ低層集合住宅も目に入り、どこにでもある街並みのように感じる場所が多い。だが点在する大きな屋敷の前を通ると、かつて風格があったであろう街並みの風情を感じさせてくれる。

同地付近に現・西武鉄道新宿線が開通するのが昭和二年。当時も西武

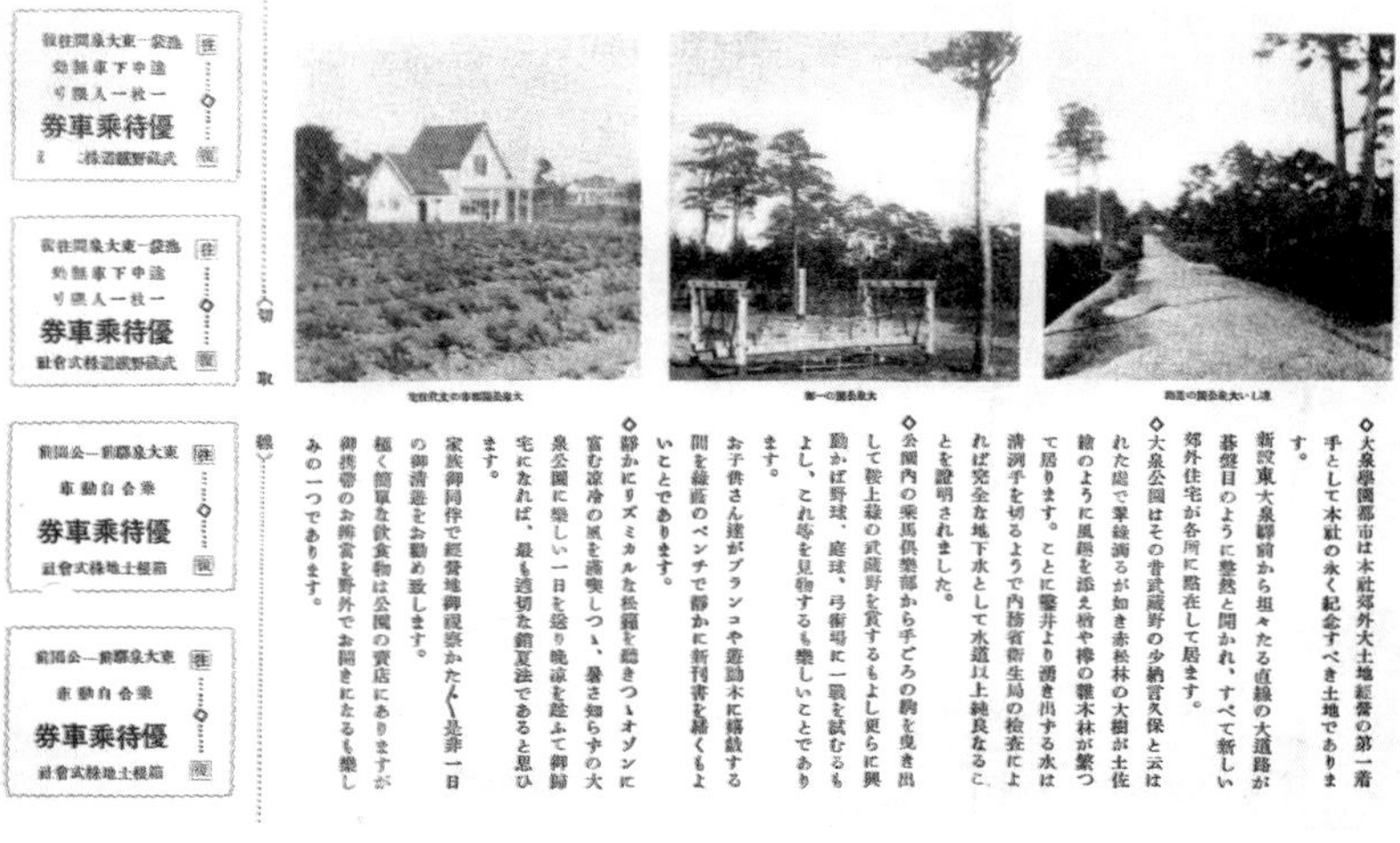

↑大泉学園都市分譲販売チラシ。大正十五年頃。『箱根土地（株）中島陟資料集』より

鉄道という名の会社だったが、戦後の西武鉄道、すなわち堤が経営する会社とは別のものだった（２０４ページ参照）。堤が（旧）西武鉄道の経営権を獲得するのは戦時中の昭和十八年。目白文化村は、他社の鉄道線の沿線に作られたわけである。

大正十二年九月に起きた関東大震災の後、箱根土地はすぐに北豊島郡大泉村の雑木林五〇万坪を購入し、翌年十一月から大泉学園都市として分譲を開始した。現在の西武池袋線大泉学園駅から約二キロ北、現・練馬区大泉学園町六～八丁目、埼玉県新座市栄三～五丁目一帯である。沿線開発としては駅から距離がかなり離れている。

西武池袋線は、当時武蔵野鉄道という会社で、これも箱根土地のものではない。堤が武蔵野鉄道の株を本格的に集め出したのが昭和六年頃であり、経営権を握ったのは昭和十五年である。それより前の大正十三年、箱根土地は、武蔵野鉄道に東大泉（昭和八年に大泉学園に改称）駅をつくって寄付し、駅から分譲地まで乗合い自動車を走らせた。大泉学園の開発も、自社路線の沿線開発として始められたわけではなかった。

そもそも目白文化村の地は、堤が早稲田大学在学中に下宿した下落合に近く、同地の有力者、小野田家に出入りするようになったことが縁となる。堤の結婚相手の川崎文も、下落合在住の医師の娘である。結婚に際し、大正五年頃、二人は新居も下落合五七五番地に構えている。大泉学園の分譲地も、小野田家の嫁が大泉村土支田の豪農の出身で、代々村長を務め

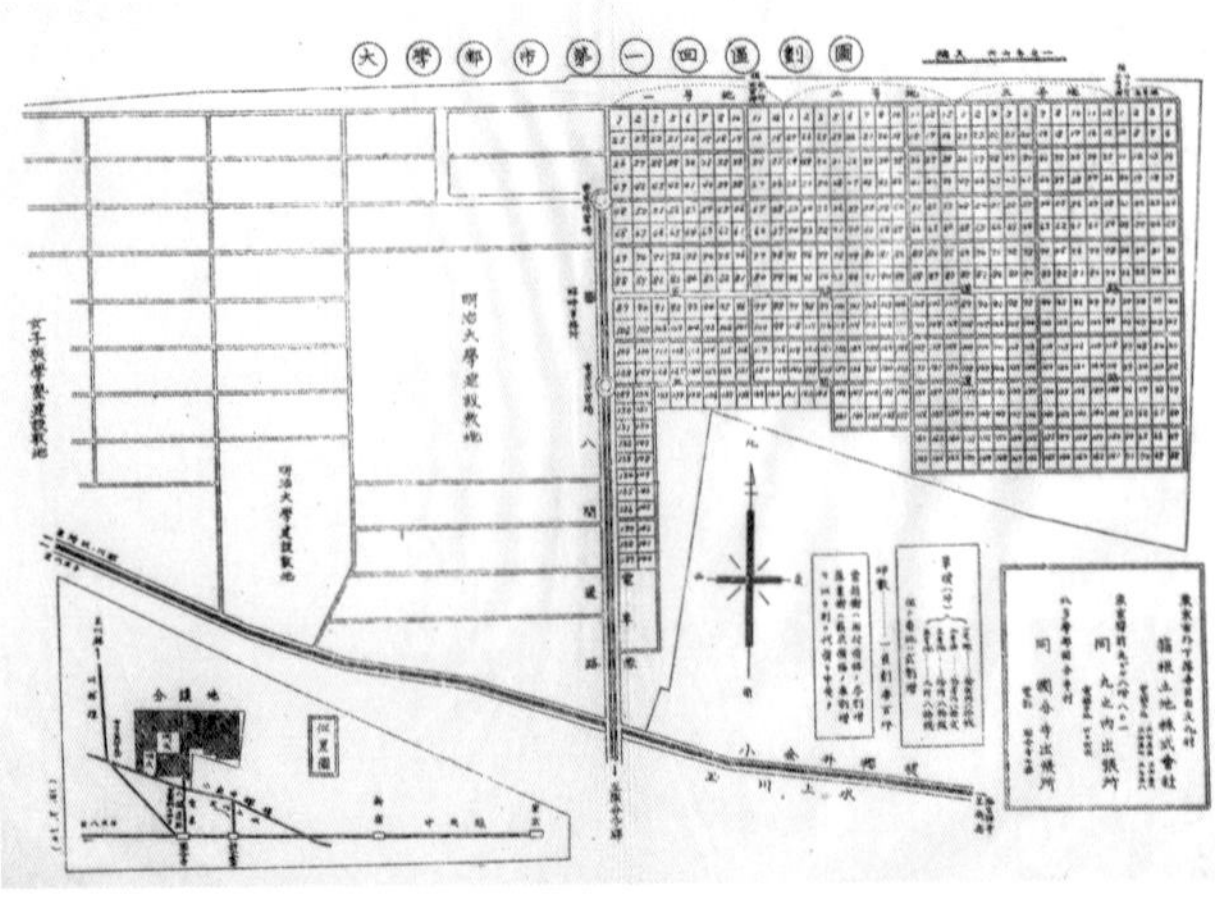

➡大学都市第一回区画図（小平学園都市）。大正十四年。駅に隣接して明治大学建設地が描かれている。『箱根土地（株）中島陟資料集』より

た家系であることが関係している。

こうしてみると、堤にとって東京の大規模土地の開発事業の初期は、立地条件を練りに練って選定したわけではなく、たまたま縁があった場所を選んだといえそうだ。

続いて箱根土地は、現在の西武多摩湖線一橋学園駅周辺に、小平学園都市を開発する。約六〇万坪の土地を確保して、大正十四年から本格的分譲を開始した。

大泉学園都市も小平学園都市も、「学園」と名が付いているのは、それぞれ大学を誘致して文教都市的性格の町づくりを計画したためだった。大泉学園都市には、神田一ツ橋にあった東京商科大学（現・一橋大学）を誘致しようとしていた。同大学が近くの石神井公園に運動場の土地を購入していたことから、誘致に成功すると踏んだようだ。ところが移転先が谷保村（現・国立市）となり、土地ブームの衰えもあって、大泉学園都市の分譲は不調に終わる。

小平学園都市へは、関東大震災で神田駿河台校舎が全焼した明治大学が移転してくるはずだった。だがこちらも一般向け分譲開始の翌年、明治大学側から契約を撤回

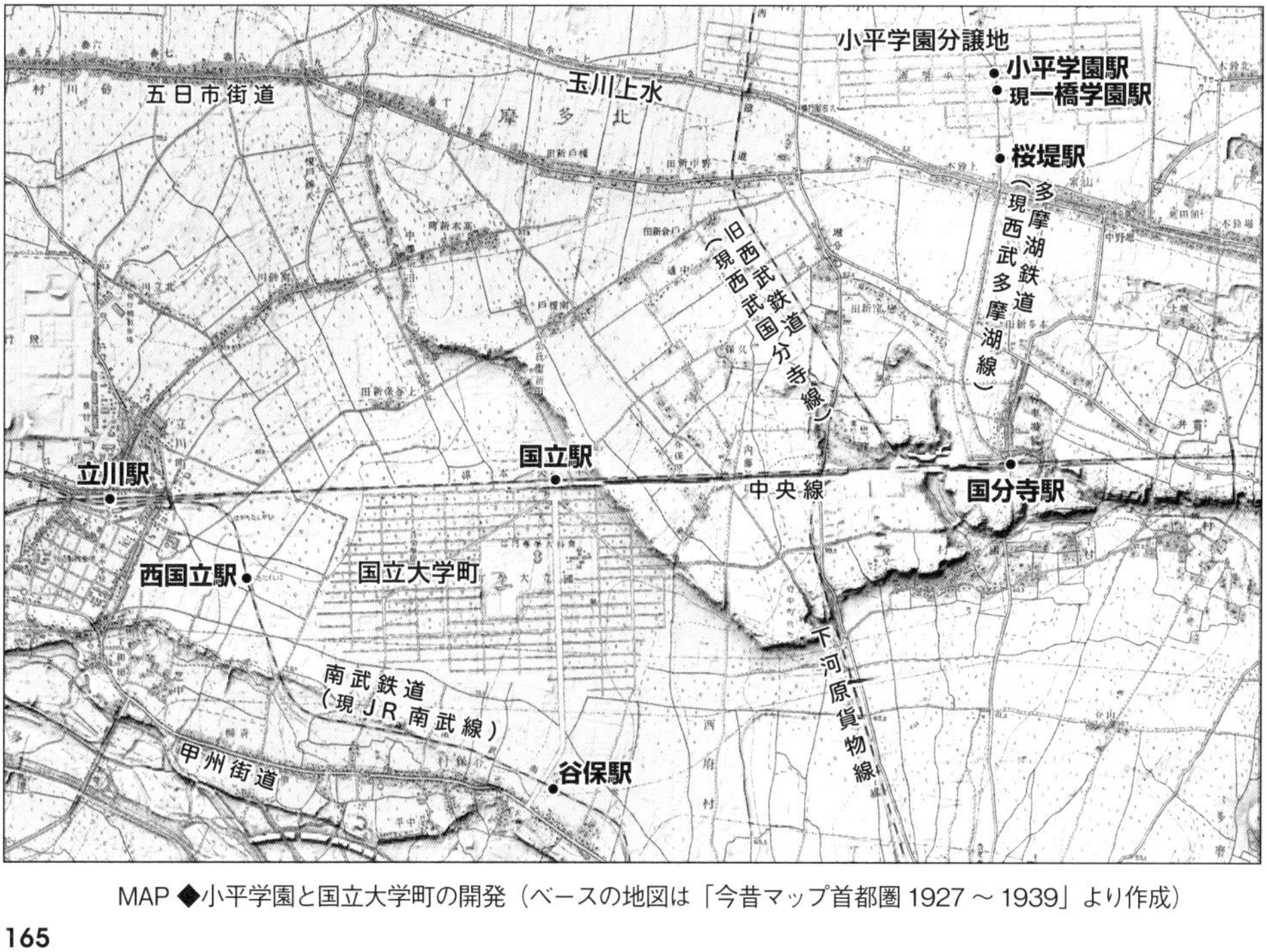

MAP◆小平学園と国立大学町の開発（ベースの地図は「今昔マップ首都圏 1927 ～ 1939」より作成）

されてしまった。
ちょうどその頃、人口増加が激しい東京の水道用水を確保するための人造湖、村山貯水池（多摩湖）の完成（昭和二年）が迫っていた。新しい観光地となることが期待され、箱根土地は小平学園都市へのアクセスと観光客輸送を目当てに多摩湖鉄道（現・西武多摩湖線）を敷設する。昭和三年に国分寺―萩山間が開業し、小平学園都市のほぼ中央に小平学園駅（現・一橋学園駅の約二〇〇メートル萩山寄り）を開業させた。この鉄道が、堤にとって初めて自ら開業させた路線となる。ここでもまず学園都市があり、後から鉄道がつくられている。

小平学園都市は、当初販売不振が続いたが、東京商科大学予科の誘致に成功し、昭和八年開校。またそれに先立つ同六年には女子英学塾（現・津田塾大学）が移転してきて、小平学園都市は再出発することとなった。

➡現在の西武多摩湖線の一橋学園駅。単線で4両編成の電車が走る

⬆学生輸送で大混雑の商大予科前駅（多摩湖鉄道→昭和15年武蔵野鉄道→西武多摩湖線）。同駅は現在移転して一橋学園駅に統合。昭和15年撮影・裏辻三郎。『西武鉄道 昭和の記憶』より

４ 広大な雑木林が国立学園都市に

東京商科大学と手を組んでの町づくり

ＪＲ中央線国立駅南口の光景は、都内の駅前の中で最も整然として美しいものといえるだろう。両側に桜並木が続く道路が、駅前からまっすぐに約一六〇〇メートルも続いている。そのうちの約一二〇〇メートルは、幅約四四メートル（二四間）もある。大学通りと名付けられたこの大通りの両側に箱根土地によってつくられたのが、国立学園都市である。

堤康次郎は晩年、「私の自慢の一つは国立の開発である」（『私の履歴書』）と語っている。国立学園都市は、大泉学園都市や小平学園都市のように箱根土地が計画した場所に大学を誘致する手法とは異なり、同社と東京商科大学が共同でまちづくりに取り組んだものだった。大正末年頃、堤と東京商科大学学長の佐野善作とが連れだって候補地を物色し、決定するまでに一年以上かかっている。

選んだのは、クヌギやクリ、赤松などの雑木林が広がり人家が一軒もない約一〇〇万坪の土地である。地元では「ヤマ」と呼ばれ、周辺の農家の人々が堆肥《たいひ》となる落ち葉や薪《たきぎ》、枝などを集めに行く場所だった。

すぐ北側を、当時すでに三〇年以上前に開通した中央線が通っている。西国分寺駅、国立

←令和二年に復元された国立駅駅舎

←国立駅南口からまっすぐ伸びる大学通り

駅はまだできていず、同地は、国分寺—立川間（約六キロ）の中間地点付近にあたる。今からわずか約一〇〇年前、線路沿いにもかかわらず、人家がほとんどないこれだけ広い土地があったことには驚かされる。結果として国立学園都市も、堤が関係する鉄道会社沿線ではない所の開発となっている。

武蔵野台地は、数メートル井戸を掘った程度では水が出ず、飲料水や生活用水が非常に得にくい土地だった。国立駅付近も武蔵野台地の一郭であり、そうした性質の土地である。また同駅付近では、中央線に並行して約三キロ北を玉川上水が流れている。そこから枝分かれして国立駅北口近くまで玉川上水の分水が流れてきていた。

国立駅の北側に光町という地名がある。東海道新幹線の開発研究を行った鉄道技術研究所（現・鉄道総合技術研究所）が同地にあることから、新幹線「ひかり」号にちなんで、昭和四十一年に光町と名付けられた。同地はそれ以前、平兵衛新田という大字だった。玉川上水が完成してから約六〇～八〇年後の享保年間（一七一六～一七三六）に平兵衛という農民が請け負って新田開発したため付けられた地名である。分水の水を引くことができたため平兵衛新田を開墾できたが、そこから先、現在

⬆ 国立の大学町鳥瞰図。大正14年秋頃。『箱根土地（株）中島陟資料集』より

の国立駅南口側一帯を潤すまでの水量はなかった。そのため一〇〇年前まで、現・国立駅南側は、人家のない雑木林として残されていたのだろう。

国立学園都市の敷地は、約一〇〇万坪（うち東京商科大学が七万五〇〇〇坪）に及んでいる。核となる駅としては、大正十五年に箱根土地が国立駅を建設して鉄道省に寄付している。駅前広場、メインストリート（大学通り）、放射状の道路もつくっていった。分譲の一区画は庭を広くとり二〇〇坪などで、現代の平均的区画からすると、五〜一〇倍くらい広い。

大正十五年、国立学園都市が分譲を開始、同じ年に四谷から東京高等音楽学院（現・国立音楽大学）が移転してきた。たが、当時は不況のまっただ中で、分譲は苦しい状況となった。

なお、堤が率いることになった前述の武蔵野鉄道は、昭和十五年同系列の多摩湖鉄道を吸収合併、同二十年には旧西武鉄道を吸収合併し、その後社名変更を経て昭和二十一年、西武鉄道となっている。

国立という地名について堤は、「新しい日本という国がここから生まれるという意気込みで国立という名をつけたのも私である」と語っている（『人を生かす事業』）。国立の語源は、国分寺と立川の間のためということがよく知られているが、命名に強い影響力があったであろう堤の言によれば、「この地から国が立つ」の意味も込められていた。

⬆ 国立駅開業祝賀会の日の駅前。『箱根土地（株）中島陟資料集』より

5 各私鉄沿線の住宅地開発

桜新町・上北沢・成城学園・玉川学園・常盤台・千住緑町・生麦

東京での鉄道沿線の住宅地開発を、東急と西武に関してみてきたが、そのほか鉄道会社によるもの以外も含めて、戦前に行われた主なものを見ていこう。

〈玉川電気鉄道沿線――桜新町〉

東京の鉄道沿線で最初に分譲地として開発されたのが、玉川電気鉄道の新町（現・東急田園都市線桜新町）駅南側に広がる新町住宅地である。資金難で敷設工事が難航していた玉川電気鉄道を資金援助する条件として、東京信託株式会社が約七万坪の分譲地を提案したものだった。

大正二年「東京の軽井沢」の宣伝文句のもとに、富裕層向け別荘地として売り出し、なかには一〇〇〇坪を超える敷地のものもあった。軽井沢になぞらえるのは大げさすぎると感じるが、一帯は西を谷沢川の谷、東を呑川《のみがわ》の谷に囲まれた幅四〇〇～六〇〇メートルの台地に位地し、緩やかな起伏もある。周囲に畑や林の多い当時の写真を見る限りでは、軽井沢とい

➡桜新町駅の南側、新町住宅地エリアの深沢の杜緑地

われてもさほど違和感を持たない。現在、桜新町駅からサザエさん通りを南へ向かい、玉川通りを渡った先から続く桜並木の一帯がかつての新町住宅地である。時折大きな屋敷のある閑静な住宅地になっていて、戦前からの由緒ある町であることを実感できる。

〈京王電気軌道沿線――上北沢〉

京王線沿線の北沢分譲地も、関東大震災前から計画が具体化されていたものである。江戸時代からの地元の大地主鈴木家が小地主を説得し約三万坪の土地をまとめ、不動産会社（第一土地建物）と協力することで実現した。分譲開始は震災一年後の大正十三年十月でタイミングもよく、販売は順調に進み、会社幹部、官僚、学者、文化人などが移り住んだ（越澤明『私鉄沿線開発の時代』）。

MAP ◆私鉄沿線の住宅地開発（戦前）

北沢分譲地は道路の設計が特徴的で、上北沢駅付近から伸びるメインストリートから斜めの角度で左右四本ずつ街路が伸びる形となっている。魚の骨を思わせることから「肋骨《ろっこつ》通り」と呼ばれている。当時日本が統治していた台湾で日本人向けの宅地開発（台北の大正町）を成功させていた第一土地建物社長、木村泰治の発案だった。メインストリートに桜を植え、それぞれの住宅は生け垣で囲み、上下水道を敷設するといった、当時の田園調布などと並ぶ先進的住宅地をつくった。

現在でも肋骨通りは当時のままで、敷地の細分化は進んでいるが、二三区内の京王線沿線としては、由緒ある住宅地としての風情を醸し出している。

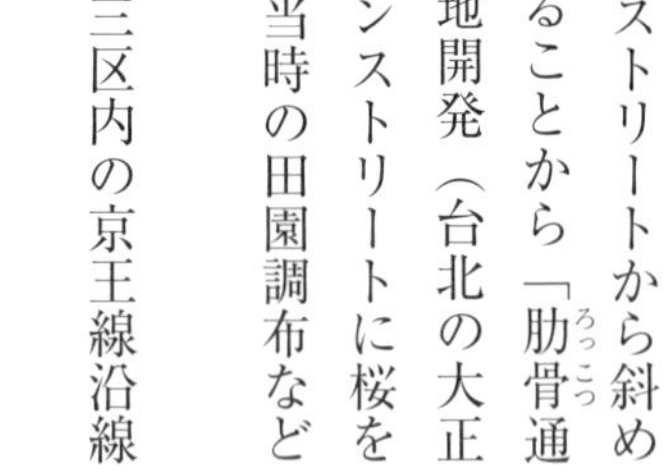

➡北沢分譲地の肋骨通り

〈小田原急行電鉄沿線――成城学園、玉川学園、林間都市〉

私鉄沿線で、田園調布と共に高級住宅地として名高いのが成城学園だろう。小田急線のイメージを高めるのに一役買っている存在だが、その開発は小田急とは経営的にまったく関係ない私学の成城学園によって行われた。

現在幼稚園から大学までである成城学園（世田谷区成城）は、成城学校（現・成城中学校・成城高等学校、新宿区原町）の一部（成城第二中学校）が大正十四年に喜多見（現・成城）の地に移転し、翌年成城学校から独立して生まれたものである。大正十二年の関東大震災後、同校の小原國芳が、小学校から高等学校までの一貫教育を行うことを目指し、郊外に校地を求めたものだった。目をつけたのが、仙川と野川に挟まれて広がる成城の台地である。当時は一面の雑木林と畑で、まだ小田急線は開通していない。

小原は大同生命社長広岡恵三夫妻に財政支援（貸付け）を依頼する。それと共に、小田急の創業者利光鶴松、地元の大地主鈴木久弥らと折衝し、同地に成城学園前駅を設置し、駅を中心に区画整理して大規模な住宅地開発を行うことを提案した。「私学自らが都市開発を実行したのは、成城学園が最初であり、その後も、ほとんど例がない」（越澤、前掲）。

昭和二年に小田原急行鉄道（現・小田急電鉄）の新宿―小田原間が開業、ほぼ同時期に成城住宅地の販売が始まった。初期の住民は学園関係者が中心だったという。そのためもあり、文化的雰囲気の町に育ち、当初は柳田國男、大江健三郎、大岡昇平など文士が多く住み、また昭和七年、東宝（前身のＰＣＬ）がスタジオを設けると、黒澤明、市川崑、三船敏郎、石原裕次郎ら映画監督、俳優も多く住み、成城のもう一つのイメージを形づくった。

地形的には、駅と分譲地が台地上なのに対し、成城学園は正門が台地上、キャンパスが台地から仙川の谷にかけて広がっている・東宝スタジオは仙川の谷に立地する。成城学園前駅は平成十四年に地下化されたが、仙川と野川の谷でいずれも線路が崖線から飛び出るようにして地上に顔を出すのが印象的である。

小原は成城学園と同様の手法で、玉川学園の創立と住宅地開発も行っている。昭和四年に玉川学園が開校、鶴川―町田間に玉川学園前駅も開業した。

小田急の手によるものとしては、利光鶴松による「林間都市」建設が挙げられる。現・小田急江ノ島線（相模大野―片瀬江ノ島間）は昭和四

← 桜の古木が多い成城学園の町並み

← 開業直後の成城学園前駅（昭和二年）。『小田急75年史』より

年に開業した。小田原急行鉄道は、開業前の大正十四年から現・東林間、中央林間、南林間駅周辺の雑木林約一〇〇万坪の用地買収を始めた。一帯に住宅地のほか、ゴルフ場を中心施設に据え、学園、遊園地、工場などを計画的に配置するプランだった。昭和四年から分譲を開始したものの、東京から遠いことなどにより、不調のまま戦争の時代を迎え、計画は挫折する。

現・中央林間駅は当初中央林間都市駅という名だったように、上記三駅はいずれも「〇〇林間都市駅」となっていたが、昭和十六年に「都市」の文字がはずれ現在の駅名となった。戦後は昭和三十年頃から住宅金融公庫との提携により、同地で建売住宅の販売を進めている。

➡起伏の多い玉川学園の町並み

➡玉川学園の横を走る小田急線

〈東武鉄道――常盤台〉

東武鉄道による住宅地開発で代表的なものは、常盤台住宅地である。現在でも東武東上線ときわ台駅とその周辺は、東武鉄道の駅のなかでも異彩を放っている。駅舎はアール・デコ洋式で、白い塔屋風の二階には印象的な三連窓が配置されている。古レールに装飾を加えた柱の下部には、幾何学模様を描く大理石のタイルが貼られている。田園調布旧駅舎と同じように「ここは高級住宅地の玄関駅」ということを駅舎自体が伝えている。

駅前ロータリーから歩を進めると閑静な住宅地が広がり、まもなく、道の中央にプラタナスの並木が続く印象的な光景が現れる。楕円を描きながらカーブしていくこのプロムナードを中心に約七万坪の地が、東武鉄道によって分譲された常盤台住宅地である。

この住宅地の特徴として有名なのが、五カ所につくられたクルドサック（自動車がUターンできるロータリー付きの袋小路）である。常盤台住宅地では、現在でも四カ所が残されている。

同地開発までのいきさつを見てみよう。東武鉄道は大正九年に東上鉄道（現・東武東上線）を吸収合併したが、東武伊勢崎線と東武東上線はかけ離れ、自社路線ではつながっていない。これを解消する目的と両路線の旅客増をみこんで、同十一年、伊勢崎線西新井駅と東上線上板橋駅を結ぶ一一・六キロの路線（西板線）を申請し、同十三年免許を得た。現在の環七通りにほぼ沿ったルートである。だが同十二年に発生した関東大震災により、線路予定地が東京市の震災復興計画策定と重なってしまうことや地価高騰などにより、東武鉄道はこの計画の断念を余儀なくされた（東武大師線がその一部として開業）。

常盤台住宅地は、西板線の開業を見込んで操車場用地などとして買収していた土地を開発したものである。宙に浮いてしまいそうだった土地を、うまく活用できたことになる。昭和十年、東上線中板橋―上板橋間に武蔵常盤駅（昭和二十六年ときわ台駅に改称）を開業させ、その直後から宅地造成にとりかかり、翌年に分譲を開始している。

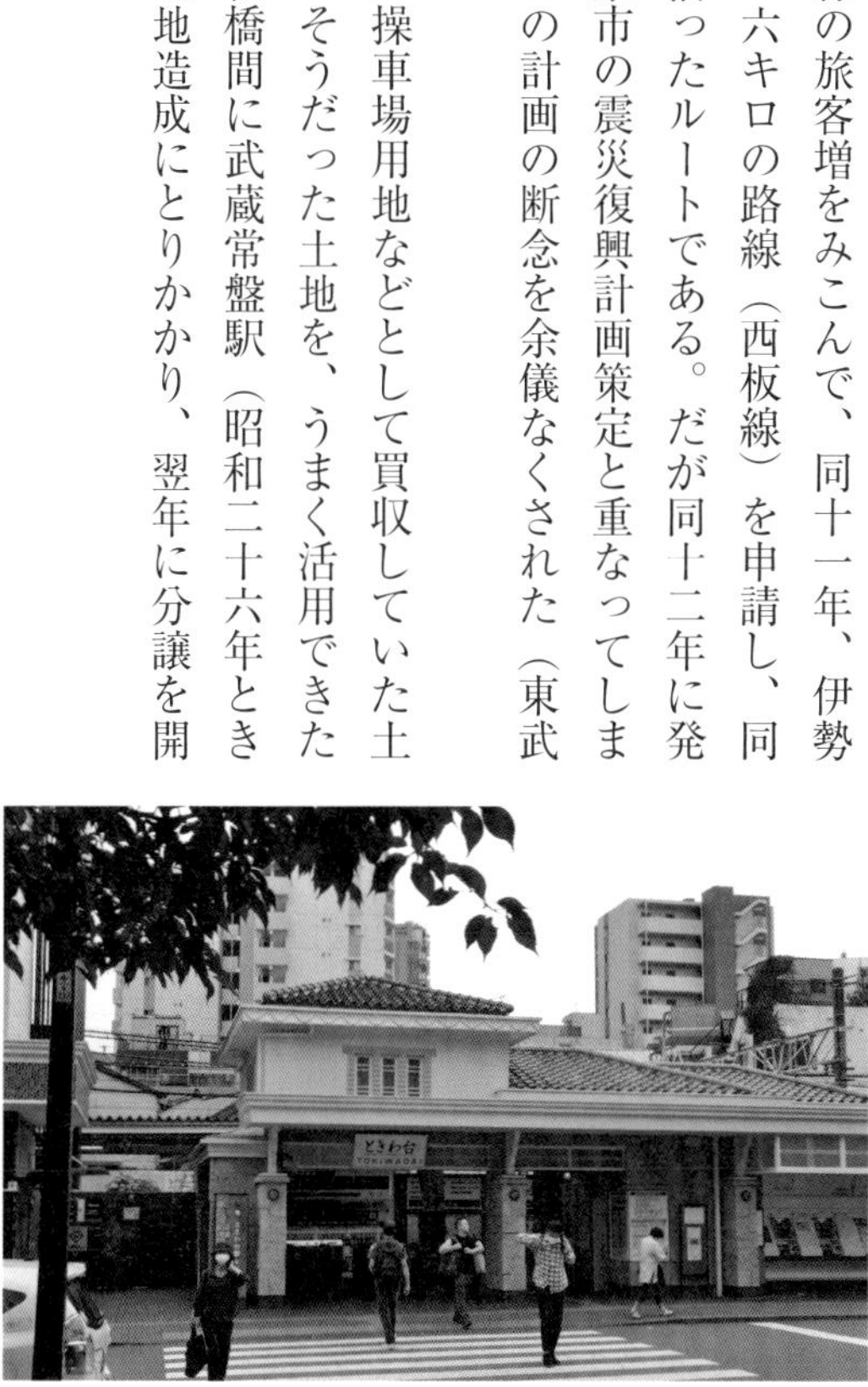

←東武東上線ときわ台駅舎。平成三十年に改修されたが開業時の面影を色濃く残している

〈京成電気軌道――千住緑町〉

京成電気軌道による本格的土地分譲は、昭和八年の船橋海神台（現・船橋市海神四丁目など）が最初だった。都内で最初に取りかかったのは、京成本線千住大橋駅西側に位置する千住緑町（足立区）の開発である。北千住駅の西側、隅田川が大きく蛇行して流れるカーブの内側にあたり、昭和初期まで葦が繁茂し、隅田川が増水すると水に浸かる不良地だった。

京成電気軌道ではちょうどその頃、上野乗り入れ（昭和八年開通）のために上野の山の地下に長さ一四四二メートルのトンネルを掘っていた。このトンネルと三つの地下駅（現・京成上野駅、旧博物館動物園駅、旧寛永寺坂駅）工事で出た大量の土砂の処理場として目を付けたのがこの隅田川沿いの葦原だった。現在線路が千住緑町を横切る東端付近に土砂の集積場をつくり、掘った土をここへ運んで湿原を宅地へと造成していった。昭和九年、京成は土地付き小住宅として売り出す。一区画は四〇～七〇坪で、西に向かって延びる他の私鉄沿線の分譲地より、下町らしく小さい区画だった。

現在の千住緑町は、民家、商店、小規模工場、マンションなど各種建物が混在している。だが町内を歩いていると、東西に走る道路は下町の一般的な住宅地の道路より広く、明らかに特別な町といった印象を受ける。

〈京浜電気鉄道――生麦住宅地〉

京浜電気鉄道（現・京浜急行電鉄）では、大正三年に約一万五〇〇〇坪の生麦住宅地（現・横浜市鶴見区）の分譲を行っている。

➡京成本線線千住大橋駅西方、千住緑町造成の土砂集積場だった付近

6
小田急電鉄、昭和生まれの第三世代
尾根筋を通る甲州街道沿いの京王線
丘も谷も突っ切り郊外へ向かう小田急線

　昭和二年四月、小田原急行電鉄（現・小田急電鉄）が新宿―小田原間を一挙に全線同時開通させた。
　同じ昭和二年開業として、以下の路線もあった。
七月…目黒蒲田電鉄（現・東急）大井町―大岡山間
八月…東京横浜電鉄（現・東急）渋谷―田園調布間
八～一〇月…池上電気鉄道（現・東急）大崎広小路―雪ヶ谷（現・雪が谷大塚）間（翌年六月、五反田まで延伸）
　同年は、震災前から芽吹いていた「郊外電車」の時代が一気に花開いた感がある。いずれも街道沿いに敷かれたものではなく、開業当初の沿線は、雑木林や畑が大半だった。東京の私鉄は、大正生まれと、昭和になってからの生まれとでは、いわば大きな世代間ギャップが存在することになった。これらは東京の私鉄「第三世代」ともいえる。「はじめに」でも述べたが、あらためて整理すると各世代は以下のようになる。

⬅小田急線参宮橋―代々木八幡間。旧河骨川の道路脇に線路が伸びる

・第一世代…明治時代半ばまでに開業、後の国鉄となる私鉄路線。
都心と地方を結ぶことを重要視
東北線・常磐線（日本鉄道）、中央線（甲武鉄道）、総武線（総武鉄道）など
・第二世代…明治時代半ば～大正時代、街道沿いに開業の路線
京急、京王、東武など（第二章参照）
・第三世代…昭和以降（一部大正時代）郊外電車の時代
小田急、東急、京王井の頭線など

小田急と同じ新宿駅を起点として西に延びる路線として、大正生まれの京王線がある。昭和生まれの小田急線との世代間ギャップは、地形の視点で見ても、その違いは顕著になる。断面図を参照しながら、両路線を比較してみよう。なお線路は現在高架橋化や地下化されているが、開業時は地上を走っていたので、地形に関してはその地表部分を見ていくことにする。

京王線は新宿から下高井戸を経て府中の先まで二〇キロ以上、甲州街道（１０８ページ参照）に沿って敷かれている。ここで都心付近での甲州街道の特異な地形について述べておこう。武蔵野台地には、皇居半蔵門付近から新宿を経て立川の北西部まで、馬の背骨のように尾根筋が存在する。甲州街道は、そのうち都心側から高井戸宿付近まで、その尾根筋をたどる形でつくられている。そこを選んで道をつくれば、アップダウンが少なく、道路の維持整備や往来が楽である。江戸時代初期やそれ以前、広範囲にわたって地形に目配りして、この街道がつくられていたことを認識しておきたい。

➡下北沢方面の台地から、低地に高架でつくられた梅ヶ丘駅に進入する小田急線電車

そして京王電気軌道は、都心から西に向かって延びる鉄道が中央線しかなかった時代に、一番手（実際は甲武鉄道の次だが）の特権のような形で、甲州街道沿いに線路を通すことを選んだ。一方的に上ることの多い比較的単調な地形のため鉄道を敷設しやすく、しかも街道沿いなので多くの旅客を見込める。まさに恰好の場所を選んで開業させたことになる。

180ページの断面図を見ても下高井戸まで緩やかなアップダウンしかない。途中に横切る谷もない。明大前駅地点に谷があるが、これは後の昭和八年に開業した井の頭線が、切通しで立体交差するためにつくられた人工的な谷である。

小田急線の方は、新宿を出て代々木八幡付近で大きくカーブしながら丘を迂回する。このあたりは、後の戦後生まれ世代の路線なら地下で直進するところだ。第三世代でもまだそこまでは進化していない。

だが小田急線はそれから先、目の前に丘が立ちはだかろうが谷が現れようが、ひるむことなくほぼまっすぐ郊外を目指していく。幸い丘といってもさほど高くないの

MAP◆小田急・京王線新宿付近

で、トンネルを必要とすることはなかった。新宿から代々木八幡まで標高差で一〇メートル以上下った後、東北沢まで約一五メートル上っていく。その先も上り下りを繰り返している。都心と郊外をなるべく短距離、高速で直結することを目的としているため、小田急と京王の沿線の地形にこれだけの相異が生じたわけである。

小田急線梅ヶ丘駅が「丘」ではなく低地に立地しているのも印象的である。丘は川より高い所にあるはずなのに、下北沢という川（沢）の名の駅より、ずっと低い所にある。東京横浜電鉄（東急）が昭和四年に行った自由ヶ丘（現・自由が丘）駅の命名に倣ったものと思われる。梅ヶ丘駅は、同区間の小田急線開業から七年経った昭和九年に新設されている。自由ヶ丘駅と同じく梅ヶ丘駅も谷に位置するが、両駅とも周辺の住宅地は高台にあり、「丘」が付く駅名もさほど違和感を感じさせない。

二三区外に出てからも京王と小田急の沿線地形は対照的である。京王線は仙川―つつじヶ丘間の崖（国分寺崖線）を下ってから、京王八王子に達するまでほぼ素直に標高を上げ続け

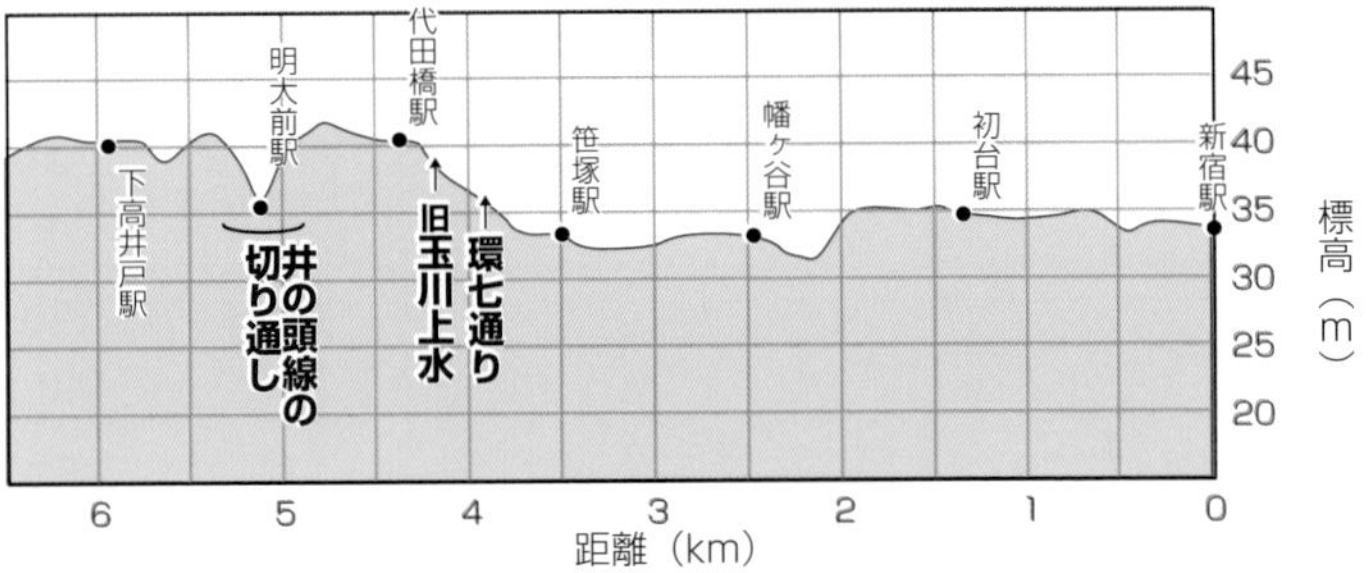

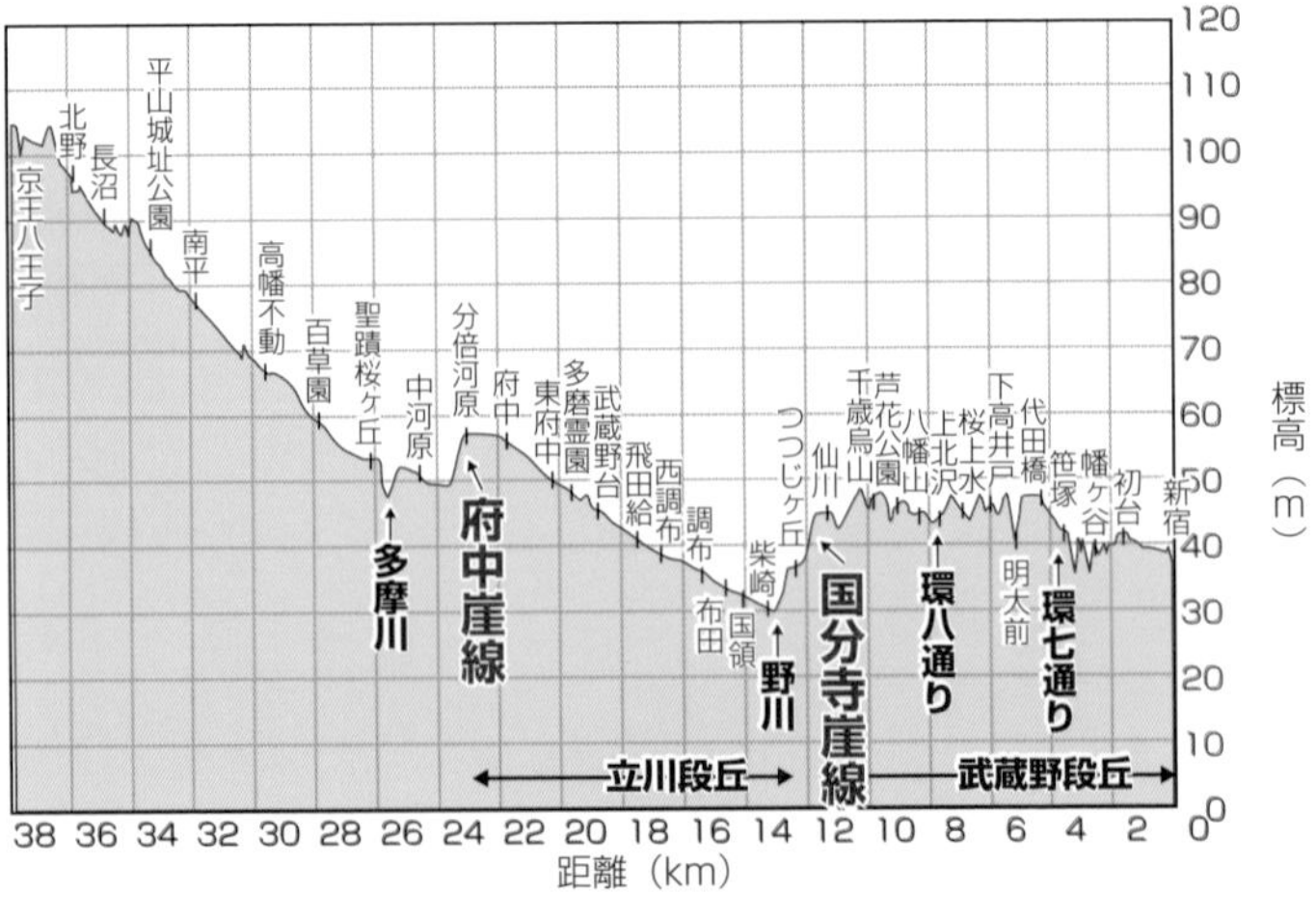

京王線新宿付近断面図　京王線新宿駅～京王八王子駅断面図

る。やや凸凹地形があるのは、多摩川を渡る手前で崖（府中崖線）を下る付近だけである。

小田急の方は、激しく上っては下ることを繰り返す。登戸と百合ヶ丘とでは標高差が約五〇メートルあり、さらにその先いきなり柿生へと三〇メートル以上も下る。京王線より明らかに敷設工事が大変そうである。

再び山上りとなる鶴川―玉川学園前間では峠部分がトンネルになっていて、現在はトンネルの新宿側に和光大学、越えた先に玉川学園のキャンパスが広がる。いずれも成城学園から戦前に分かれて開校した。小田急線開業当時の地図を見ると、付近は森林地帯で人家がない。

線路は玉川学園前―町田間で恩田川、町田のすぐ先で境川を渡る。境川は東京都と神奈川県の境界となる川だが、地形的には恩田川が境界となっている。恩田川の東側は多摩丘陵で、丘と谷が複雑に入り組んでいる。西側は相模原台地で、ほぼ平坦な土地が広がる（１０３ページ地図の町田駅付近参照）。相模原台地の町田周辺などは、水が乏しいため小田急線開業の頃から戦前まで一面の桑畑といった様相だった。

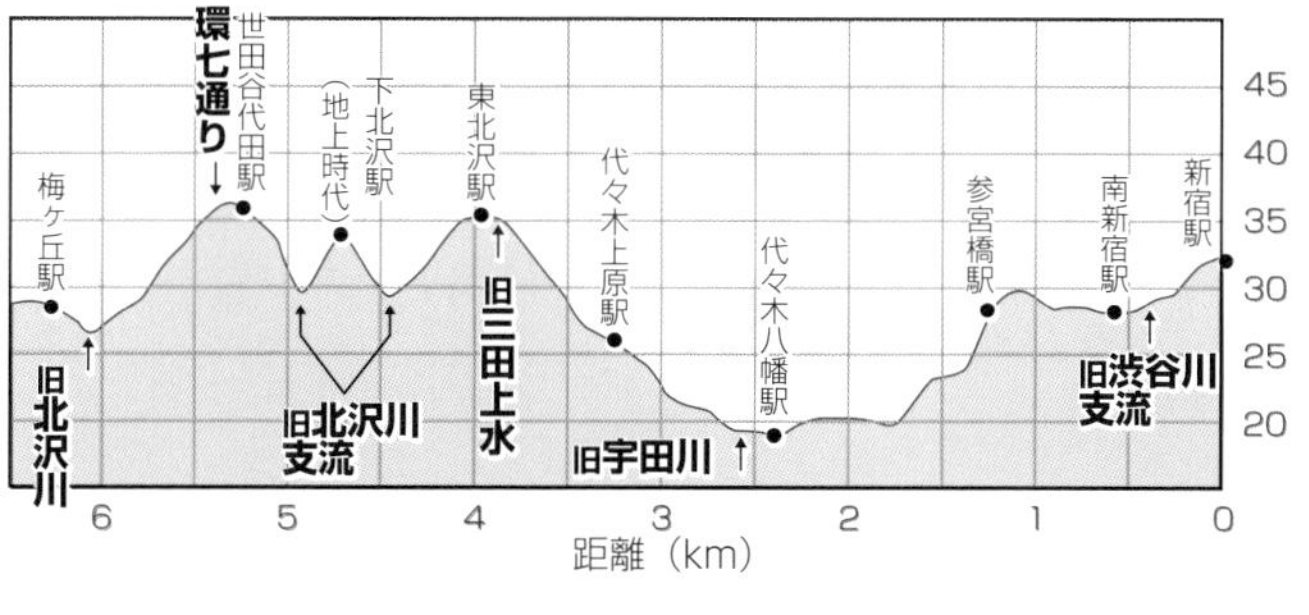

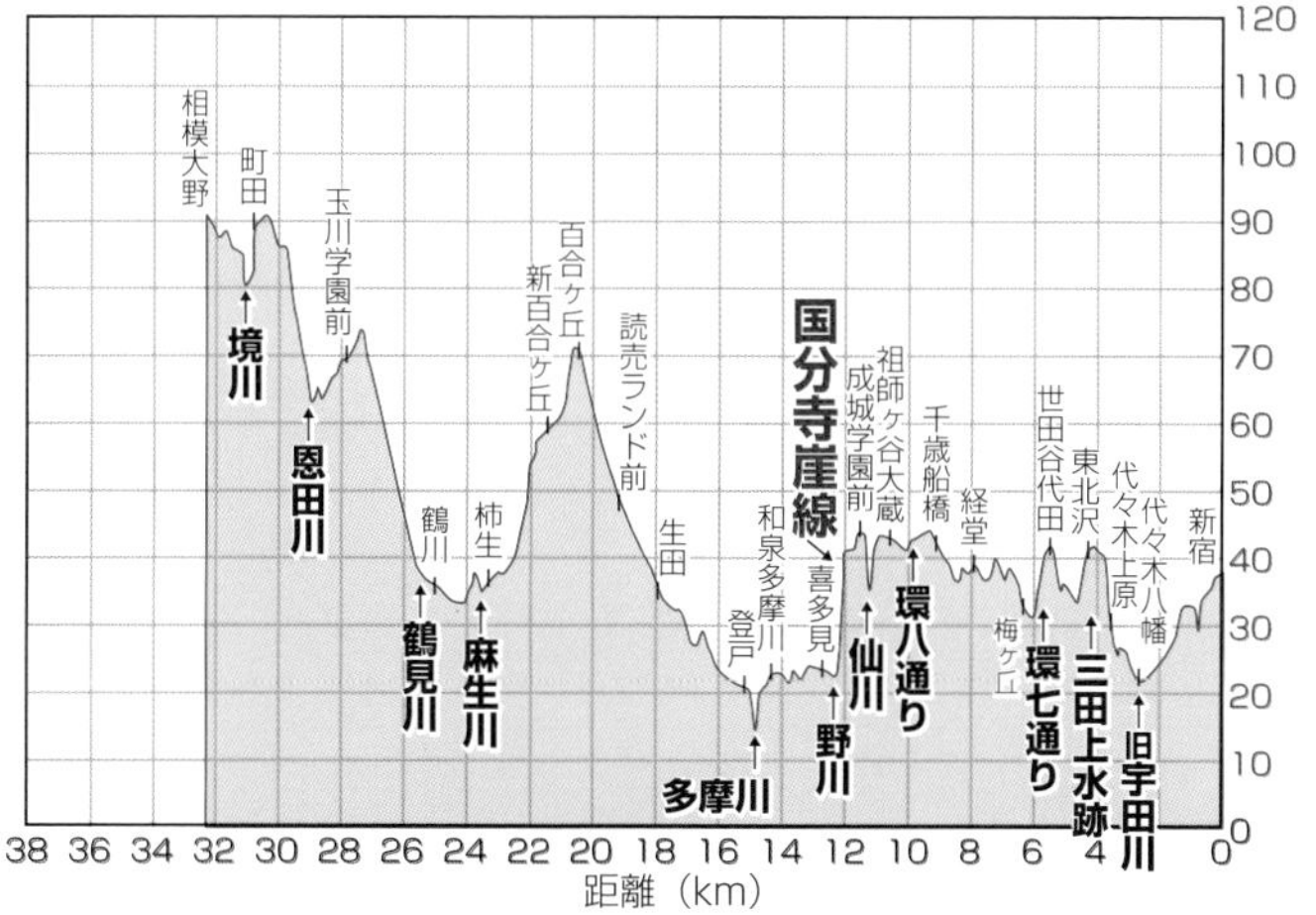

小田急線新宿付近断面図　小田急線新宿駅～相模大野駅断面図

7 西武多摩川線などの砂利鉄道

コンクリート都市・東京を誕生させた震災復興の陰の立役者

中央線武蔵境駅をターミナルとして終点の是政《これまさ》駅まで、全区間が単線で4両編成の電車が行き交う西武多摩川線。路線の長さは八キロと短いうえ、他の西武鉄道の路線との接続はなく、同社にとっては離れ小島のような存在である。なぜここに鉄道が伸びているのか不思議に感じる人も多いだろう。

その歴史をたどってみよう。西武多摩川線は、路線名が表わすように、多摩川と密接な関係があった。境（現・武蔵境）―北多磨（現・白糸台）間が大正六年、多摩鉄道という会社により開業し、大正十一年に是政まで延伸している。是政駅とその一つ手前の常久《つねひさ》（現・競艇場前）駅は多摩川沿いに位置している。そこには砂利の積込み場があった。

かつて多摩川の中流から下流では、多摩川の砂利運搬を主目的にとした鉄道路線が、東京都側だけでも一〇路線以上存在した。多くは貨物専用路線だったが、旅客輸送を行っていた路線もある。西武多摩川線は、そうした砂利運搬路線の中で、ほ

➡多摩川砂利木材鉄道（推定）での砂利採取（明治後期）。『昭島市民秘蔵写真集』より

ぼ全区間が旅客鉄道として生き残った唯一の路線である。

また一部の区間だが、旅客鉄道として生き残ったもう一つの路線が、京王相模原線の調布とその隣駅、多摩川原（現・京王多摩川）駅までの一・二キロである。大正五年の開業で、多摩川原駅からも調布方面へ貨物列車で砂利が運び出されていた。一駅区間だけの行き止まり式路線の時代が長く続いたが、砂利運搬が停止された後の昭和四十年代以降に京王多摩川から西へ延伸をし始め、橋本まで伸びていく。こちらは幹線クラスへと華麗な転身を遂げている。

神奈川県側では、ＪＲ南武線も多摩川の砂利運搬を主目的として計画されたものだった。大正八年に鉄道院に路線免許申請した際の名称は「多摩川砂利鉄道」である。宿河原駅や矢向駅付近から多摩川まで砂利運搬の専用線がつくられている。

砂利を運搬する路線が多くつくられた理由は、大規模な土木・建築物が、大正時代前期頃を境に、煉瓦積みからコンクリート作りに変わっていったためである。コンクリートの材料はセメント、砂、砂利、水なので大量の砂利が必要となった。大正十二年の関東大震災からの復興によって、コンクリートの需要がさらに高まったことも、砂利輸送量増大に拍車をかけた。なお、次ページの表で明治時代後期から砂利運搬が主目的の路線が開業しているが、当時は未舗装道路に砂利を敷くなどの需要があったことによる。

川の砂利などすぐに採り尽くしてしまいそうな気がするが、多摩川は

←西武多摩川線白糸台—競艇場前間、府中崖線を越える上り勾配区間

←西武多摩川線新小金井—多磨間、切り通し区間を長く取り勾配を緩やかにしている

多摩川の主な砂利運搬鉄道（東京都側）

路線名	区間	開業
① 玉川電気鉄道	渋谷ー玉川（二子玉川）	明治 40 年
② 同上	玉川ー砧本村	大正 13 年
③ 京王電気軌道（現京王相模原線）	調布ー多摩川原（現京王多摩川）	大正 5 年
④ 多摩鉄道（現西武多摩川線）	境（現武蔵境）ー是政	大正 6 〜 11 年
⑤ 東京砂利鉄道（国鉄下河原線）	国分寺ー下河原	明治 43 年
⑥ 中央線多摩川支線	多摩川信号場ー多摩川原	明治 38 年
⑦ 多摩川砂利木材鉄道	多摩川原ー（拝島村）	大正 13 年
⑧ 五日市鉄道	立川ー拝島（武蔵田中経由）	昭和 5 年
⑨ 五日市鉄道貨物支線	武蔵田中ー拝島多摩川	昭和 6 年
⑩ 東京府営熊川砂利軌道	拝島ー睦橋付近	大正 10 年
⑪ 福生トロッコ軌道	福生ー河岸	大正 9 年
⑫ 青梅鉄道福生支線	福生ー福生河原	昭和 2 年
⑬ 東京市専用線	小作ー河岸	大正 10 年
⑭ 青梅鉄道可部側線	可部ー河岸	昭和 2 年

※五日市鉄道は、現・JR 五日市線とは別路線
※上記のほか、目黒蒲田電鉄、南武鉄道なども砂利を輸送

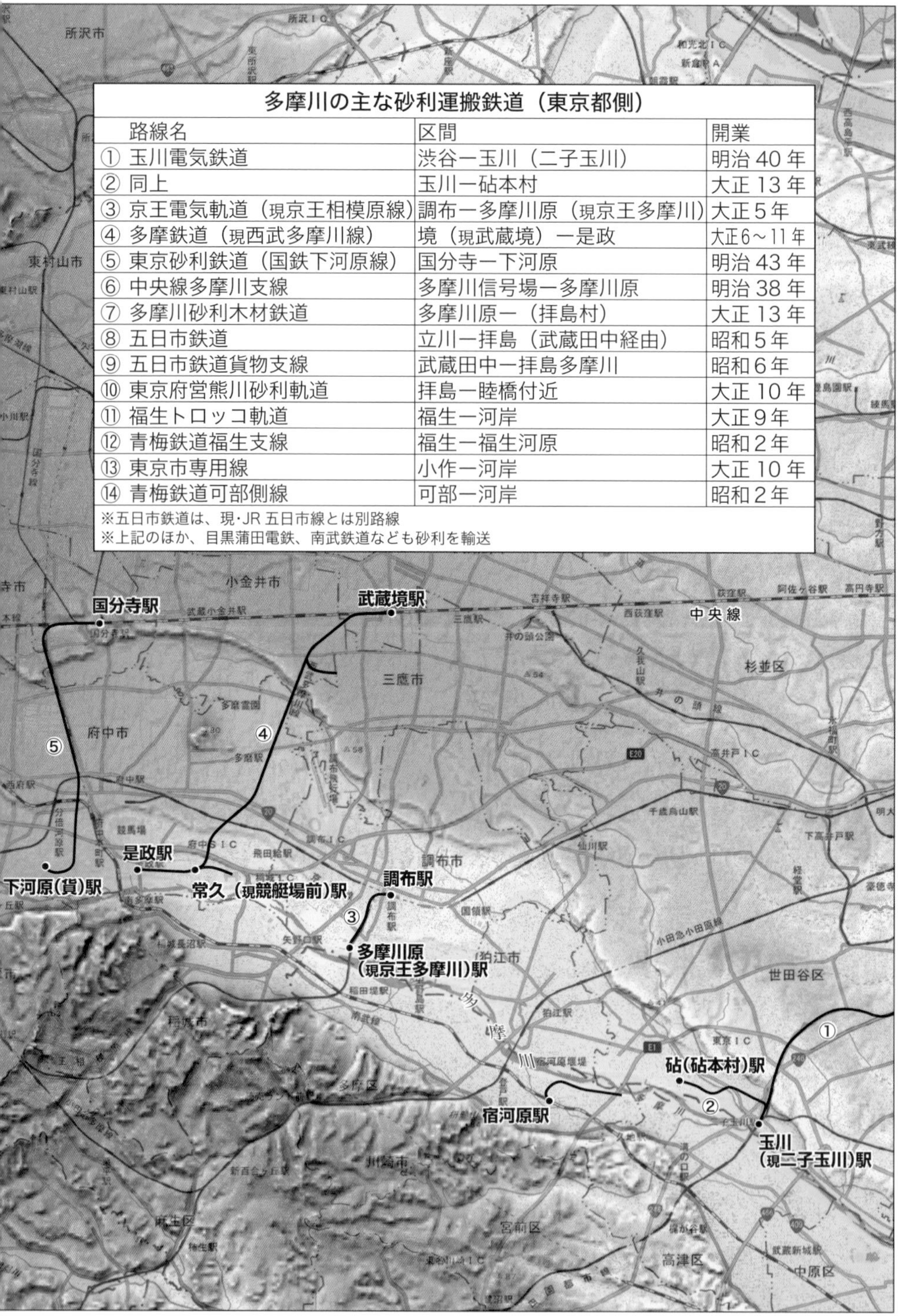

MAP◆多摩川の砂利運搬路線

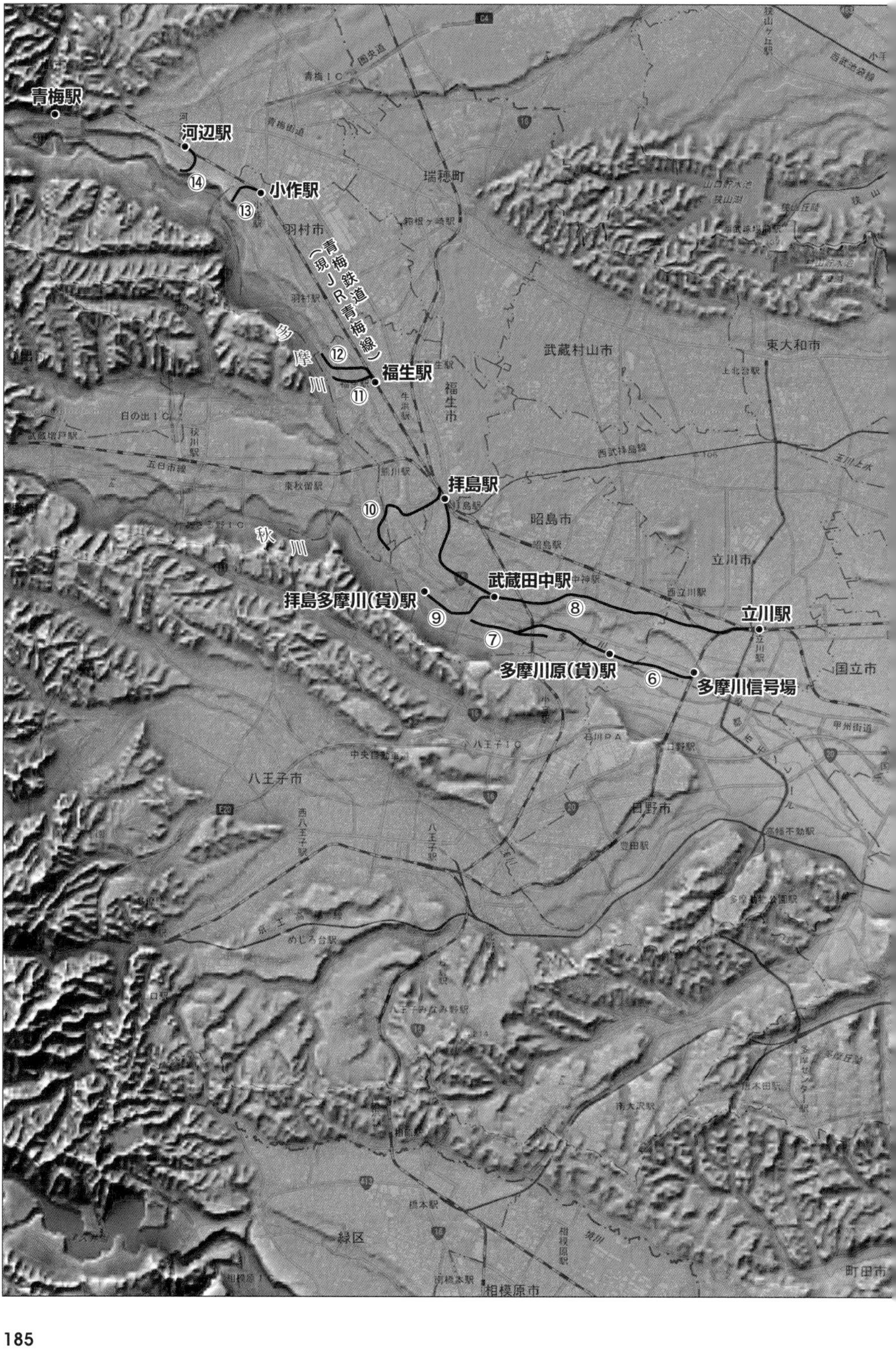

青梅駅
河辺駅
⑭
小作駅
⑬
羽村市
瑞穂町
青梅鉄道（現JR青梅線）
多摩川
⑫
福生駅
⑪
福生市
武蔵村山市
東大和市
拝島駅
⑩
秋川
昭島市
立川市
武蔵田中駅
拝島多摩川（貨）駅
⑨
⑧
立川駅
⑦
多摩川原（貨）駅
⑥
多摩川信号場
国立市
八王子市
日野市
緑区
相模原市
町田市

太古の昔から流路をあちこちと変えてきている。そのため現在河床でないところでも大昔は川だった所が広範囲で存在する。そこには砂利が埋まっている。たとえば西武多摩川線競艇場前駅最寄りの多摩川ボートレース場は、多摩川沿いの桑畑だった所を砂利採掘してできた大きな窪地を、戦後に整備してオープンさせたものである。

大正十三年の例では、常久駅から年間一一万八二二三トン、是政駅から二万六二一九トンの砂利を発送している。両駅とも現在、線路の隣に線路数本分の空きスペースがあるのは、かつての貨物用線路の跡である。往時はさらに多くの貨物用側線などがあった。

採掘場である川原は必然的に周囲より低い所に位地するため、砂利運搬の貨物列車は砂利を積んだ状態で勾配を上らなければならないという宿命を背負っている。これは現在より機関車が非力だった時代では、とくに大きな問題だった。皮肉なことに「返空」（空の貨車）状態で軽くなった時は、勾配を下る。この点が炭鉱や鉱山への鉄道の場合とまったく逆である。炭鉱や鉱山は山の上にある場合が多く、それらを積んだ貨物列車は、主に勾配を下るので楽である。

西武多摩川線を例にとれば、同線の勾配は最大11・1‰（水平距離一〇〇〇メートルあたり11・1メートル上る）に抑えられている。競艇場前—白糸台間で府中崖線、多磨—新小金井間で国分寺崖線が行く手に立ちはだかるが、ここを比較的緩い勾配で越えるように線路設計されている。たとえば新小金井駅付近（多磨寄り）では切通しを長く取って勾配を緩やか

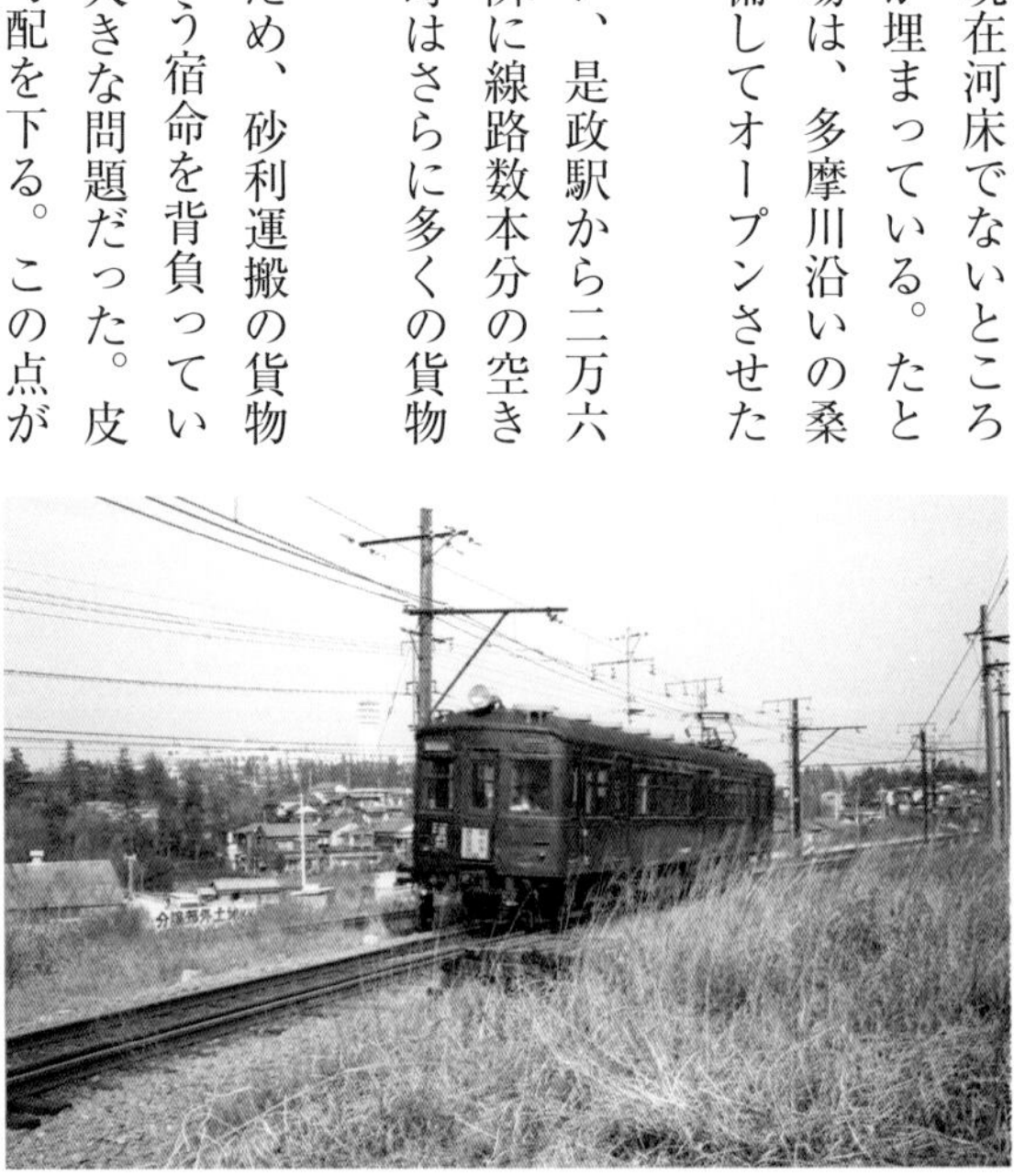

➡旧国鉄下河原線国分寺駅西方。昭和四十六年頃。砂利輸送目的で敷設されたが、付近の東京競馬場方面にも支線を延ばし、旅客輸送も行った

にしている。

廃線となった路線で特徴的なものを見ておこう。東京砂利鉄道の廃線跡が、甲州街道とクロスする付近から南側で、下河原緑道として整備されている。多摩川沿いの下河原から中央線国分寺駅まで伸びていた路線で、明治四十三年開業後、大正九年に国鉄が買収し、中央線支線（下河原線）となった。山手線東京―上野間のコンクリート高架橋建設のため安定的に砂利を得たいための買収だった。

大正十三年の例では、同線で運ばれて国分寺駅から発送した砂利が年間二三万五〇〇〇トンにのぼり、都内の駅での砂利発送量としては最も多かった。昭和九年、途中枝分かれさせ東京競馬場前駅を開業し、国分寺から旅客電車も走らせていた（昭和四十八年廃止）。

また、個人的に好きな廃線跡として、青梅鉄道福生支線の多摩川堤防付近を挙げておきたい。立派な線路築堤跡が河原方面へと伸びている。福生駅方面への線路跡の道路も鉄道線路跡らしく緩やかに上っている。同地を当時の非力な機関車が重たい砂利を載せた貨車を引いていた様子に思いを馳せやすい。

184ページの表を見ると、多摩川の砂利採掘場が、下流から順に取り尽くされ、上流へと移っていったのが分かる。供給の主力は他地方の山砂利や砕石に移行していった。昭和三十九年、多摩川の砂利採掘は青梅市街付近より下流のすべてで全面的に禁止されている。

⬅青梅鉄道福生支線の廃線跡。大築堤が多摩川の河川敷内に弧を描いて伸びる

8 未成線――東京山手急行電鉄

一部は着工されていた第二の山手循環線

敷設計画が未完成に終わった鉄道路線を、一般に「未成線」と呼んでいる。工事半ばで中止されたもの、免許等を得たが工事実施に至らなかったもの、免許申請したが許可が下りなかったものなど様々である。

未成線は全国的に存在するが、東京ではとくに明治時代半ばから戦前にかけて例が多い。山手線の内側を横断する路線、山手線の駅から郊外へ向けての路線、中央線（新宿―立川間）の駅をターミナルとしてさらに郊外へと伸びていく路線が多い中、異彩を放っているのが「第二の山手循環線」と謳った東京山手急行電鉄である。山手線の外側を、ぐるりと半周する計画だった。

背景には大正十二年の関東大震災後の郊外への移住者の増加、大正十四年に環状運転を開始した山手線電車の盛況があった。経済雑誌『事業と広告』昭和三年九月号は、東京山

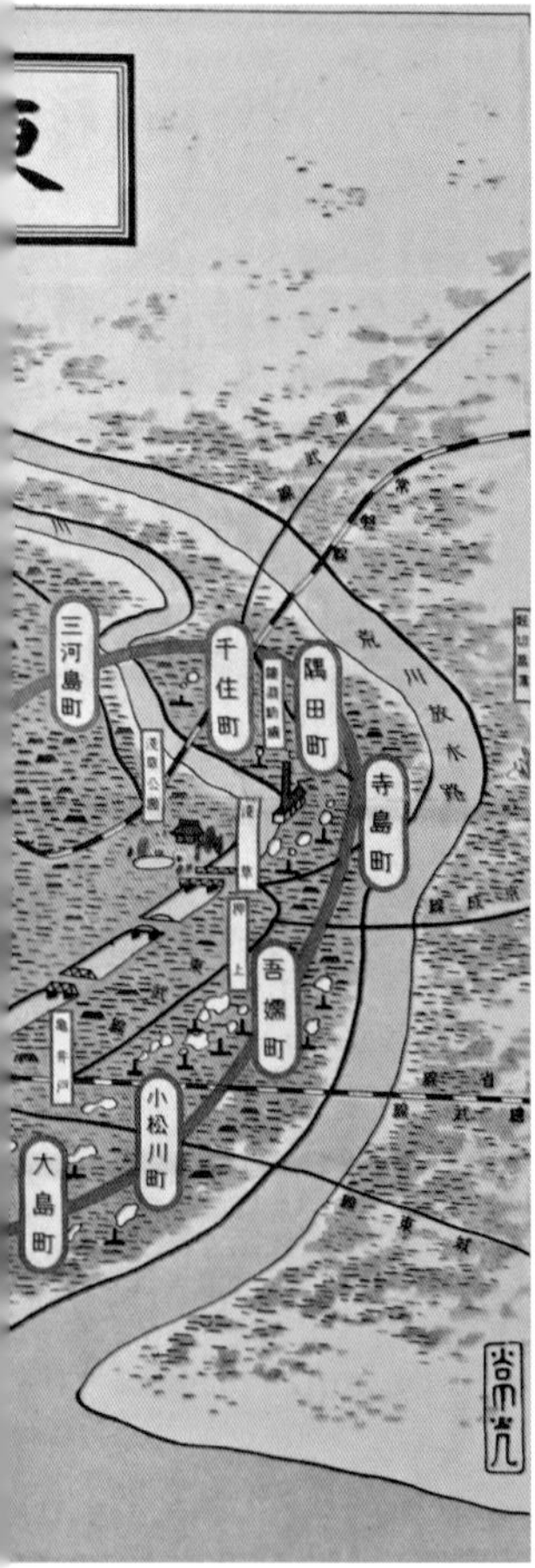

⬅東京山手急行電鉄の株式募集パンフレットに描かれた路線図（都立中央図書館蔵）。昭和初期のもので、昭和七年の予定線図（190ページ地図）とは経由地がやや異なっている

手急行の事業が有望な理由として、まず山手線の状況を以下のように伝えている。

「山手循環線のラッシュアワーにおける乗客の流れの凄まじさはどうであるか。老若男女の別なく、先を争う人々は他人の足（を踏む）どころか、都合のいい時は自分も口にする公衆道徳を蹂躙《じゅうりん》して憚《はばか》らない。凄《せい》というよりも、むしろそれは惨《さん》である」（「帝都の誇りとなれ！　東京山手急行」）。

東京山手急行は昭和二年、大井町─洲崎間の免許を取得する。その後一部ルート変更を行ったが、昭和四年十月の工事施工認可申請書によれば、大井町─駒込間、軌間三フィート六インチ（国鉄と同じ）、全区間複線、直流一五〇〇ボルト、堀割を

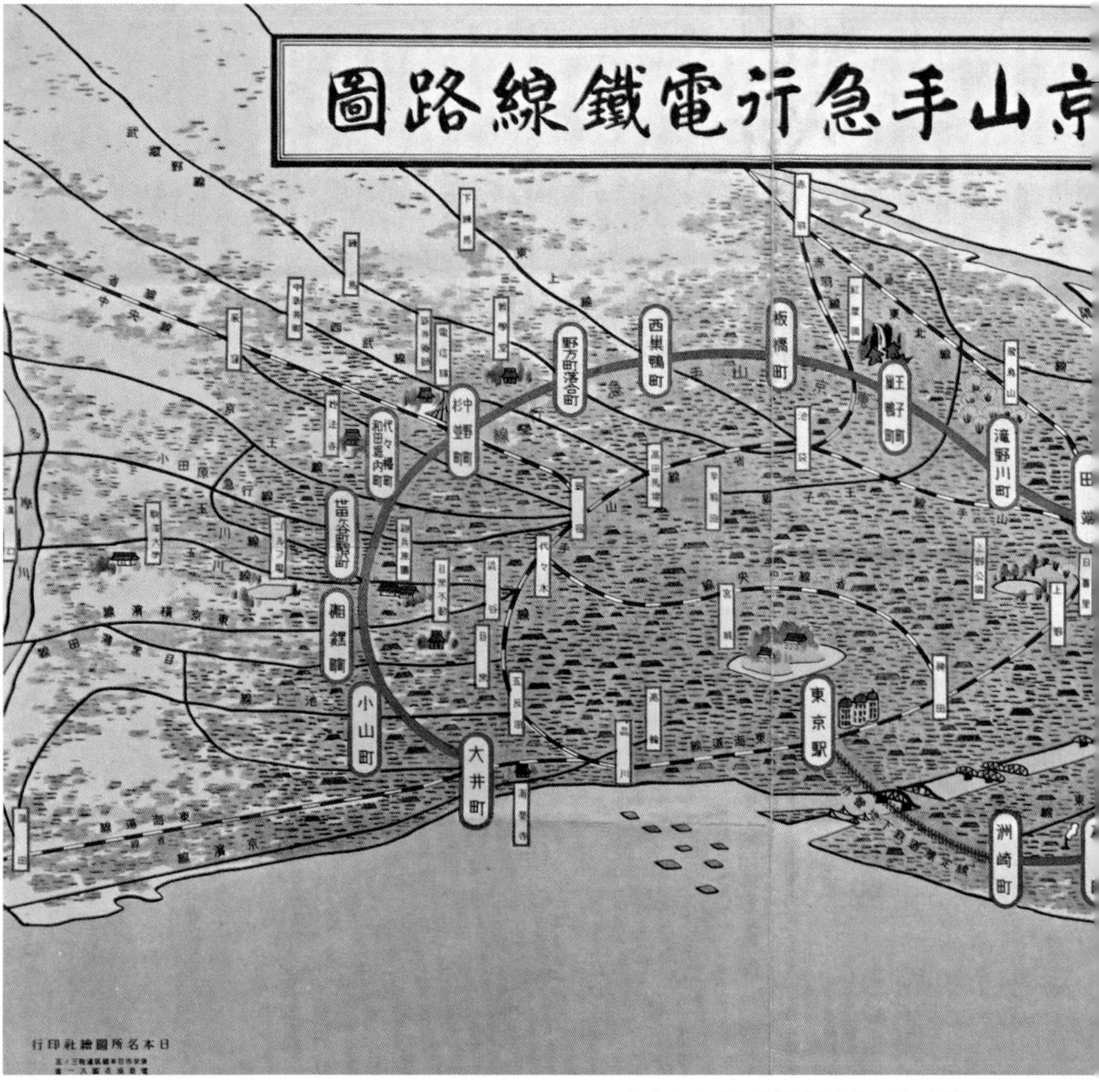

MAP◆東京山手急行電鉄路線図（未成線）

多用して踏切なし、トンネルなし、最急勾配25‰、最小曲線半径一二鎖（約二四〇メートル）といったものだった。堀割区間を長くしたのは、道路と立体交差にするためのほか、掘削工事で生じる残土で湿地を埋め立て住宅地として販売することも目論んだためである。

列車ダイヤ（194ページ参照）を見ると大井町―駒込間（三二・二キロ）に全三六駅、所要時間は一時間五分。当時の山手線電車と比べると、山手線は一周三四・五キロ、全二八駅を一時間四分で走っている（昭和五年時刻表）。東京山手急行電鉄は駅数が多く距離がやや短いのを勘案すると、両路線の電車は、印象としてほぼ同程度の速さといえるだろう。

大井町から自由が丘、中野、板橋、駒込、洲崎へ

途中他社線と交差する駅は、昭和七年の文書によれば以下のとおりで、「上」としたのは東京山手急行が高架橋などで乗り越える予定、「下」はくぐる予定のものである。いずれも現在の路線名・駅名で示した。

京浜東北線大井町駅―JR東海道線支線（当時は貨物線、現・西大井駅南方）「上」―東

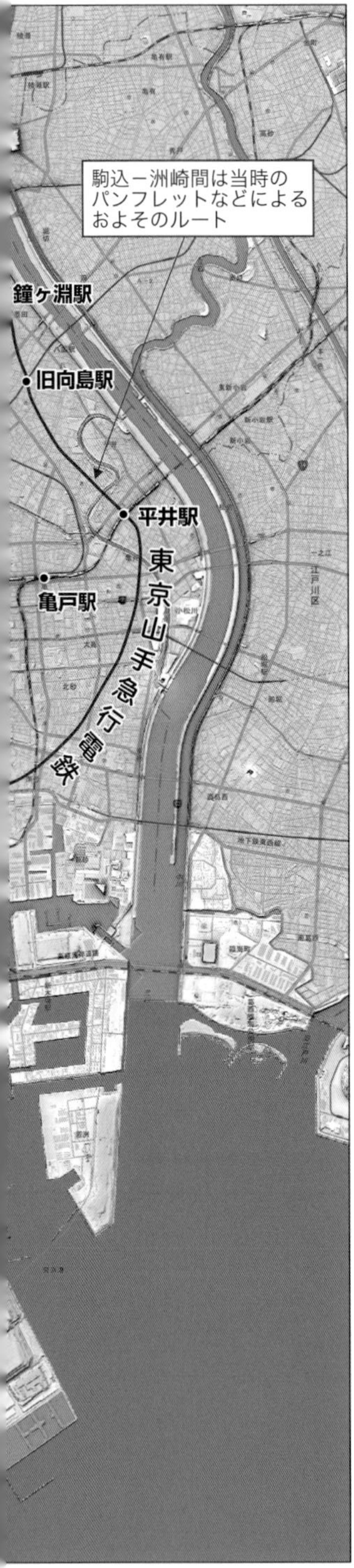

⬅左の地図の東京山手急行電鉄の路線（大井町―駒込間）は『鉄道免許・小田原急行鉄道（元帝都電鉄、東京郊外鉄道）2・昭和6～7年』（国立公文書館蔵）添付の地図を参考に記載

MAP ◆東京山手急行電鉄　計画路線図（昭和６年頃）

急池上線旧雪ヶ谷（現・雪が谷大塚より約一〇〇メートル石川台寄り）「下」―東急目黒線奥沢「上」―東急大井町線自由が丘「上」―東急東横線自由が丘「下」―旧玉川電気鉄道駒沢「上」―旧玉川電気鉄道世田谷線世田谷「下」―小田急線梅ヶ丘「上」―京王線明大前「下」―京王井の頭線明大前（同レベル）―旧西武鉄道（後の都電）天神前「上」―JR中央線中野「上」―西武新宿線沼袋「上」―西武池袋線江古田「下」―東武東上線（大山―中板橋間）「下」―JR埼京線板橋「上」―都電（旧王子電気軌道）西ヶ原四丁目（旧滝野川）「下」―JR山手線駒込

　昭和二年の大井町―洲崎の免許路線では、上記よりやや内側の東急目黒線武蔵小山、小田急線東北沢、西武池袋線東長崎付近を通って山手線駒込へ向かうものだった（『事業之日本』昭和三年九月号より）。駒込から先は、山手線田端、常磐線北千住、東武伊勢崎線鐘ヶ淵、京成旧向島（現・京成曳舟―八広間）、JR総武線平井を経て、洲崎へと達していた。

　洲崎は東京市の南東端、現在の東京メトロ東西線木場―東陽町間に位置し、当時吉原と並んで東京市電と亀戸（水神森）から伸びる城東電

➡東京山手急行電鉄の株式募集パンフレット（都立中央図書館蔵）

気軌道（後に東京都電）との乗換え地でもあった。洲崎を終点と計画したのは、東京市が市営地下鉄として東京（駅）―洲崎間を計画していたことにもよる。

通常の私鉄路線より一・八～四倍の建設費

　東京山手急行が免許を得た昭和初期は、第一次世界大戦後から始まる慢性的な不況の最中だった。有望な路線かもしれないが、ほぼ全線にわたって堀割や高架を建設してそこに高性能の電車を投入するのには、多額の資金が必要となる。見積もりでは一マイルあたりの建設費が目黒蒲田電鉄（現・東急大井町線など）や東京横浜電鉄（現・東急東横線）の一・八倍、小田原急行電鉄の約四倍に達していた。東京山手急行は利光鶴松が率いる小田原急行電鉄の傘下に入ることになり、発起人に、東京電燈社長で甲州財閥の代表格・若尾璋八、京阪電鉄社長の太田光凞《みつひろ》といった錚錚《そうそう》たる人物を揃え株式を公募した。結果は盛況となる。

「不景気の深刻化を裏切って、たちまちに驚くべき応募超過を示し、プレミアムどおりの跋《ばっ》扈《こ》が伝えられたのは、計画それ自身がすでに現在の帝都にとって必要欠くべからざる施設である事を裏書きするものであって、社運の好望を今から予断しうるといっても過言ではあるまい」（『事業と広告』同）と、経済誌も前途有望だと予想した。

　昭和五年、利光は東京山手急行電鉄の社名を東京郊外鉄道へと変更する。現在の感覚からすると「山手」、「急行」の言葉が入る社名はインパクトがあり、社名改悪の気がするが、沿線は東京市内ではないので郊外が正しいということなのだろうか。同社は翌年、渋谷―吉祥寺間の免許を取得していた渋谷急行電鉄の吸収合併も行っている。

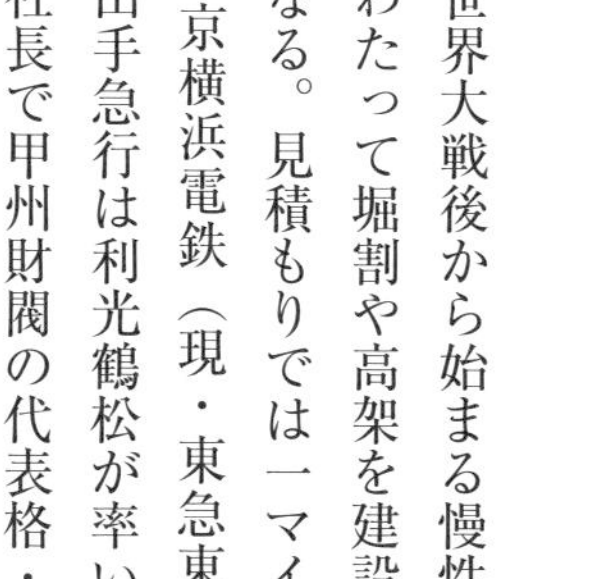

←東京山手急行電鉄（東京郊外鉄道）の予定路線が記された地図。国立公文書館蔵

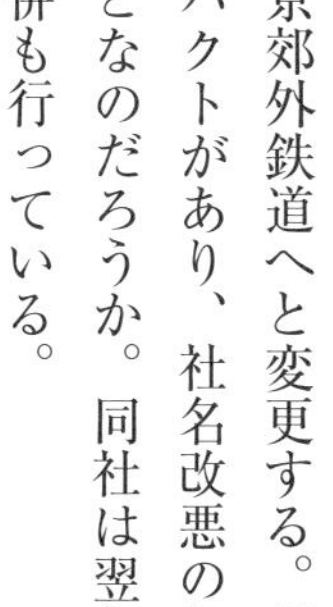

←東京山手急行電鉄の文書が綴じられた『鉄道省文書』（国立公文書館蔵）

昭和七年に東京市が五郡の隣接町村を合併して三五区になるため、市外だった東京郊外鉄道の沿線は区部に編入されることになった。そのため昭和八年、再び社名を変更して帝都電鉄とした。第二の山手線といったルートは変わらないのに、そのものズバリだった社名の特徴が不明瞭になってしまった。

この頃、小田原急行電鉄も乗客数が伸びず、資金の余裕がなかった。渋谷―吉祥寺間に建設資金をしぼることにして昭和九年、同区間が全通。これが現在の京王電鉄井の頭線である。

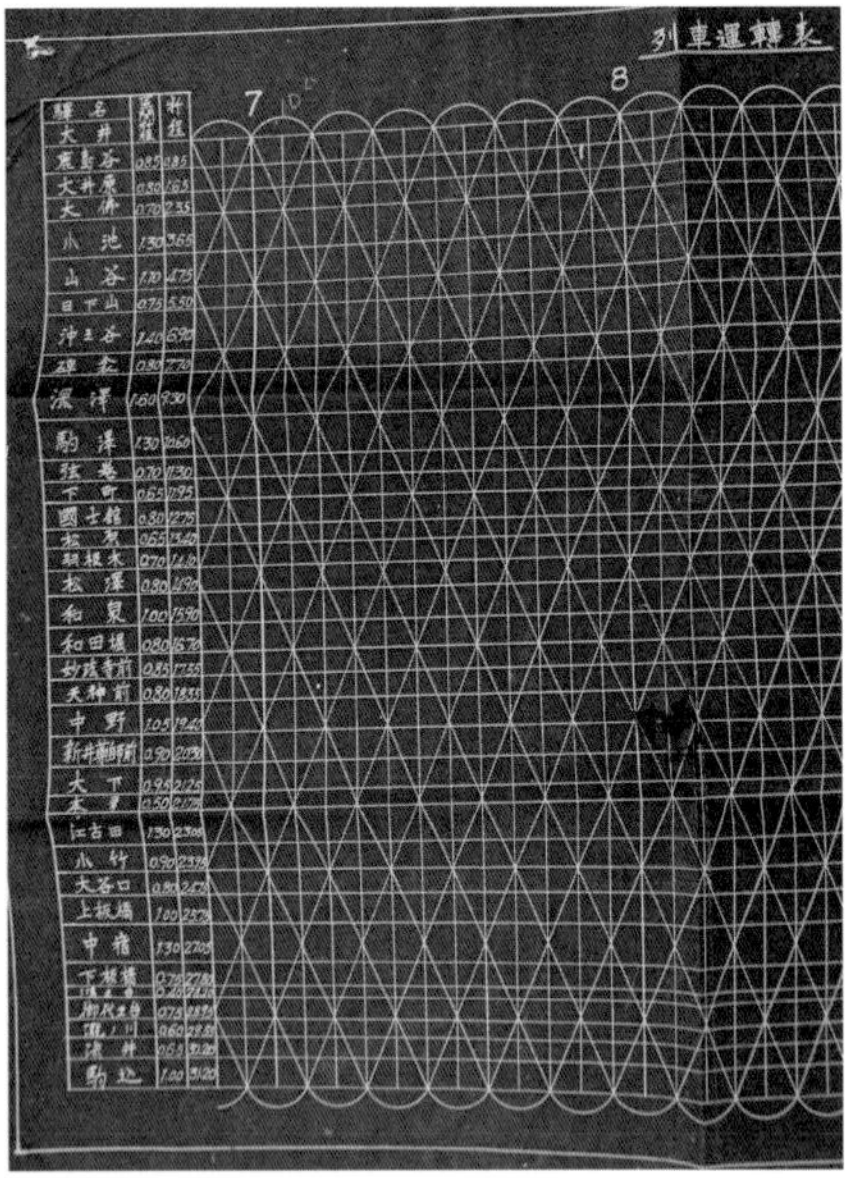

➡東京山手急行電鉄の列車ダイヤ（前掲、国立公文書館蔵より）。全三六駅、所要時間一時間五分、一〇分ごとの運行となっている

帝都電鉄井の頭線は、沿線の半分以上が未開発地帯で乗客が少ないうえ、積年の事業費が帝都電鉄の経営を圧迫していた。昭和十一年、駒込―洲崎間の認可申請を取り下げ大井町―駒込間の建設に縮小させ完成を目指した。だがしだいに戦時色が強まり、昭和十二年には日中戦争も始まって、利光鶴松が手がけた中国山東半島における金鉱開発が挫折する。電力の国家管理により小田原急行電鉄の親会社、鬼怒川水力電気の電力事業も失うことになり、鉄道建設は不可能となった。昭和十五年、大井町―駒込間の免許も失効となってしまう。

➡沿線に住宅が少なかった昭和十一年の帝都電鉄（現・井の頭線）代田2丁目（現・新代田）―下北沢間。写真：荻原二郎、『京王の電車・バス100年のあゆみ』より

Column

東京山手急行、架空乗車記

〈大井町―自由が丘〉

東京山手急行路線の特徴的な地点を見ていこう。大井町を発車すると右にカーブしながら勾配を上っていく。車窓右手には立会川の谷を見下ろしながら進み、現在の西大井駅のすぐ南側の地点で、当時は貨物専用の通称品鶴《ひんかく》線を高架で乗り越える高さまで上る。その後、台地と谷が入り組んだ地域を進んで呑川の谷へと出る。

現・雪が谷大塚駅付近での池上線との交差が最初の見どころである。呑川の谷と雪が谷大塚駅のある台地とでは、標高差が一〇～一五メートルある。池上線はそこを背の高い築堤で越えている。東京山手急行は池上線より呑川の下流側から台地へとアプローチするので、谷と台地との標高産は池上線よりさらに数メートル大きい。計画では、東京山手急行は池上線の下をくぐるので、呑川の谷を築堤か高架で進み、台地にとりついた地点から切通しで進んだだろう。

似たような崖線付近での鉄道線

呑川の谷を高い築堤で越える東急池上線石川台―雪が谷大塚間。東京山手急行電鉄は、写真左側（写真外）でくぐる計画だった

東急目黒線奥沢駅。東京山手急行電鉄は、写真右側付近で同線を跨ぐ計画だった

路のクロスは、府中崖線上に位置する分倍河原駅でのJR南武線と京王線の例があるが、そこよりもさらにダイナミックな光景となったことだろう。

　東急東横線と東急大井町線がクロスしている自由が丘駅付近も興味深い。同駅は谷底に立地している。大井町線は谷の中を走り自由が丘駅ホームも地表レベルにある。東横線の自由が丘駅の両隣駅側は丘になっていて、東横線は丘と丘をつなぐ形で自由が丘駅付近を、高架と築堤で進み、うまい具合に大井町線ホームの上に自身のホームを設けている。

　東京山手急行は地表レベルの大井町線と高架の東横線と両方とクロスしなければならない。東横線高架ホームのさらに上にホームを設けるのは避け、大井町線を跨いだ後、東横線をくぐる設計となっている。そのため自由が丘駅地点から少し離れた所を上り下りを繰り返す形で通っている。もし東京山手急行が実現していたら、戦後になって自由が丘駅の真下を通る

自由が丘駅を出発する東急東横線。スリバチの底の地形の所に高架ホームをつくっているのが分かる

MAP◆東京山手急行電鉄：大井町～自由が丘

地下ルートへと線路付け替えただろうと想像してしまう。

〈梅ヶ丘―明大前〉

　東京山手急行はその先、現在の環七通りの一～四キロ外側（西側）を北上し続ける。小田急線とは梅ヶ丘駅地点で交差するが、同駅は昭和二年の小田急線開通時には設置されていなかった。地元の有力者相原家が尽力して昭和九年に同駅の開業となる。梅ヶ丘という駅名は相原家の家紋が梅だったことによるという（異説もある）。東京山手急行がそれ以前に開通していたら、クロス地点である現・梅ヶ丘駅の地に、小田急は相原家の尽力を待たずに駅を開業していたと思われ、そうなると駅名も違ったものになったかもしれない。

　梅ヶ丘駅の北側に現・羽根木公園の丘がある。梅林で有名だがこれは駅名にちなんで後に整備されたものである。東京山手急行はこの丘の西部を貫いて進む。小田急線の上を高架で進んでいるので、丘に突入してからは比較的浅い切通しで抜けることができただろう。

　しばらく進むと右手から井の頭線（帝都電鉄）が近づいてくる。四〇〇メートルほど並走して明大前駅（当時の駅名は松原）に着く。両路線の線路は谷底を進み、台地上を走っていた京王線（大正二年開通）の下をくぐる構造となっている。ここでは地形をうまく利用できた。

　前述のように東京山手急行（東京郊外鉄道）は、渋谷急行電鉄を吸収合併していて、井の頭線は同社路線として開通した。明大前駅付近で井の頭線と東京山手急行が並走する予定区間は、井の頭線工事の際、東京山手急行線路部分も用地買収をして一部工事に取りかかっている。現在も井の頭線線路の両側にスペースがあるのは、そのためと思われる。

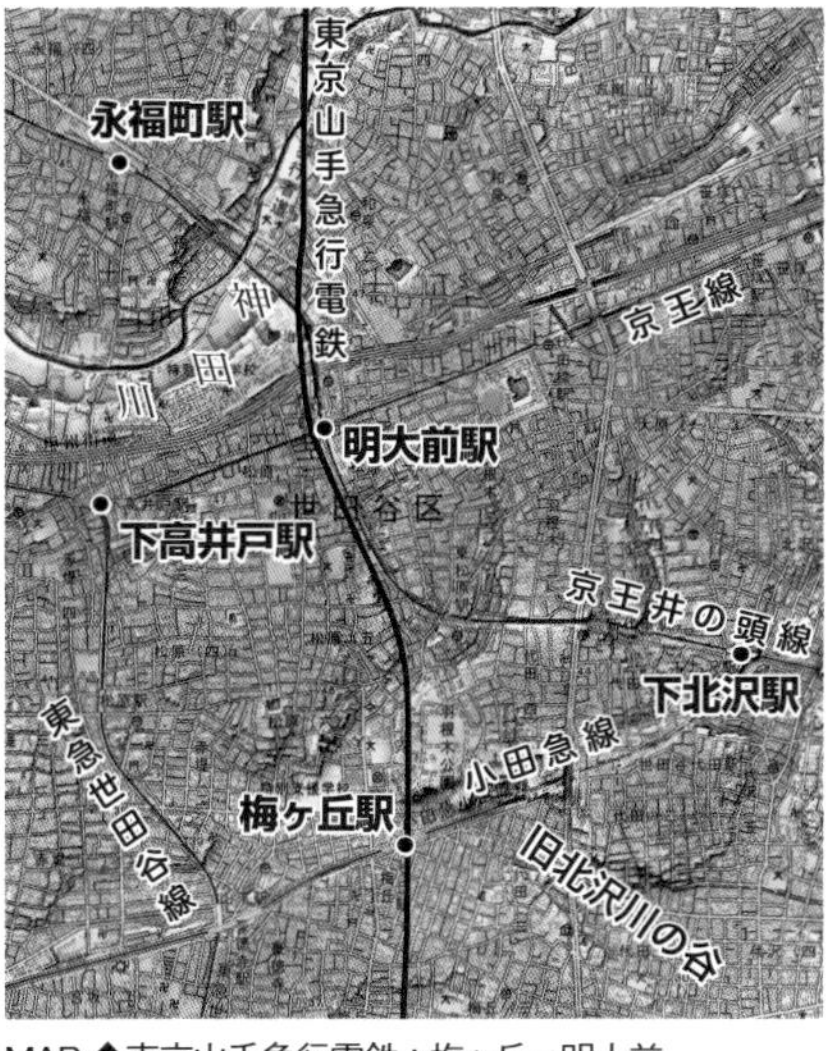

MAP◆東京山手急行電鉄：梅ヶ丘～明大前

井の頭線明大前駅付近の跨線橋。東京山手急行電鉄開業を見越して四線分のスペースがつくられている

中央線中野駅。ちょうどホーム先端（新宿寄り）付近で東京山手急行電鉄は中央線を跨ぐ計画だった

明大前駅の先、約二〇〇メートル吉祥寺寄りには、玉川上水の水道管と歩道が上を通る跨線橋がある。この橋を潜る四本の線路スペース（橋脚と橋脚の間）があるが、そのうちの二本を井の頭線が使用し、残りの二本はレールが敷かれていない。東京山手急行のためのスペースと思われ、東京山手急行の唯一の遺構とされている。

井の頭線と東京山手急行は、明大前駅の前後のどこかで交差しなければならないが、計画地図ではこの跨線橋の先（吉祥寺方面）での交差となっている。

〈中野―駒込〉

次に中央線と交差する中野駅地点を見てみよう。同駅付近では中央線と並行して三〇〇メートルほど南に桃園川の谷が続いている。中野駅は台地上にあり、桃園川の谷より約一〇メートル標高が高い。東京山手急行は中央線を高架で越える計画なので、中野駅手前で標高差二〇メートル近く上らなければならない。最急勾配が25‰とされているので、そのためには、現在東京メトロ丸ノ内線新中野駅（青梅街道沿い）付近から築堤や高架橋で上り続けなければならない。車窓としては見どころの一つだったろう。

　中央線ホームを跨いだ後、現在飲食店がずらりと並ぶ路地の「ふれあいロード」に沿ってさらに北上する。東京山手急行が完成していたら、ふれあいロードは、高架下の飲み屋街になっていたかもしれない。

　その先、西武新宿線を沼袋駅東側で跨いだ後、行く手にこんもりとした丘が現れる。現在江古田の森公園となっている地で、戦前は結核患者を隔離した東京市療養所だった。この丘の麓を江古田川が大きく蛇行して流れ、南側以外の三方向を囲むお濠のような役割を果たしている。東京山手急行はその丘の東端をかすめるようにして北へ進む。

　西武池袋線を江古田駅で下をくぐり、東武東上線とは現在の大山―中板橋の中間地点付近で交差している。中途半端な地点に感じるが、ちょうどその付近に川越街道上板橋宿があるためと思われる。また東武東上線開通（大正三年）当初、大山（昭和六年開業）、中板橋（昭和八年開業）の各駅はできていず、東京山手急行としては交差する地点に東武東上線の駅を設けてもらう皮算用だったのかもしれない。

　鉄道との交差ばかり見てきたが、街道との交差で最も気になるのが、中山道との交差である。板橋宿は平尾宿、仲宿、上宿の総称だが、東京山手急行は唯一の本陣（仲宿の飯田本陣）のすぐ近く、宿場のまさに中心地付近で交差している。平尾宿の南側にある現・ＪＲ埼京線板橋駅より板橋駅と名乗るのにふさわしい場所である。

　その先は、右にカーブを続けながら、駒込駅へと向かっていた。

MAP◆東京山手急行電鉄：中野〜沼袋

9 京浜電気鉄道の未成線

山手線の内側に沿って、御殿山・白金を経て青山へ

興味深い未成線としてもう一つ、京浜電気鉄道（現・京浜急行電鉄）の品川―青山南町間の青山線を取り上げてみたい。山手線の内側に沿って計画された路線である。

明治三十七年、京浜電気鉄道は川崎方面から品川（現在の北品川駅付近）まで延伸してくる。その勢いで都心まで路線を延ばしたいところだが、東京市内に線路を引くのは、何度か述べてきたように様々な制約があり難しい。

東京市の西側の市郡境界は、山手線の内側数百メートルから二キロ程度の所にあった（12ページ参照）。京浜電気鉄道の計画は、山手線線路と市郡境界線に挟まれた地（一部は市内に入る）に線路を敷いていくものだった。北品川駅付近も青山線青山南町も千駄ケ谷駅も、市郡境界線のすぐ近く、ぎりぎり市外となる地である。

明治四十一年、京浜電気鉄道は東京府荏原郡品川町大字北品川宿字裏町一六一番地先で本線と分岐し、豊多摩郡渋谷村大字青山南町七丁目二番地までの特許を得る。

その後一部修正された明治四十三年六月許可の資料で、そのルートを簡単に見ておこう。

現在の京浜急行北品川駅と新馬場駅の中間地点付近で本線と分かれＪＲ東海道線・山手線を

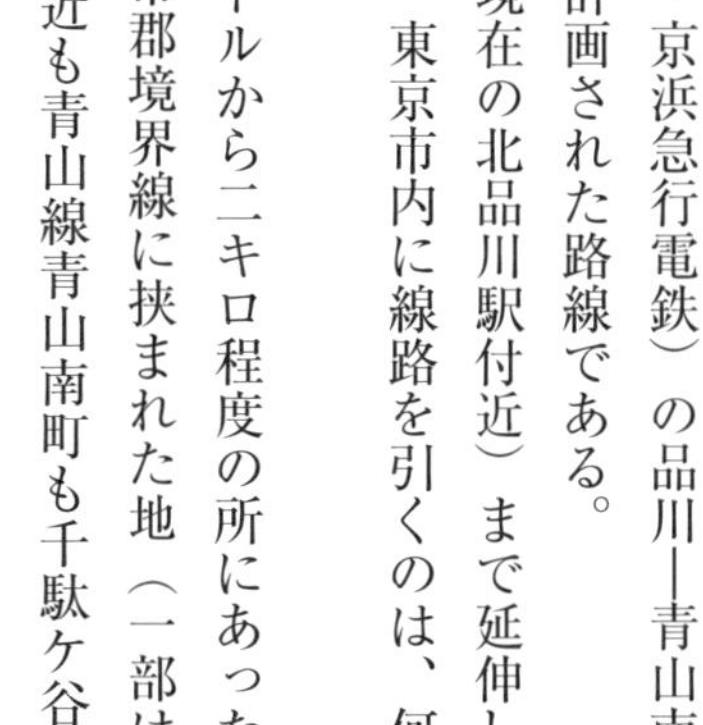

➡品川駅付近ＪＲを跨ぐ八ツ山橋を行く京急電車。未成線は八ツ山橋を渡る手前（川崎寄り）で、または渡ってから、それぞれ西に曲がって山手線の内側へ向かう計画だった

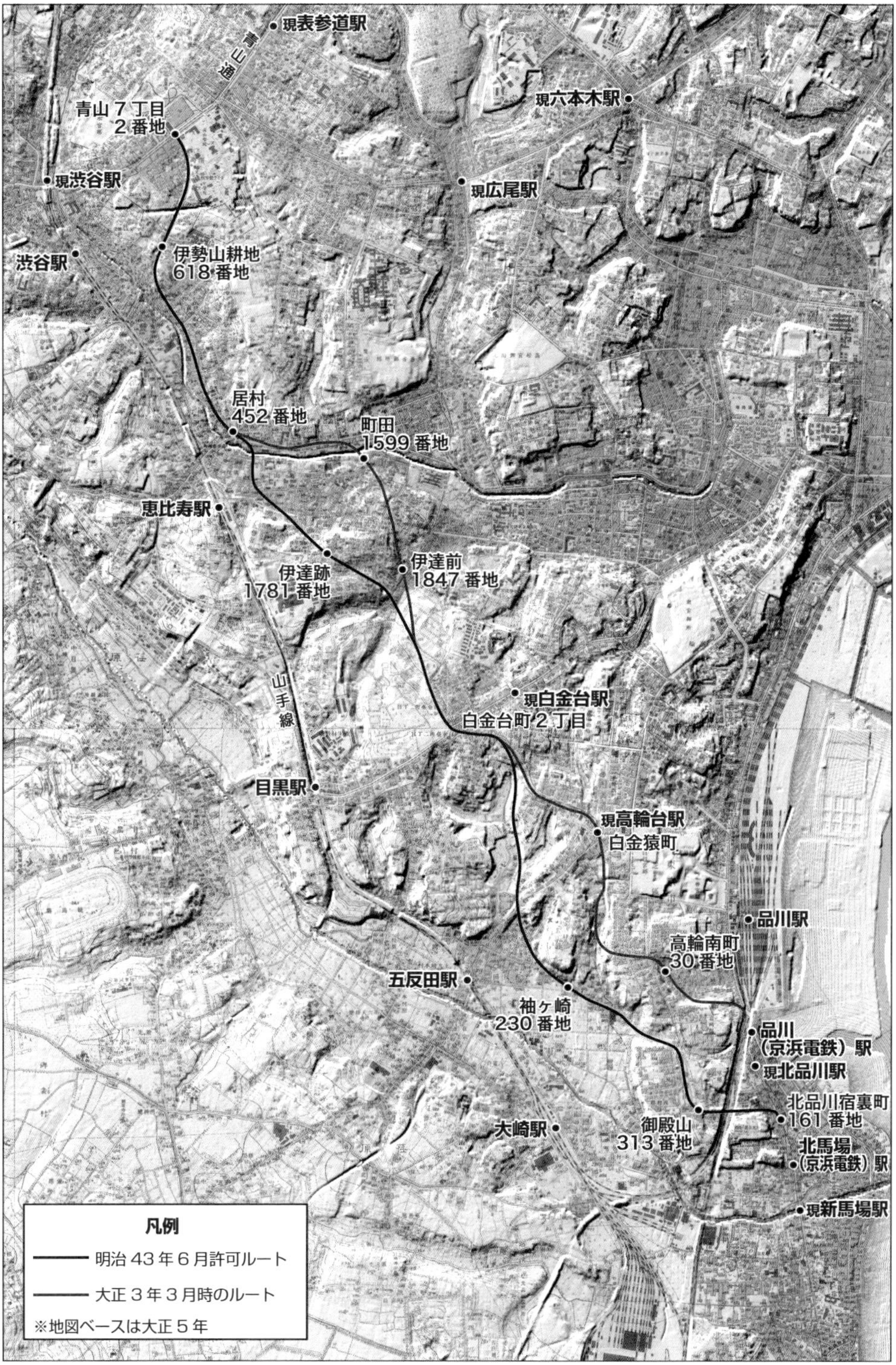

MAP ◆京浜電気鉄道青山線（未成線）（ベースの地図は大正５年頃）

越える。御殿山トラストシティ南側に池のある窪地があるが、そこを通って低地から御殿山の台地へと上っていく。この窪地は、幕末に海上に台場を建造した際、御殿山の一部を削って土を採った場所である。御殿山の台地に上るアプローチの場所としてこの地形を利用しようとしている。

その先、目黒川の低地に下りて、島津山の麓を通り、五反田駅の北二〇〇メートルくらいの所で国道一号線（桜田通り）を越える。池田山の山麓を台地へと上っていき、都営三田線白金台駅付近で港区内（当時の東京市内）に入る。国立自然教育園（明治時代後期は陸軍の火薬庫だった）の東側で外苑西通りを越えると、渋谷区（同東京市外）へと入る。

恵比寿ガーデンプレイス（当時は大日本麦酒工場）の東側の台地を通り渋谷川の谷に出る。青山学院大学敷地に沿うようにして進み、青山通りに出た地点が青山南町のターミナル予定地だった。その先、千駄ケ谷まで延ばす路線も申請し、大正元年に特許を得ている。

ルートに関しては何度か変更されている。御殿山、白金など地形の凸凹の激しさ、上大崎の陸軍施設との関係、都市化が進んで人家密集地の出現などが変更の理由である。現・品川

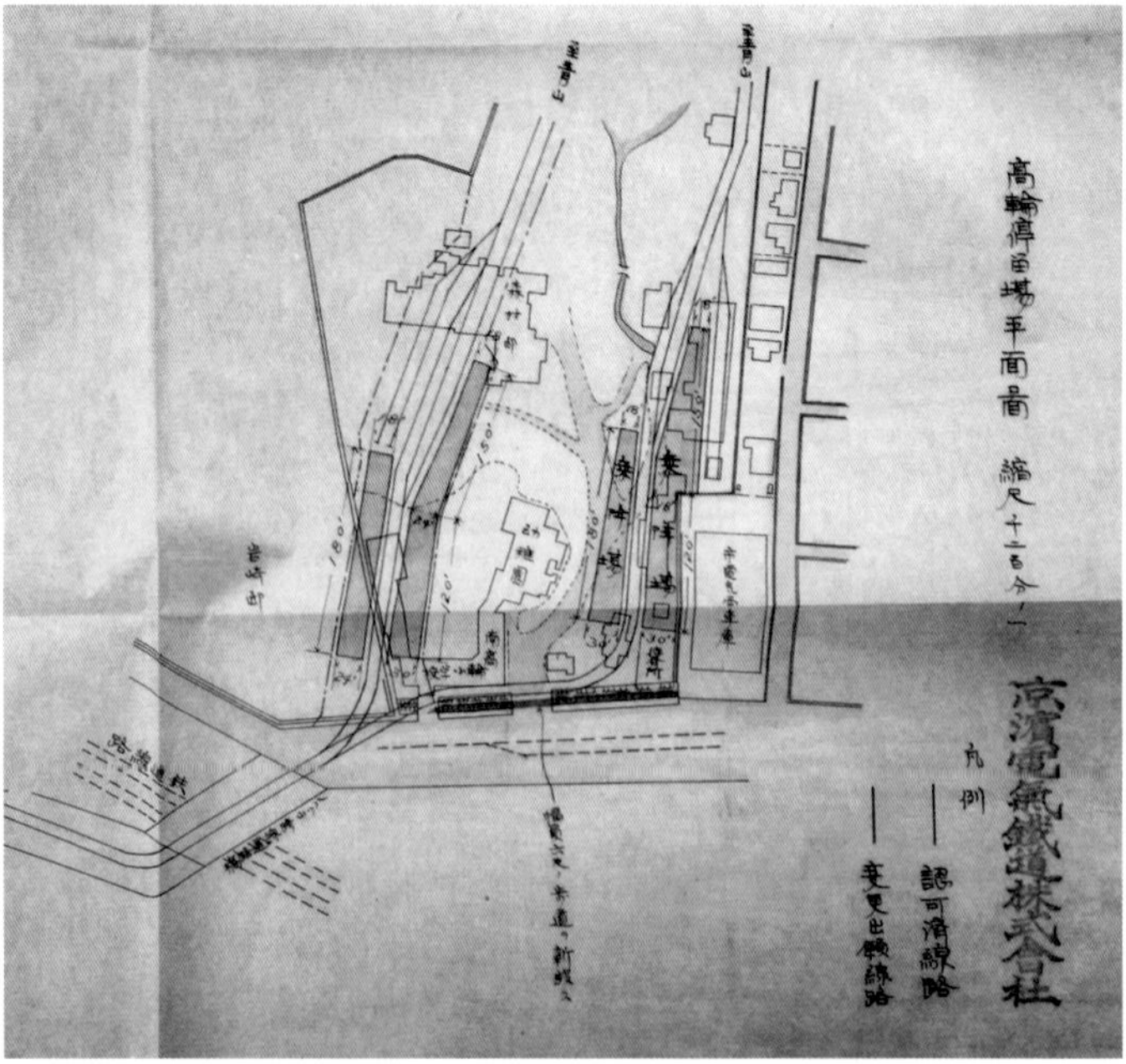

➡八ツ山橋東詰すぐの所に高輪駅をつくる図面。「高輪停留場平面図」（大正五年頃）。国立公文書館蔵

駅付近を経て、西に向かって八ツ山を約一五〇メートルのトンネルで抜けるルートへの変更も申請し、許可を得ている。

品川駅付近を経てのルートでは、八ツ山を越えた後、やや北上して白金猿町を経由している。現在の都営地下鉄浅草線高輪台駅付近で、ここも東京市と郡部の境界線にあたる。昭和初期には、都心方面からの東京市電が、白金猿町まで伸びていた。

昭和三年、東急池上線（当時は池上電気鉄道）が蒲田方面から五反田まで延ばしてくる。池上電気鉄道では、さらに白金猿町まで延伸させ、そこで京浜電鉄と接続する案、または自社路線で品川まで向かう案などを計画していた。池上線が高架の山手線五反田駅ホームのさらに上にホームをつくったのは、山手線の内側への延伸を計画していたためだった。

昭和七年東京市が三十五区に拡大し、東京市電がそれまで市外だった五反田駅まで延伸してきた。池上線が白金猿町方面へと延伸する価値が薄らいでしまった。

京浜電鉄青山線、千駄ケ谷線も資金調達難や関東大震災の影響などにより、着工されないまま大正末には特許取り消しとなっている。

なお２０１ページの地図に示した予定線は、明治四十三年六月に許可されたルートをベースにして、その後いくつかある変更ルートのうち、大正三年と同七年に許可された変更ルートを示している。ルートの特定にあたっては、国立公文書館で閲覧した資料では、経由地数カ所の詳しい住所番地、及び途中の町名が記されているのみなので、その経由地同士を結ぶ途中ルートに関しては、地形、諸施設の存在を考慮しながら推測で記している。

⬅高架の山手線を跨ぐため高い位置につくられた池上線五反田駅ホーム

⑩ 旧西武鉄道と多摩川急行電鉄の未成線

新宿・渋谷から西に向かう郊外鉄道

渋谷、新宿など山手線ターミナルから郊外へと向かう路線も、いくつかの社によって数多く計画されたが、ほとんどが未成線となった。免許を取得していた例として、新宿起点で立川への旧西武鉄道と渋谷起点で同じく立川への多摩川急行電鉄の例を見てみたい。

中央線と京王線の間を西に向かう旧西武鉄道

旧西武鉄道は大正十二年に新宿から浅間山（現・府中市）への敷設申請をし、昭和四年、新宿—立川間へと変更の申請を行っている。

敷設の理由に関して申請時、「多磨墓地（現在の多磨霊園）、高千穂高等商業学校（現在の高千穂大学）、深大寺公園などの「公共的施設」の交通を良くするとともに、『大東京市復興材料輸送』に貢献するため」（『学園都市開発と幻の鉄道』）と述べている。

この時の西武鉄道は、現在の西武鉄道のルーツの一つだが、登記上の直接のルーツではないため、一般に旧西武鉄道と記され、本書もそれに従っている。同社の経緯は武蔵水電、帝国電灯といった電力会社との関係もあり複雑で、簡略に述べれば、第一部で述べた国分寺—

➡青梅街道西新宿付近を行く荷馬車と西武軌道電車。大正十二年。『目で見る新宿区の100年』より

川越間の川越鉄道を引き継ぎ、新宿―荻窪間で青梅街道上の軌道を経営する西武軌道を合併し、昭和二年に高田馬場―東村山間の現・西武新宿線を開業させた会社である。現・西武池袋線にあたる武蔵野鉄道とは村山貯水池（多摩湖）への行楽客の争奪戦をするなどライバル関係だったが、終戦直後の昭和二十年九月に武蔵野鉄道に吸収合併されて（現）西武鉄道（昭和二十一年現在の社名に変更）となっている。

　未成線のコースを簡単にたどってみよう。新宿を出てから中野新橋付近を通り、神田川・善福寺川の谷沿いを西に向かう。現・和田堀公園付近で善福寺川の谷と分かれた後は、現・井の頭線久我山駅付近から人見街道に沿って進む。現・国際基督教大学の南を通って京王線府中駅北側に至る。途中大正六年に開業していた多摩鉄道（現・西武多摩川線）とクロスする。旧西武鉄道は昭和二年にこの多摩鉄道を合併し、同四年、両路線がクロスするはずだった西武多摩川線の地点に多磨墓地前（現・多磨）駅を開業させている。その先では府中に達すると北北西に進路を変え、国立駅を経由して立川へと向かう。

　上記のコースの特徴を考えてみよう。地理的に新宿から中央線と京王線の間を行き、両路線との競合をうまく避けようとしている。計画当時、この未成線が通る神田川・善福寺川の谷周辺は、台地上の甲州街道（京王線が沿って走る）沿いや青梅街道（荻窪で中央線と斜めにクロスする）沿いに比べて、人家が圧倒的に少なかった。現代の地図では、方南通りや井の頭通りに沿っている区間があるが、昭和初期では方南通りは細く曲がりくねった道で整備されていず、井の頭通りはまだできていなかった。

　新宿から久我山付近までにかけてなら都心に比較的近いため、鉄道が開通すれば住宅地と

⬅西武多摩川線多磨駅。同地で未成線はクロス予定

⬅国立駅南方にキャンパスが広がる一橋大学

して発展する可能性が高いと目論んだことだろう。久我山付近から先は、人見街道に沿っているので、甲州街道ほどではないにしろ、これも鉄道開通で街道沿いに人が集まってくるのが期待できる。

自社で買収した旧多摩鉄道とクロスしているので、前項で述べた旧多摩鉄道沿いで採掘した多摩川砂利の都心方面への輸送も行える。当時国鉄新宿駅は貨物も扱う駅であったし、新宿などから東京市内に網の目のように張り巡らされている市電の電動貨車を使って、市内じゅうに砂利を運ぶことも可能である。

昭和二年に国立に移転してくる東京商科大学（現・一橋大学）学長の佐野学は、西武鉄道に対し、学生の交通の便と大学建設の工事用材料の輸送のために、国立経由立川までの延伸を嘆願している。こうして国立大学町の住人や学生も

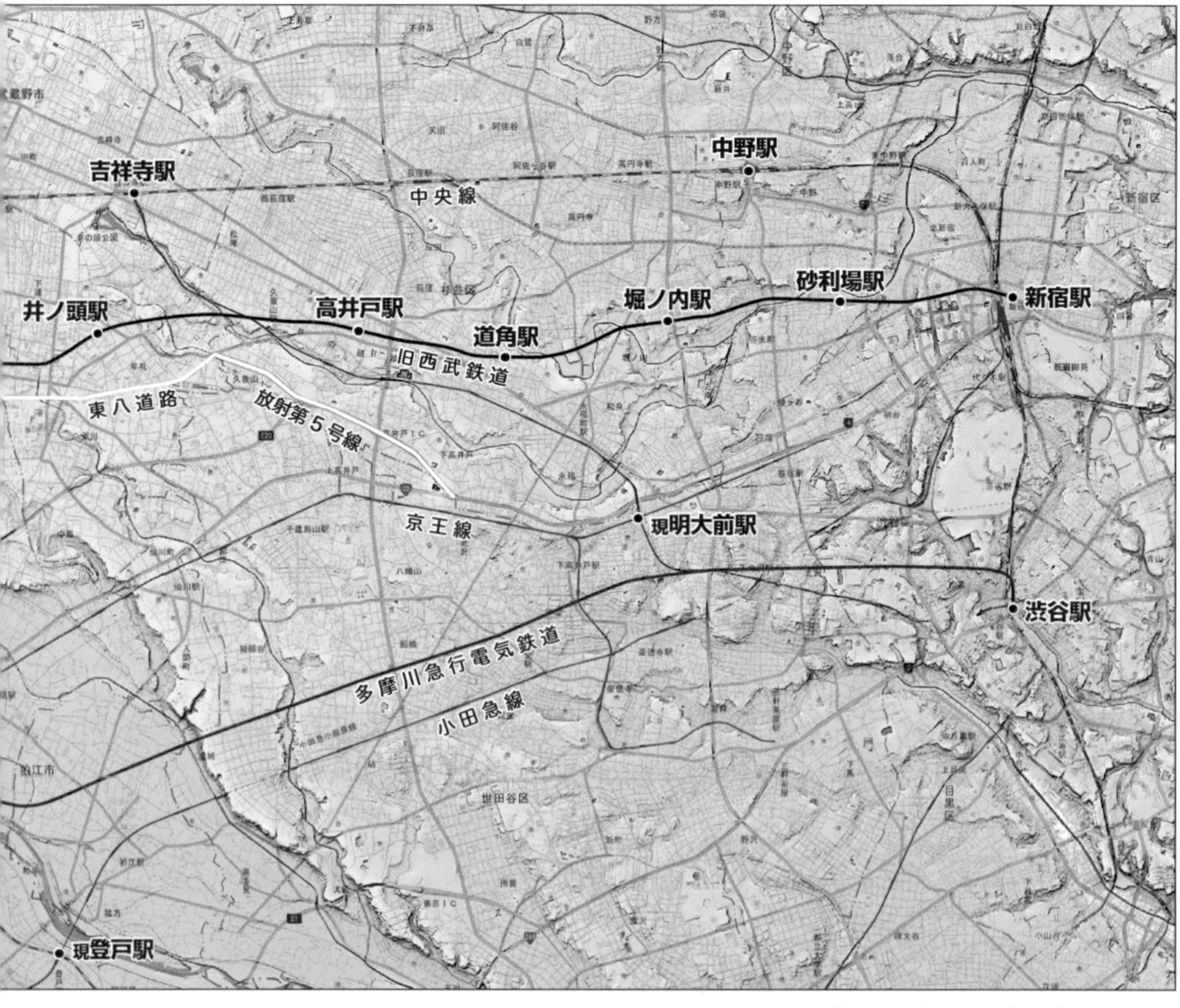

MAP◆（旧）西武鉄道と多摩川急行（未成線）

乗客と想定して、中央線の有力駅の立川へと向かうものだった。

　こうして見ると、開業に至らなかったのが残念に思えてくる。もし開業していたなら、京王線は路面電車区間もありスピードが遅かったので、旧西武鉄道は府中―新宿間の乗客の相当数を京王から奪えたのではないだろうか。スピード争いも勃発したかもしれない。

渋谷起点の多摩川急行

　もう一路線、渋谷―国立間に計画された多摩川急行電気鉄道を挙げておこう。箱根土地株式会社の堤康次郎も発起人に名を連ねている会社である。

　同社は大正十五年、渋谷―下北沢―国立間の本線と下北沢―吉祥寺間の支線の敷設を申請した。渋谷から下北沢へは、現在の井の頭線より北側、東京大学駒場

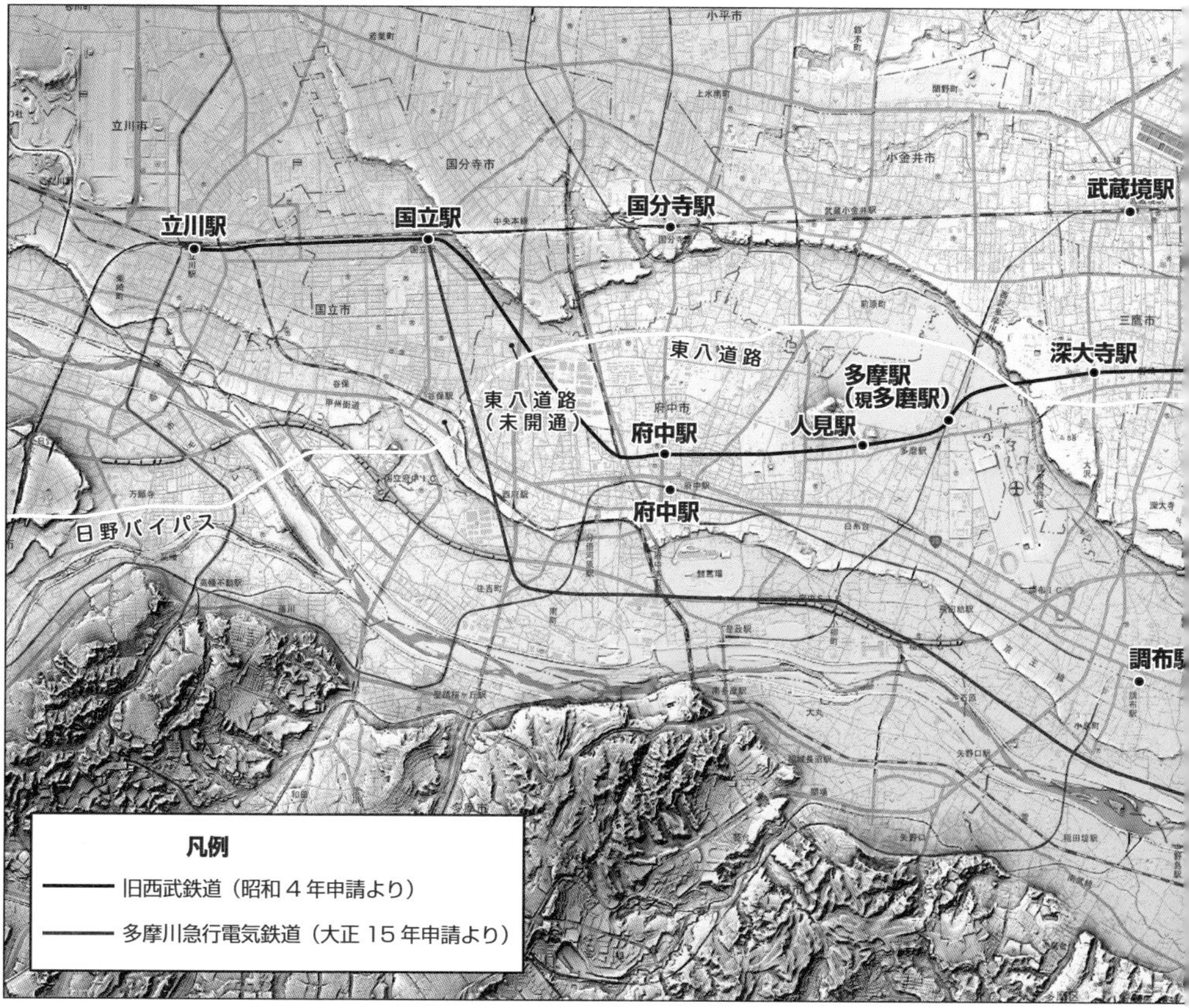

キャンパスの北側を通り、下北沢から西は、京王線と小田急線の間を狛江市北部まで進む。そこからは多摩川の河川敷近くを京王線に沿って西進し、分倍河原付近から北に転じて国立へと向かうものだった。支線の下北沢から吉祥寺へは、ほぼ一直線のルートを取っている。

申請書に添付された平面図は、本線の方も直線に引かれた区間が長く、検討が不十分な段階という感じを受ける。狛江付近までは小田急線、府中付近までは京王線と一キロ程度しか離れていない区間が長い。そのためこれらと乗客をもろに食い合ってしまう。渋谷まで乗換えなしで行けるというメリットがあるものの、とくに当初から電車で高速輸送を行っていた小田急との争いは苦戦を強いられただろう。

このほか、早稲田―立川間の西武急行鉄道、新宿―立川間の立新電気鉄道、渋谷―多摩陵間の城西急行鉄道などがあるが、上記の路線いずれもが、昭和初期の不況やすでに免許を得ている他社線との競合などにより申請が通らなかったり、着工に至らなかったりした。

また、上記未成線と並行する道路として、未完成区間が残る「東八《とうはち》道路」（三鷹市牟礼―国立市谷保間の都道）についてふれておきたい。未成線とは異なり計画が進行中の道路である。幅員三〇メートルの同道路が都市計画決定されたのが昭和二十一年。令和元年に同道路の東側が杉並区内の甲州街道とつながった（放射五号線）のだが、計画から七五年以上経った現在も府中市西原―国立市谷保間一・三キロが未完成である。

東八道路は都市計画道路の東京八王子線の一部で、谷保から西は、日野バイパス、八王子南バイパス（現在一部のみ完成）を経て圏央道の高尾山ＩＣ（八王子市南浅川町）へとつながる予定である。

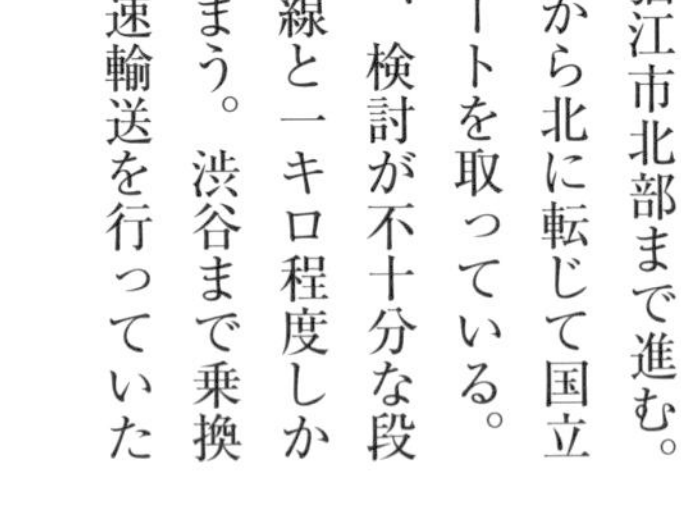

➡多摩川砂利を運搬していた市電の貨車。『都電60年の生涯』より

⑪ 首都高速道路の建設

オリンピック開催前から決まっていた東京の大改造

日本は昭和十二（一九三七）年に日中戦争、同十六年に太平洋戦争へと突入し、昭和二十年八月の敗戦を迎える。空襲により、東京の中心部は広範囲にわたって灰じんに帰した。戦後復興が進み、昭和二十九年からは高度経済成長が始まった。政府（経済企画庁）による昭和三十一年度の経済白書は「もはや『戦後』ではない」と高らかにうたった。そして復興の総仕上げの象徴とされたのが昭和三十九年の東京オリンピック開催である。オリンピックを成功させ、経済大国へと向かう日本の姿を世界中に示すことが、大目標とされた。

この大会のために東京の街の大改造が行われたとよくいわれる。たしかにその目玉である首都高速道路の建設、オリンピック道路に指定された都内幹線道路の整備、東海道新幹線、羽田空港への東京モノレールなど、いずれもオリンピック開催の直前に完成している。首都高速は、外国人を迎える羽田空港から都心までの全通が昭和三十九年八月二日、東京モノレールが同年九月十七日、東海道新幹線も十月一日開業である。オリンピック開会式が十月十日なので、まさに滑り込みセーフで間に合わせての完成だった。

⬅赤坂見附付近、弁慶濠（外濠）に沿って伸びる首都高

だが実は、これらの計画の多くは東京オリンピックと関係なく、あえて言えばもっと切実な状況から生まれたものだった。もちろんオリンピック開催で来日する多くの外国人に、首都東京の貧弱なインフラを見せるわけにはいかない。そのための大改造だが、そうした国家の体面を保つこと以上に、都民にとって切羽詰まった問題から計画されたものだった。

戦後の高度経済成長下、通勤電車の大混雑が発生したがそれは戦前にもあり、不十分ながらも数々の対策は打ってきた。昭和三十年代に新たに生まれたのが交通渋滞だった。

東京における自動車保有台数は、昭和二十五年約六万五〇〇〇台だったのが、同三十五年には六〇万台と、十年間で約十倍も増えている。昭和四十年には都心の交通量は限界に達して、都心はまったくの麻痺状態になるとの調査結果が公表された。当時「昭和四十年問題」として、何度も新聞紙面を賑わせている。

行政の対応を振り返ると、敗戦から四カ月後の昭和二十年十二月に「戦災地復興計画基本

MAP◆主に川と運河の上に建設された首都高速道路（ベース地図は明治16・17年測量「五千分一東京図測量原図」）

方針」が閣議決定された。これに基づく東京の復興事業には、幹線道路として幅員五〇メートル、必要に応じて同一〇〇メートルの道路を建設すると掲げられていた。だが財源不足からこうした道路プランは実現しなかった。

昭和二十五年には「首都建設法」が施行される。同法の性格は、「東京は首都なのだから他の都市より財源的に優先させよ」というもので、同二十八年には首都建設委員会により首都高速道路（都心部での一つの環状線と五つの放射線による四九キロメートル）の建設が勧告された。だが同法も成果を出さずに終わる。

次に施行されたのが、昭和三十一年の「首都圏整備法」である。これは東京一極集中だった首都建設法の失敗に学び、一都三県（神奈川、埼玉、千葉）の周辺都市も含めた開発という点を特徴とするものだった。同三十三年首都圏整備委員会は、一つの環状道路と八つの放射路線計七一キロの都市高速道路建設を告示した。建設に向けて大幅に前進した形である。

第一八回オリンピック大会の開催都市が東京に決まったのは、この後である。同三十四年五月二十六日、ＩＯＣ総会で東京が他の三候補都市を票決で上回っての決定だった。

ただしオリンピック開催決定が、首都高速の完成を早めたのは事実である。首都高速道路公団も同三十四年六月に設立されている。決定前には、昭和三十三年度を初年度とする「第二次道路整備五箇年計画」が実施されていて、首都高速道路への事業費は五八九億円だったのに対し、開催決定後は、五年の経過を待たずに同三十六年度を初年度とする「第三次道路整備五箇年計画」が急遽作成された。ガソリン税の引き上げを財源として、首都高速道路建設予算は一一八九億円へと倍増されている。

➡飯田橋駅付近、神田川の上を行く首都高

首都高速道路は、随所にある急カーブに加え、合流時などに車線変更をごく短い距離で行わなければならないなど、コース設計に対して多くの欠点が指摘されている。これに関してもオリンピックとは関係なく当初からの設計で、「昭和四十年交通麻痺問題」までにつくるという工期と予算不足によるものだった。ルート選定にあたっては、用地買収を極力少なくするために、「河川又は運河（の上）を使用するものとし、やむを得ざる場合には広幅員の道路上に設置する」としていた。そのため急カーブの箇所が多くなった。日本橋の上を覆い被さる形で通ることで名高い地点は、当初日本橋川を空堀にしてその底に建設する予定だったが、河川管理者の許可が下りなかったので、現在の形になった。

２１０ページの地図が示すように、環状線では北から時計回りに日本橋川、楓川、築地川、古川、内濠を通り、環状線の内側の八重洲線では外濠川、放射状の路線では神田川、隅田川、外濠などの上に建設されている。これらは、隅田川、神田川（飯田橋以西）、古川を除けば、江戸時代前期に徳川幕府により整備された水路である。

首都高速は、昭和三十七年十二月、京橋―芝浦間が開通、オリンピック開催までには、都心環状線（霞が関―芝公園間は未開通）、及び1号羽田線浜崎橋から羽田空港まで、4号新宿線三宅坂から新宿を経て初台までなどが開通している。

昭和の東京オリンピック成功のためには首都高速道路の建設が不可欠だったとすると、その成功は徳川幕府がつくってくれた水路というインフラの恩恵を強く受けたともいえる。

←ともに昭和三十九年東京五輪に合わせて建設された東京モノレールと首都高羽田線

⑫ 通称オリンピック道路

オリンピックと関係ない環七通り建設進捗の理由

都内には「オリンピック道路」と呼ばれる道がある。昭和のオリンピックを契機に改修・建設された道路で、それまでも都市計画道路として指定されながら遅々として進捗していなかった放射四号線（青山通り・玉川通り）、放射七号線（目白通り）、環状七号線（環七通り）の西側半分などのことをいう。

ここで環七通りについて考えてみたい。環七はオリンピック開催に本当に必要な道だったのだろうか。

確かに沿線には開会式の開かれる駒沢競技場、馬事公苑（馬術会場）、少し離れて戸田漕艇場、朝霞射撃場といったオリンピック会場があり、それらと羽田空港を結ぶ道となっている（環八の方が羽田空港に近いが、昭和三十九年頃ではまだ多くの区間が未開通）。当時はまだ成田空港ができていなかったので、外国からの選手団、観客は羽田空港に降り立つ。こうした状況のため、「環七は、羽田空港とオリンピック会場を結ぶのに便利なので、オリンピック道路として開通させた」などと一般常識のように語られているのも見かける。

だが、羽田空港から直接競技会場へと行く人は、ほとんどいないだろう。まずは選手村や

➡環七通りの若林踏切。道路優先で、東急世田谷線が信号待ちをする

都心のホテルなどへと向かうはずだ。選手村があったのは、現在の代々木公園。羽田から代々木や都心のホテルへは、首都高速や東京モノレールを利用する。また選手村や都心のホテルから駒沢の競技施設や馬事公苑へは、青山通り・玉川通りを利用する。拡幅整備されたこちらの通りは、「オリンピック道路」の名にふさわしい。戸田漕艇場や朝霞射撃場へは目白通りなどを利用する。こちらもまさにオリンピック道路である。いずれも東西の移動である。このように見ていくと、都心の西側を南北に走る環七通りはオリンピック関係者にとって、利用されることが少ない道だと分かってくる。

環七は１４４ページで述べた東京市による昭和二年の都市計画に盛り込まれている。戦前に一部の区間は供用開始されたが、戦時体制に入ると計画は凍結され、戦後も東京オリンピック開催が決定される頃まで、ほとんど放置された状態だった。

ではなぜ、オリンピック時にはあまり利用されなさそうな環七通りが、オリンピックを機として建設が進んだのだろうか。謎解きの鍵は、選手村予定地の変更にある。

大会組織委員会は昭和三十五年、選手村を埼玉県朝霞の米軍基地、キャンプドレイク・サウスエリア（現・陸上自衛隊朝霞駐屯地など）に計画した。この場合、当時未開通の環七通りは、羽田空港と朝霞の選手村、朝霞の選手村と駒沢などの各競技施設を結ぶ超重要道路となる。都心から見て北西にあたる選手村から環七通りでの南北の移動が必要となるわけである。朝霞に選手村を設置した場合、主会場から約二〇キロ離れていてやや遠いのだが、各オリンピック道路が整備され適切な交通整理が行われれば、クルマで約四〇分で行けるという

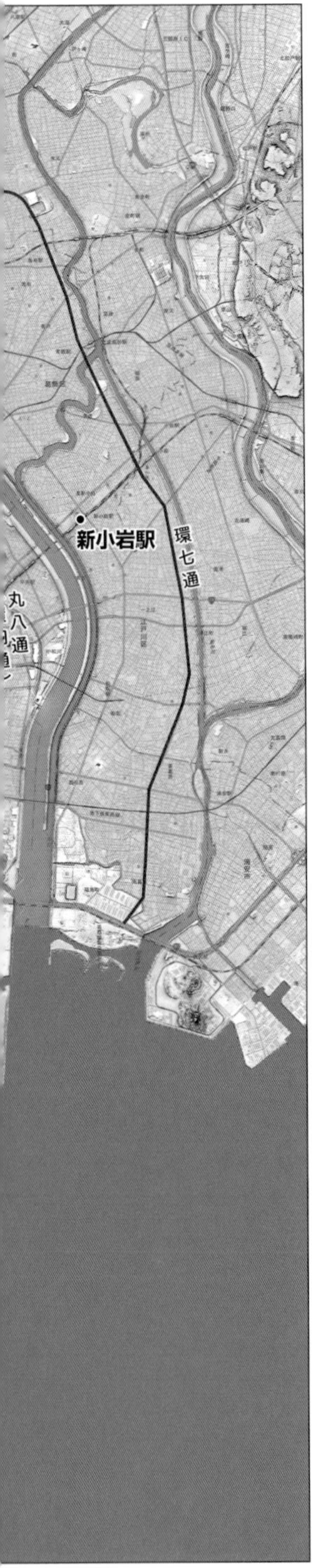

ことで、問題なしとされた。都の関係者も、長年懸案だった環七通りの建設が進むので、朝霞に選手村を設けるのを支持し、それを前提としての道路整備が推し進められた。

当時日本政府は、キャンプドレイクの他に、米軍の兵舎・家族用居住宿舎となっているワシントンハイツ（現・代々木公園など）の返還も米国に求めていた。都心にあるワシントンハイツは返還の可能性が低いと踏んでいたようだが、昭和三十六年になって米側はワシントンハイツの全面返還に応じるという予想外の回答を出してきた。

米軍がハイツ内施設を完全に明け渡すのは昭和三十八年十一月とされた。これではオリンピック開催までわずか十一カ月しかない。一部エリアの明け渡しをその前年に求めるなどの交渉も行い、選手村を交通の便がいいワシントンハイツへと変更した。

選手村が代々木となった時点で、南北の移動が大幅に減少し、オリンピックでの環七通りの重要性が低くなったが、建設計画は続行され、羽田空港から北区北部まで、環七通りの西半分の区間はオリンピックまでに開通した。「オリンピックを成功させよう」という当時の熱気を帯びた合言葉のもと、困難だった用地買収を進展させ、機に乗じて完成させてしまったという感がある。なお東側半分の全通は昭和六十年となる。

MAP ◆東京の環状道路（1号～8号）

13 都電の廃止

昭和三十年代までは四〇系統の路線網

東京オリンピック後の昭和四十年代は、同三十年代まで全盛を誇った都電が消え去っていく時代だった。都電乗客数では、全盛期最後の頃の昭和三十七年には全四〇系統（1～41、26系統はトロリーバス化で欠番）、営業キロ数二一三キロの路線が都心に張り巡らされ、一日平均の乗客数も約一四九万七〇〇〇人にのぼっていた。その後、モータリゼーション社会の到来、地下鉄開通による競合路線廃止などで減っていくが、それでも昭和四十一年の一日平均乗客数は約一一三万七〇〇〇人と百万人台を維持していた。

本格的な都電の廃止は昭和四十二年十二月の第一次路面電車撤去（九つの系統を廃止）から始まった。廃止の理由は、都心の道路が慢性的に渋滞しているのが、都電のせいだとされたためなどである。自動車渋滞を緩和するために、昭和三十四年、自動車の都電軌道敷内への乗り入れが緩和されると、都電の運行はますます滞るようになり、それが自動車も渋滞させるという悪循環に陥った。昭和四十七年十一月の第六次撤去により、残る路線は現在の都電荒川線だけになってしまった。

➡東京駅前を行く市電。『都電60年の生涯』より

この間、都電の乗客数に影響を与える地下鉄の開業状況はどうだっただろうか。

昭和二年　現・東京メトロ銀座線（浅草―上野）
昭和五～十四年　同（上野―渋谷）
昭和二十九～三十七年　現・東京メトロ丸ノ内線全線、同日比谷線（北千住―人形町）現・都営地下鉄浅草線（押上―人形町）
～昭和四十二年　現・東京メトロ日比谷線（人形町―中目黒）、同東西線（中野―東陽町）現・都営地下鉄浅草線（人形町―大門）
～昭和四十七年　現・東京メトロ東西線（東陽町―西船橋）、同千代田線（綾瀬―代々木公園）現・都営地下鉄浅草線（大門―西馬込）、同三田線（日比谷―高島平）

地下鉄の開通と都電の廃止の関係を見ていくと、都電荒川線以外が全廃された昭和四十七年段階では、地下鉄網は上記のように、まだ限られた場所しか完成していない。地下鉄開通と都電廃止がさほど関係していず、道路渋滞の理由で都電が一方的に廃止されていったことが分かる。

都電の歴史を振り返っておきたい。東京での路面電車の営業運転は、明治三十六年八月、東京馬車鉄道（28ページ参照）を改称した東京電車鉄道が新橋（芝口）―品川（八ツ山）を電化した時から始まる。翌年三月には東京電車鉄道の全路線で電車運転を開始した。同三十六年九月には東京市街鉄道が数寄屋橋―神田橋を開業、翌年には

⬅渋谷の宮益坂を走る市電（写真左）と地上に顔を出した地下鉄（現・銀座線）。昭和十三年

東京電気鉄道が土橋（新橋駅北口）―御茶ノ水間を開業し、東京の「電車」は三社鼎立《ていりつ》することになった。

各社の思惑で路線を延ばしたためその弊害も現れ、明治三十九年九月、三社は合併し東京鉄道となり、さらに明治四十四年八月には東京市に譲渡され、「東京市電」が誕生した。

市電は大正時代も路線網を順調に延ばしていく。皇居周辺とその東側に集中していた路線網を、西側へは渋谷、六本木、目黒、北へは巣鴨や大塚、東へは月島へと広げていった。大正十二年九月の関東大震災では、所属車両一九〇五両のうち七七九両を焼損・大破という大打撃を受けるが、翌年六月にはすべての路線を運転再開させるなど、短期間で復旧を遂げている。

昭和十七年二月には戦時下の交通統制により、城東電気軌道、王子電気軌道の路線を譲り受け、旧西武鉄道新宿線（青梅街道の新宿―荻窪間、都電杉並線）の管理運営を代行し、営業路線が二〇〇キロを超えた。翌十八年の市電乗客数は一日平均一九三万二〇〇〇人で、戦前戦後を通じて最大を記録する。そして昭和十八年七月、都制施行により「都電」となった。

昭和二十年八月の終戦時、稼働できる車両は二割程度しかなかった。そうした状況から復旧を進め、昭和二十四年二月、路線の復旧がほぼ完了となった。

左ページの地図は、昭和三十七年の都電路線網である。都心の凸凹した地形の中、谷筋を通るコース、尾根筋をたどるコース、アップダウンを繰り返すコースなど様々なのが分かる。このように敷かれた線路上に四〇の系統が設けられていた。一つの線路に複数の系統の

➡飛鳥山の脇を上る都電荒川線

➡都電おもいで広場（都電荒川線荒川車庫前停留場付近）

MAP ◆全盛期の都電路線（昭和 37 年 10 月）

電車が走っている区間が多かった。たとえば渋谷駅から山手線の内側に向かって宮益坂を上り青山六丁目までの区間は、六本木方面へ向かう第6系統、赤坂見附方面に向かう第10系統などが走っていた。

路線網は複雑に見えるが、系統は意外と秩序立てて設けられている。代表例を見てみよう。

・高田馬場から茅場町までの15系統

神田川沿いに飯田橋まで進み、ここから皇居方面、日本橋川に沿って九段下へ向かう。日本橋川は江戸時代初期に江戸城外濠工事をする前までは神田川だった。15系統はその川筋、すなわち江戸時代以前からの神田川沿いに進み、日本橋を経て茅場町へと進んでいる。

・渋谷駅前から金杉橋までの34系統

このコースは渋谷駅からひたすら渋谷川（天現寺橋から下流は古川と名を変える）沿いに、鉤の手に曲がりながら下っていく。

・浜松町一丁目（浜松町駅西北方）から四谷三丁目への33系統

御成門から神谷町の低地を経て飯倉の台地（東京タワーの西側の交差点）に上った後は、尾根筋を忠実にたどっていく。そもそも外苑東通りがそうした地形上につくられたためだが、六本木、青山一丁目、信濃町を経て四谷三丁目へと向かう。沿線はお屋敷町や米軍将校宿舎、神宮外苑など特徴的な街並みが続く。

また、中には地形的に波乱に富んだ系統もある。

➡四ツ谷駅から赤坂見附へ向かう市電。写真右手の先に市電唯一のトンネルがあった。『都電60年の生涯』より

・品川駅前から四谷三丁目への7系統

品川駅を出てすぐに、高輪台地を伊皿子《いさらご》坂で上り魚籃《ぎょらん》坂で下って越える。台地上の線路付近には高輪皇族邸（現在は上皇夫妻がお住まいの仙洞仮御所）がある。古川沿いの低地を天現寺橋まで遡った後、北に折れて支流の笄川《こうがいがわ》（現在は暗渠）の谷筋を広尾、青山霊園方面へと遡る。この付近は前述の33系統は尾根筋を進んでいて、谷の7系統、尾根の33系統といった地形的対比が興味深い。33系統の六本木交差点は台地上なのに対し、7系統の霞町（現・西麻布）交差点は谷底に位置し庶民的ムードがある。

・早稲田から厩橋への39系統

早稲田から飯田橋駅手前の大曲まで神田川沿いに進んだ後、伝通院のある台地へと急カーブしながら急坂の安藤坂を上る。都電は車輪を軋ませモーター音を唸らせながらゆっくりと上った。安藤坂は江戸時代から名だたる急坂といわれていたが、明治四十二年に電車を通すために緩やかに改良された。それでも都電最大の難所といわれた地点である。その先、すぐに富坂を下り春日町へ。そしてすぐ東富坂を上り本郷三丁目、さらに切通坂を下り上野広小路の低地へと出る。東京の凸凹地形を実感できるルートである。

このほかでは、四谷見附—赤坂見附間の喰違《くいちがい》見附には、都電で唯一トンネルがあった。両停留場間には江戸時代以来の紀伊國坂があり、都電はその脇を専用軌道で進んでいた。四谷見附は赤坂見附より標高が約一五メートルも高く、都電は紀伊國坂のような急坂を上れないので、途中で横切る喰違見附の土手をトンネルで抜けることを余儀なくされていた。

⬅安藤坂の急カーブ。性能が高くない時代の市電には難所だったことが想像できる

14 多摩田園都市VS多摩ニュータウン

対照的な国内屈指のニュータウンと鉄道・高速道路構想

戦後まもない昭和二十二〜二十四年頃に到来したベビーブーム（現在の団塊世代の誕生）で日本国全体の人口が増加する中、都市への人口集中が激しくなった。

住宅不足解消のために、昭和三十年代後半から東京周辺の郊外各地に、三〜五階建ての棟が数十棟並ぶ住宅団地がつくられる。とくに初期に建てられたひばりヶ丘（最寄り駅の路線・西武池袋線）、百合ヶ丘（小田急小田原線）、草加松原（東武伊勢崎線）、常盤平（新京成）、高根台（新京成）の各団地は、三〇〇〇〜五〇〇〇戸と大規模なものながら、比較的駅の近くに立地している。大規模団地が沿線にできると、私鉄各社では近くに新たに駅をつくったり、既存の最寄り駅の名を団地の名称へと改めたり（上記の例では田無町駅がひばりヶ丘駅に、金ヶ作駅が常盤平駅に改称）している。団地の建設主体は鉄道各社ではなく、日本住宅公団（現・ＵＲ都市機構）、都県や市の住宅供給公社、住宅局などだった。

昭和四十年代になると駅近くの土地の確保が難しくなり、団地よりも規模の大きいニュータウンの時代へと移る。なかでも東京付近で突出して大規模なニュータウンが、多摩田園都市と多摩ニュータウンである。

➡ひばりヶ丘パークヒルズに保存されているひばりヶ丘団地のスターハウス

多摩田園都市は、東京急行電鉄（令和元年、東急に社名変更）が主体となって行った約五〇〇〇ヘクタール（開発計画区域）に及ぶ郊外住宅地で、民間企業主体の開発としては国内最大クラスの規模を誇る。そのエリアは神奈川県川崎市、横浜市、大和市、東京都町田市の四市にまたがり、東急田園都市線の梶が谷駅を東端として、駅数にして一六駅先の中央林間駅の沿線にまで広がっている。

その歴史は昭和二十年代に始まるのだが、理念としては大正時代創業の渋沢栄一による田園都市会社（東急の前身）にまでさかのぼる。東急グループの創始者である五島慶太は、戦前に東條英機内閣の運輸通信大臣などを務めたため、ＧＨＱによる公職追放処分を受けていた。昭和二十六年に追放を解かれ、その後東京急行電鉄の会長職に就く。同二十八年、彼が打ち出したのが、「城西南地区開発趣意書」すなわち多摩田園都市構想だった。

五島は欧米の田園都市を引き合いに出し、都市の人口問題を解決するために「第二の東京を作る」と意気込んだ。当時溝の口が終点だった東急大井町線の先、厚木大山街道（国道２４６号）にほぼ沿って長津田付近までを四ブロックに分け（当初は現・都筑区の港北ニュータウン付近もブロックに設定）、一ブロックを七万人程度の都市としたものだった。

とくに注目したいのは、交通手段として鉄道ではなく私設高速道路「東急ターンパイク」を基軸とするものだった点である。それまで鉄道を中心とした事業、運輸行政を歩んできた五島が、高速道路に力点を移したことが興味深い。これは、やがて日本もアメリカのようにクルマ社会になるという判断のほか、当時の政治状況から「私鉄の国有化がありうる」との

⬅多摩田園都市内に位置する東急田園都市線宮前平駅と大山街道

MAP ◆戦後の大規模ニュータウンと私鉄

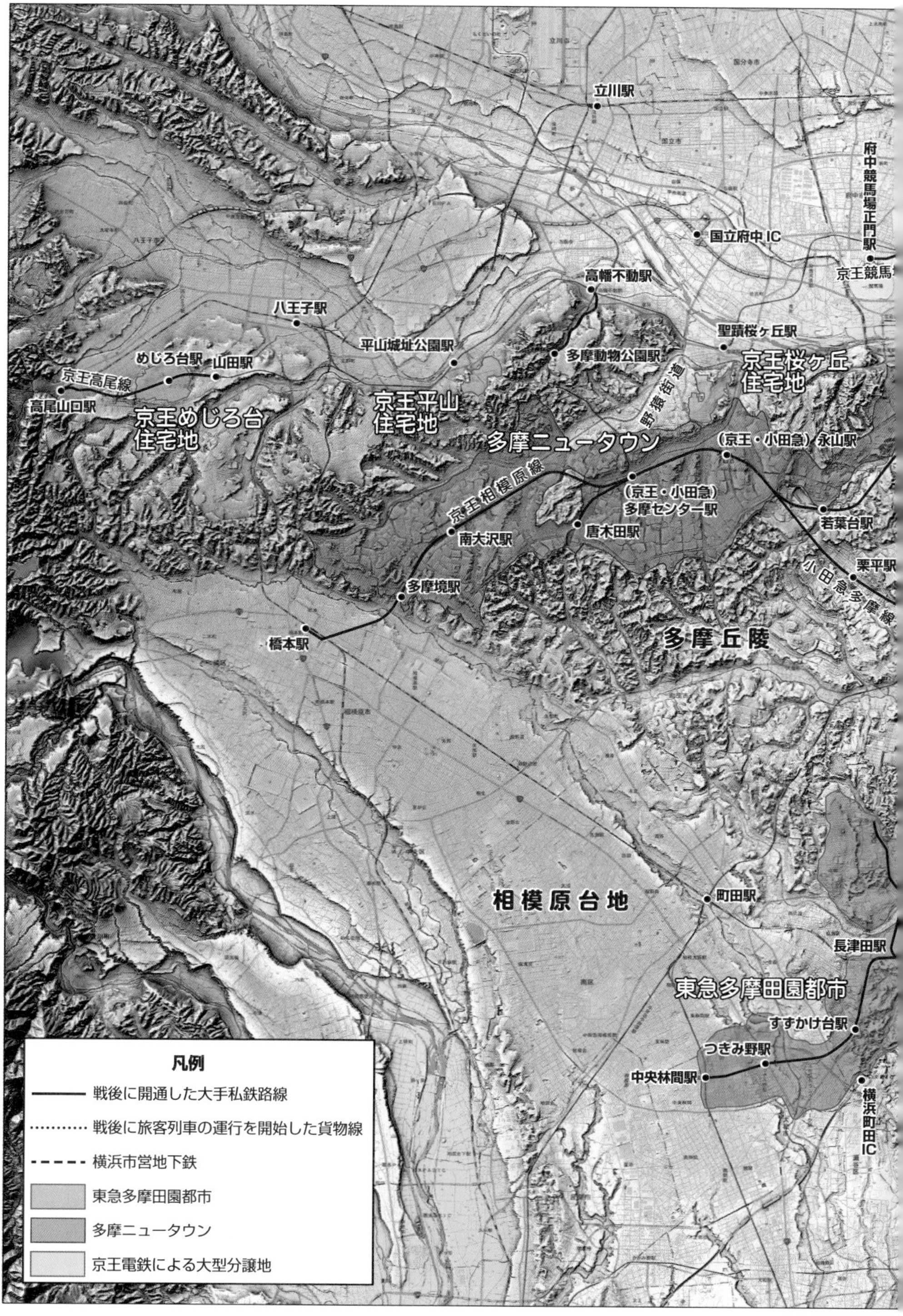

立川駅
府中競馬場正門駅
国立府中 IC
京王競馬
高幡不動駅
八王子駅
聖蹟桜ヶ丘駅
平山城址公園駅
多摩動物公園駅
めじろ台駅
山田駅
京王高尾線
高尾山口駅
京王桜ヶ丘住宅地
京王平山住宅地
京王めじろ台住宅地
野猿街道
多摩ニュータウン
（京王・小田急）永山駅
京王相模原線
（京王・小田急）多摩センター駅
若葉台駅
南大沢駅
唐木田駅
栗平駅
小田急多摩線
多摩境駅
橋本駅
多摩丘陵
相模原台地
町田駅
長津田駅
東急多摩田園都市
すずかけ台駅
つきみ野駅
中央林間駅
横浜町田IC
凡例
戦後に開通した大手私鉄路線
戦後に旅客列車の運行を開始した貨物線
横浜市営地下鉄
東急多摩田園都市
多摩ニュータウン
京王電鉄による大型分譲地

読みもあったようだ。戦前に池上電気鉄道や玉川電気鉄道といった競合企業を買収し「強盗慶太」と異名をとった五島が、今度は自分が育てた東京急行電鉄が国に乗っ取られる（国有化）ことも想定していたことになる。乗っ取りの手腕がある者は、さらに強大な組織により乗っ取られることにも敏感だということだろう。

私設高速道路に関しては、もともと地元には高速道路より鉄道を要望する意向があったことや、高速道路は国の政策として整備されることになったことなどから、実現していない。

昭和三十五年、野川第一地区を皮切りに分譲が開始された。同三十九年分譲の、たまプラーザ駅周辺「元石川第一地区」では、カーブした車道とクルドサック（175ページ常盤台参照）を組み合わせた美しい街並みをつくりあげている。

鉄道は、分譲開始からやや遅れて昭和四十一年、多摩田園都市を串刺しにする形で溝の口―長津田間が開業、以後四十三年つくし野、四十七年すずかけ台、五十一年つきみ野と小刻みに延伸し、同五十九年小田急江ノ島線との接続駅である中央林間へと達している。

最初の分譲開始から約半世紀経た平成二十三年、大和市松の久保地区の開発完了で、東急は「開発はひとつの区切りを迎えた」と宣言した。それまでに区画整理は五八地区約三〇〇〇ヘクタール超に及んだ。計画当初約一万五〇〇〇人だった人口は、約六三万人（令和二年）へと膨れあがっている。

東急多摩田園都市の特徴を挙げると以下のようになる。

・地域密着型の企業である民間鉄道会社（東急）が開発の中心を担った

・鉄道建設という初期投資を、不動産事業収益、沿線人口の増加による運賃収入、グルー

↑東急田園都市線鷺沼駅（多摩田園都市内）

→東急田園都市線市が尾―藤が丘間。この付近の鶴見川の谷周辺は、多摩田園都市のエリア外

プ企業の収益で長期的に回収する経営戦略をとった
・地元との合意形成ができた地区から順次進める手法をとった
・基盤整備終了後も、開発事業者（東急）が都市経営に参画している

こうしていわば半世紀かけてのジグソーパズルのように、街づくりが進行していった。

一方、多摩ニュータウンは、開発規模（多摩田園都市は区画整理地区に限る）や計画人口は多摩田園都市とほぼ同じだが、事業主体、計画は両者対照的である。

多摩ニュータウンは、東京都稲城市、多摩市、八王子市、町田市にまたがる多摩丘陵に、約二九〇〇ヘクタールにわたって広がっている。開発は公共主導型で、昭和三十八年に創設された新住宅市街地開発法に基づいて計画された。同法による事業は、全面買収型の都市開発である。ただし一部のエリアは、地元民が参画する土地区画整理事業となった。

都心方面から多摩ニュータウンへの交通手段は主に鉄道が担い、道路ではとくに中央自動車道国立府中インターと東名高速道路横浜（現・横浜町田）インターを結ぶ府中―町田線（野猿《やえん》街道、鎌倉街道）の整備が重要視された。鉄道路線乗り入れ認可は、京王と小田急が得ていた。だが両社とも、新路線の建設費に加え乗客増により在来区間の複々線化なども必要となって膨大な費用がかかるため、建設に難色を示していた。新住宅市街地開発法による事業は、都市基盤や住宅などの開発に民間企業が参入するのを禁止していた点も大きかった。東急が多摩田園都市で行っていたように、中長期的視点に立って付帯事業での収益を鉄道建設費に回すということが行いにくいわけである。

⬅多摩ニュータウン内、京王相模原線南大沢駅付近

結局、運輸省と日本鉄道建設公団によるニュータウン鉄道等整備事業費補助により、京王と小田急の路線は建設されることとなった。

多摩ニュータウン内や外周部を東西に走る主要道路は、谷筋と尾根筋といった地形的に特徴のある所につくられている。大栗川の谷に延びる野猿街道、その南に並行して乞田《こった》川の谷につくられた多摩ニュータウン通り、南側外周部付近の尾根筋を通る南多摩尾根幹線道路である。小田急と京王の両路線も谷筋を通る区間が長い。このうち古くからあったのが野猿街道だが、現在は中央分離帯も設けられた四車線と拡張され、大きく変貌している。

小田急多摩線の新百合ヶ丘—小田急永山間の開業が昭和四十九年六月、京王相模原線の京王よみうりランド—京王多摩センターの開業は同年十月で、多摩ニュータウンの最初の入居（諏訪・永山地区）からは二年以上経っていた。その間、ニュータウンの住民は、朝の通勤時間帯など渋滞する道路を走る路線バスで京王線聖蹟桜ヶ丘駅などへと向かわざるを得なかった。またニュータウンの建設も大幅に遅れたため、昭和四十九年当時の多摩ニュータウンの人口は約三万人しかなく、小田急多摩線は二両ないし四両編成での運行だった（京王相模原線は六両編成）。現在とは隔世の感がある。

小田急多摩線は昭和五十年四月に小田急多摩センター、平成二年に唐木田まで、京王相模原線は、昭和六十三年に南大沢、平成二年に橋本まで延伸している。また平成十二年には多摩都市モノレールが立川北—多摩センター間に開業した。

多摩ニュータウンの人口は、約二二万（令和二年）まで増加した。近年人口は微減へと転じ、とくに完成が早かった多摩市エリアでは高い高齢化率（31％）が問題となっている。

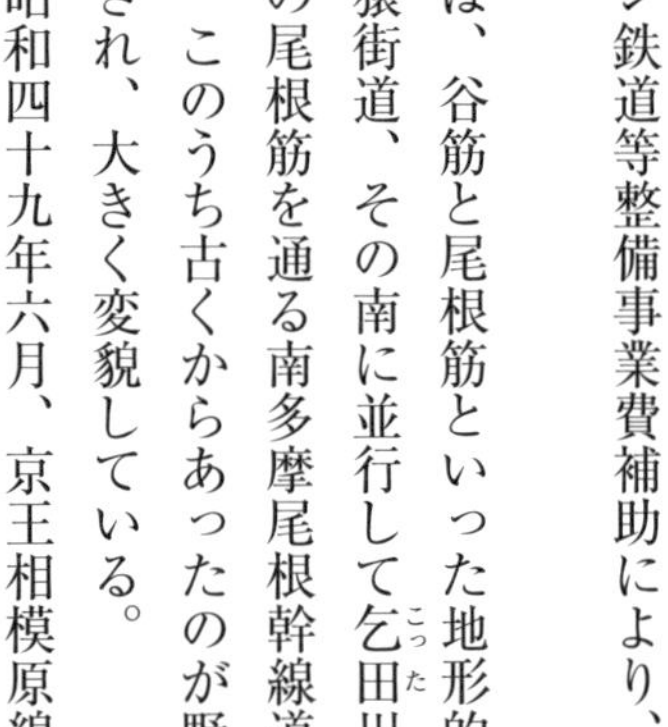

➡ 多摩都市モノレール多摩センター駅付近

⑮ 海水面より低い所を行く鉄道

標高マイナス二メートル以下の亀戸水神駅
京成本線荒川橋梁、洪水防備の弱点箇所

ここまで時代を追って述べてきたが、本書の最後にあたって、現在東京が直面している自然災害リスクに、地形が関連する問題を鉄道と絡めながらとりあげたい。

東京の東部低地には、標高がゼロメートルより低い土地が広がっている。それは、江東区、墨田区のほぼ全域、江戸川区、葛飾区、荒川区、足立区のそれぞれ半分ほどの地域にわたっている。堤防がなかったら日常的に海水に浸される地域がこれだけあるわけである。

２３３ページの地図を見ていただければ分かるように、そうしたマイナス標高の土地は、荒川の両岸に南北に続いている。東京湾から一〇キロ以上離れた常磐線北千住駅付近やさらに北の北綾瀬駅付近までゼロメートル以下の土地が続いている。

ＪＲ、私鉄、地下鉄の駅でいえば、海抜ゼロメートル以下のエリアに約三〇もの数の駅がある（高架ホームの駅はその真下の地上部分、地下駅はその地上部分での計測）。そのすべてが、西は隅田川、東は新中川までのエリアに集中している。

←総武線亀戸—平井間の旧中川橋梁

一見して不思議なのは、海のすぐ近く、湾岸エリアの標高がマイナスでないことである。たとえばＪＲ総武線とＪＲ京葉線を比べてみよう。総武線は御茶ノ水で中央線と分かれた後、都内では海岸から五～一〇キロ内陸部を千葉方面へと東（または北東）に進む。京葉線は海沿いを総武線と並行する形で東へ進む。

常識的に考えると、内陸を行く総武線沿線の方が標高が高いと思いがちだが、実際は逆である。総武線が錦糸町から新小岩の先まで標高ゼロメートル以下の地を進むのに対し、京葉線は潮見駅で地上に出てから新木場、葛西臨海公園、舞浜といった東京湾沿いに進む間、その標高はずっと約三～五メートルある。

わずか数メートルの違いではないかと思う方もいるかもしれないが、標高ゼロメートル前後での数メートルの差は、洪水、高潮、津波など水害時に大きな違いとなる。

総武線平井駅は荒川の近くにあるが、そこから荒川を約七キロ流れ下った河口付近にある新木場駅の方が、平井駅より七メートルも標高が高いのである。

なぜこうした地形となったのだろうか。

海より低い土地が存在する原因は、大正時代から昭和四十年代にかけて、工業用地下水の過剰な汲み上げと天然ガスの採取により広範囲に地盤沈下が発生したためである。最も顕著な江東区南砂二丁目（東陽町駅の数百メートル東側）では、約六〇年の間に、約四・五メートルも沈下した。総武線は錦糸町から新小岩にかけて、そうしたエリアを横断している。昭和三十年代後半から地下水の揚水規制が行われたが地盤沈下は止まらず、昭和四十年代後

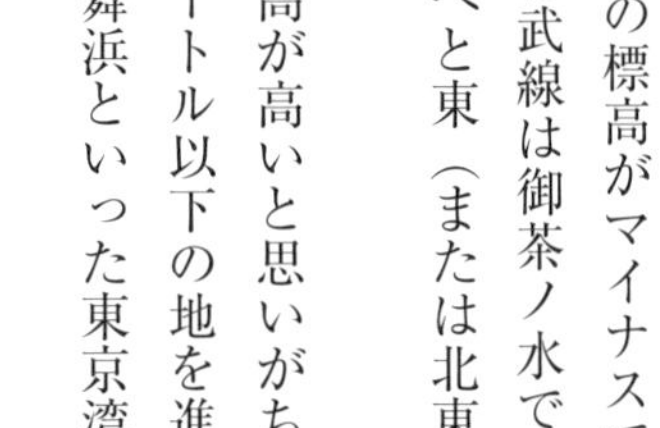

➡東京湾岸エリアの京葉線 潮見―新木場間

MAP ◆0メートル地帯と鉄道

半、水溶性天然ガスの採取停止により、やっと沈下が止まった。それから半世紀近く経つが、地盤は沈下したままで、元に戻ることはほとんどない。

一方京葉線の潮見駅から舞浜駅にかけては、主に昭和の戦後以降に埋め立てられた地を走っている。地盤沈下がおさまった時期からの埋め立て地であり、また近年の埋め立て地は、海水面よりかなり高くなるように造成されている。そのため、京葉線沿いは並行する総武線沿いよりも標高が高い地を走ることとなった。京葉線新木場―南船橋間の開業が昭和六十三年、新木場―東京間が平成二年で、地上区間ではそうした埋め立て地を走っている。

➡総武線平井駅。線路は高架だが、駅前はマイナス一・五メートル

➡東武亀戸線亀戸水神駅。改札口前は標高マイナス二・三メートル

こうしたマイナス標高の地を走る鉄道を具体的に見てみよう。地上を走る路線ではJR総武線やJR常磐線、京成本線、同押上線、東武伊勢崎線など、多くは高架や築堤上に線路が敷かれている。地下鉄では、東京メトロ東西線や都営新宿線など地上を走る区間もあるが、それもほとんどが高架となっている。そうした中、高架区間が少なくほとんど地表を走るのが東武亀戸線である。同線は亀戸―曳舟間三・四キロ、途中駅三つのミニ路線で、わずか二両編成の電車がのどかに走っている。その全区間が海抜ゼロメートルより低い土地である。

国土地理院の「地理院地図（電子国土Ｗｅｂ）」の標高表示機能で各駅の標高を調べてみた。とくに低いのが同線で亀戸駅から一つ目の亀戸水神駅で、マイナス約二・三〜二・五メートル（改札口付近からホームにかけて）。両隣の亀戸駅がマイナス〇・七メートル、東あずま駅がマイナス一・四メートル、そのほかの路線では、総武線平井駅がマイナス一・五メートル（高架駅なので駅前の標高）などがとくに低い駅である。亀戸水神駅は、これら低い駅よりも断トツに低いので、鉄道会社などから公式に発表されたものではないが、亀戸水神駅が都内で最も低い地上駅といっていいだろう。

東京メトロの駅では、地上出入り口付近に標高表示があり、水害への意識付けをしてくれているが、亀戸水神駅にはそうした案内はいっさいない。駅付近は住宅が密集する中に町工場が点在するという、下町ならどこにでもある光景が広がる。ここまで来たついでにと、駅名由来の亀戸水神（参拝者が多い亀戸天神とは別の神社）へと歩きながら「この民家の二階の窓くらいの所が海面なんだな」と想像すると、不思議な気持ちがしてくる。

このほか地下駅となるが、都営新宿線大島駅の地上出入り口付近は標高マイナス二・五メートルとなっていて、一帯は都内でも最も低いエリアの一つとなる。隣の東大島駅は新宿線が地上に顔を出し、旧中川を跨ぐ形で高架ホームがあり、駅前の地

⬅東京メトロ南北線赤羽岩淵駅。荒川洪水に備えて出入口に防水扉が設置されている

⬅都営地下鉄新宿線東大島駅。海抜0メートル以下の旧中川河川敷の上にホームがある

⬇ 令和元年台風19号で荒川が大増水時の京成本線荒川橋梁の様子

上はマイナス一・八〜二・〇メートルである。前述した三〇の駅のうちとくに低い駅としては以上が挙げられる。

東部低地で現在喫緊の課題が、荒川の堤防決壊への対策である。地球温暖化などにより首都圏を襲う台風が大型化し、従来の堤防では大雨による洪水を防ぎきれない可能性が増している。現在の治水能力でも、北区赤羽駅北東の新荒川大橋付近で荒川堤防が決壊した想定では、被災人口約一二〇万人、経済的被害は二六兆円にのぼるとの試算もある。

都内の荒川でとくに危険視されている箇所が、京成本線荒川橋梁（京成関屋―堀切菖蒲園間）地点である。令和元年台風一九号（長野新幹線車両センターではE7系など新幹線車両一〇編成が冠水するなどで話題となった）では、この地点で堤防の越流

➡ 平時の京成本線荒川橋梁

まであと二～三メートルまで（筆者の目視による）に迫った。

京成本線荒川橋梁の竣工は昭和六年。その後同橋梁付近は三・四メートルもの地盤沈下が観測されている。だが川床や水面の標高は、さほど変わらない。そのため堤防は相対的に低くなってしまった。一帯の堤防はかさ上げ工事がなされたが、線路が横切る地点だけは、かさ上げできないので、この部分だけ堤防は三・七メートル低い。連なる堤防に線路部分だけ低い段差ができている形である。前述の台風一九号時、京成は電車の運行を取りやめ、土嚢を積んで水位が上昇するのに備えた。幸い堤防の最上部まで水位が上がらなかったが、さらに水位が上昇していたら、土嚢では防ぎきれなかっただろう。

京成本線荒川橋梁より地盤沈下が激しかったのが、京成押上線荒川橋梁（八広—四ツ木間）である。かつては水面と橋桁との間隔が狭くなってしまっていて、船が橋桁にぶつかる事故も起きた。こちらの方は、平成十四年に高さを十分にとった橋に架け替えられている。

京成本線荒川橋梁は、その問題点が指摘されて少なくとも十数年以上経っているが、架け替えは遅々として進んでいない。橋梁部分だけでなく、堤防へのアプローチ部分からの線路の付け替えが必要で、用地買収の問題もあるが、ひとたびここから荒川が決壊した時の被害を考えると、早急に取り組むべきである。

⬅ＪＲ宇都宮線荒川橋梁（赤羽駅北方）地点では、令和元年以降、かさ上げ工事を実施

⬅線路の部分だけ堤防が四メートル近く低い京成本線荒川橋梁

おわりに

コロナ禍期間での執筆で苦戦した。国立公文書館、都立図書館、各大学図書館などには入れなくなり、国立国会図書館も抽選性となった。基本的に元資料にあたる方針としている者としては大変な痛手だった。そうしたなか、国立公文書館が再開した期間、東京山手急行電鉄（東京郊外鉄道）の資料図面などを見つけることができたのは、幸運だったと思う。

本書執筆の動機を持てたのは、祖父のおかげかもしれない。小学校に上がる前の私を連れて、池上線大崎広小路駅近くの家から五反田駅まで歩いていき、そこから都電で次の停留場の白金猿町まで乗せてくれた。この一区間は約七〇〇メートルあり、都電の停留場間では例外的にすごく長い。しかもずっと上り坂で、都電は「吊り掛け駆動式モーター」を唸らせながら上っていく。下車したら家まで、ずっと歩いて帰るのだが、途中の牛乳屋さん（というのが当時はあった）で、ヨーグルトを食べさせてくれた。私にとってはどれもまさに至福のひとときで、何度もこうしたお出かけをねだった。それ以来、勾配を上る鉄道が好きになったようだ。地形に関心を持ったのもそのためという気もする。

本書は地図の制作を実際に行った担当編集者の磯部祥行氏がいなかったらできなかった企画である。また、当初の筆者の案は鉄道と地形だったが、それに街道も加えることのアドバイスもいただいた。おかげで内容は相当深まったと思う。執筆の遅れのお詫びと共に、お礼を申し上げます。

主要参考文献

谷口梨花『汽車の窓から』博文館、一九一八年

『甲武鉄道市街線紀要』一八九六年（『明治期鉄道史資料』第二集第四巻　野田正穂・原田勝正・青木栄一編　日本経済評論社、一九八〇年）

『日本鉄道紀要』〈明治期鉄道史資料　補巻三〉日本経済評論社、一九八一年

東京都総務局編『都史紀要33　東京馬車鉄道』東京都、一九八九年

東京急行電鉄編『東京急行電鉄50年史』東京急行電鉄、一九七三年

京王帝都電鉄編『京王帝都電鉄30年史』京王帝都電鉄、一九七八年

東武鉄道編『東武鉄道百年史』東武鉄道、一九九八年

東京都交通局編『都電　60年の生涯』東京都交通局　一九七一年

『京王の電車・バス100年のあゆみ』ネコ・パブリッシング、二〇一三年

小野田滋『東京鉄道遺産』講談社、二〇一三年

園田正雄編　文・三好好三『西武鉄道　昭和の記憶』彩流社、二〇一一年

宮田憲誠『京急電鉄　明治・大正・昭和の歴史と沿線』JTBパブリッシング、二〇一五年

今尾恵介監修『日本鉄道旅行地図帳』（第三～五号）新潮社、二〇〇八年

鉄道博物館編『東京駅開業100周年記念　100年のプロローグ』鉄道博物館、二〇一四年

鉄道博物館編『NIPPON鉄道の夜明け』鉄道博物館、二〇一八年

くにたち郷土文化館『学園都市開発と幻の鉄道』くにたち文化・スポーツ振興財団、二〇一〇年

川越市立博物館編『新河岸川舟運と川越五河岸のにぎわい』川越市立博物館、二〇一三年

福生市郷土資料室編『福生の砂利線・渡船』福生市教育委員会、二〇一三年

東京都教育庁編『浜街道　歴史の道調査報告書』東京都、一九九六年

野田正穂・原田勝正・青木栄一・老川慶喜編『多摩の鉄道百年』日本経済評論社、一九九三年

青木栄一『鉄道忌避伝説の謎』吉川弘文館、二〇〇六年

老川慶喜『日本鉄道史　幕末・明治篇』中公新書、二〇一四年

竹内正浩『ふしぎな鉄道路線』NHK出版新書、二〇一九年

皆川典久、真貝康之『凹凸を楽しむ東京「スリバチ」地形散歩　多摩武蔵野編』洋泉社、二〇一八年

石橋登、谷口汎邦「多摩田園都市開発の計画プロセスに関する研究」日本建築学会計画系論文集　第598号、二〇〇五年

越澤明「私鉄沿線開発の時代」『東京人』二〇一九年九月号、都市出版

『日本地理大系　第三巻　大東京篇』改造社、一九三〇年

『日本地理風俗大系　第二巻　大東京篇』新光社、一九三一年

『大東京写真案内』（博文館版復刻）博文館、一九三三年（博文館新社、一九九〇年）

渡辺彰子編著『国立に誕生した大学町―箱根土地（株）中島陟資料集―』（株）サトウ、二〇一五年

『目で見る　新宿区の100年』郷土出版社、二〇一五年

佐藤嘉尚編著『新宿の1世紀アーカイブス』生活情報センター、二〇〇六年

内田宗治（うちだ・むねはる）

フリーライター、地形散歩ライター、旅行ジャーナリスト。1957年東京生まれ。実業之日本社で旅行ガイドブックシリーズ編集長などを経てフリーに。旅と鉄道、インバウンド、自然災害に関するテーマなどで執筆。
主な著著に、『地形で解ける！東京の街の秘密50改訂版』『地形と地理で解ける！東京の秘密33　多摩・武蔵野編』、『地形を感じる駅名の秘密　東京周辺』、『明治大正凸凹地図東京散歩』、『ゼンリン住宅地図と最新ネット地図の秘密』（以上実業之日本社）、『外国人が見た日本 「誤解」と「再発見」の観光150年史』『東京鉄道遺産100選』（以上中公新書）、『関東大震災と鉄道』（新潮社）など。

装丁…杉本欣右

本文デザイン・DTP…株式会社千秋社

地図制作(P76～77)…深澤晃平

協力…小野田滋

編集・地図制作…磯部祥行（実業之日本社）

地形《ちけい》と歴史《れきし》で読《よ》み解《と》く
鉄道《てつどう》と街道《かいどう》の深《ふか》い関係《かんけい》　東京周辺《とうきょうしゅうへん》

2021年5月25日　初版第1刷発行

編著者	内田宗治《うちだむねはる》
発行者	岩野裕一
発行所	株式会社実業之日本社
	〒107-0062 東京都港区南青山5-4-30
	CoSTUME NATIONAL Aoyama Complex 2F
	電話【編集部】03-6809-0452
	【販売部】03-6809-0495
	https://www.j-n.co.jp/
印刷・製本	大日本印刷株式会社

ISBN 978-4-408-33957-3（アウトドア）